风 靡 全 球 的 未 解 之 谜 及 其 背 后 的 故 事

加勒比海盗

著名海盗与宝藏的故事

探秘天下编写组 编著

THE PHARAOH'S CURSE

时事出版社

前　言

根据记载，自打航海业诞生之日起，海上劫掠这一行当就应运而生了。当时，这只是一个谋生的职业，仅仅是为了生存。劫到一艘船就有饭吃，就能发财，那么很多人都会争着去抢劫了。抢着抢着，波里克拉特·萨莫斯基成为有史以来第一个名扬天下的海盗，他于公元前 6 世纪在地中海一带横行，令腓尼基商人闻风丧胆，如避瘟神。300 年后，伊利里亚人的首领斯库塔里组建了真正意义上的海盗组织，并切断了爱琴海和亚得里亚海上的商贸往来。

到了 9 世纪，北欧的诺曼人成为实力雄厚的海盗，他们也叫“维京人”。维京人很快控制了从挪威北角到直布罗陀海峡的全部海岸线，攻克了西西里岛和那不勒斯，直逼君士坦丁堡。维京人一直横行到 11 世纪，然后留在被抢劫地，接受当地文化的浸透，慢慢地，他们被同化了。维京时代后期，也就是 11 世纪时，波罗的海出现了由斯拉夫人纠集而成的海盗团伙。他们胡作非为，称自己为“上帝之友，世俗之敌”。

接着，哥伦布误打误撞地发现了一片新大陆，这引来了一群分食美洲这块“小鲜肉”的“饿狼”。1535—1560 年间，西班牙人从美洲掠走的金银财宝数量惊人。法国的海盗也开始在海上出没，袭击西班牙船只。

1701—1713年间，英国和法国一直在战斗，最终在新大陆站稳了脚跟，不再需要利用海盗来开疆辟土了。于是，“海上冒险家”们风流云散，逃到太平洋或印度洋，继续苟延残喘了近一百年。

到了18世纪中期，海盗突然变得更有组织性。他们送钱给政府，要求政府允许他们抢劫敌国的商船。但是按照与政府签下的条约，海盗们抢来的财物有一部分要上缴国库。官盗勾结，海盗实际上变成合法的水兵，他们再不用担心被捕后会绞死在船桅上了。

随着两次世界大战的爆发，海盗消停了不到一百年的时间。到了现代，海盗再次猖獗起来，他们活跃在公海上，劫掠商船，杀人越货，甚至打着政治的旗号为非作歹。受害者们损失的不仅仅是金钱，还有生命安全，即使获救，所遭受的精神创伤也是常人难以想象的。海盗就是这样一种职业，它不浪漫，也不豪迈，它伴随历史应运而生，是人类历史上罪恶的产物。

《加勒比海盗》系列电影的全球热映，激起了全世界观众对大航海时代的向往。在壮丽无垠的大洋之中，神秘的宝藏、巨大的财富、未知的冒险、激烈的战斗、惊心动魄的故事、爱恨纠缠的传说，这些都挑战着人们的想象，刺激着人们的神经，让人们想要驶向古老神秘的海域，探求海盗的故事。

历史上的海盗，有着怎样的面貌？

真实的海盗，过着怎样的生活？

海盗大行其道，有着什么深刻的历史原因？

海洋深处，真的埋藏着惊人的财富吗？它们能否被打捞？

……

本书将全面、客观地带你了解海盗的文化、海盗的生活和海盗的故事。

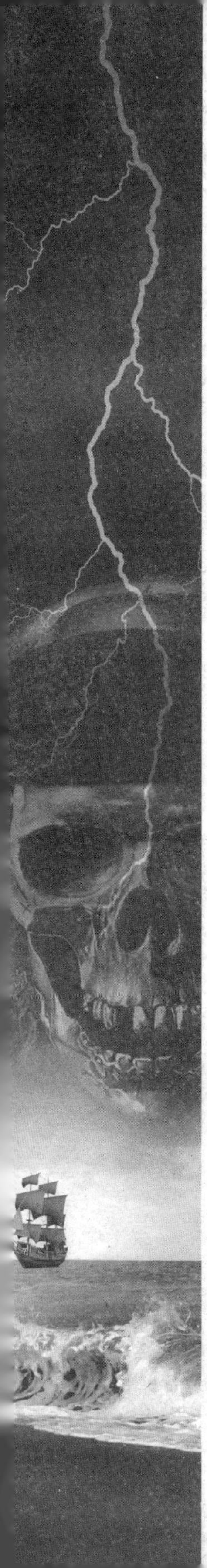

目录
Contents

第一篇　海盗的历史：从古代到当代

第一章　海盗横行：危险的古代海上航行

最早的征服者，有海洋的地方就有海盗　003

对海盗宣战，庞培的剿灭行动　007

令整个欧洲战栗的维京人　011

驰骋在英格兰草场上的海盗　014

诺曼底公国，海盗的胜利　018

红发埃里克和他的孩子们　024

阿拉伯海盗，改写世界历史　028

马耳他骑士团，地中海上的教徒海盗 030

日本海盗，冲向富饶的大陆 034

最早的中国海盗 036

历史上悬赏最高的海盗 040

第二章 海盗天堂：壮阔的大航海时代

葡萄牙和西班牙，海洋先行者 042

地理大发现，大航海时代的开端 046

哥伦布是不是海盗呢 049

日不落时代的来临 052

英西大海战——打败无敌舰队 055

大航海永远的痛——黑三角贸易 059

东印度公司——飞翔的荷兰人 061

海盗的天堂——加勒比 065

瓜分北美洲，大航海的必然结果 068

东方黄金海岸线上的风波 072

从郑和下西洋到闭关锁国 074

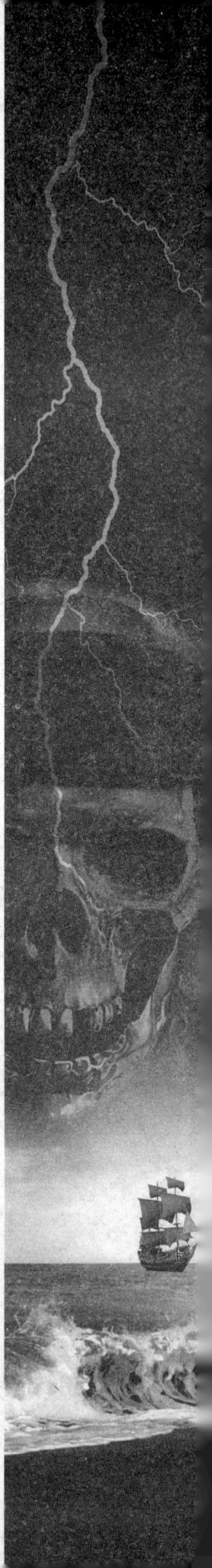

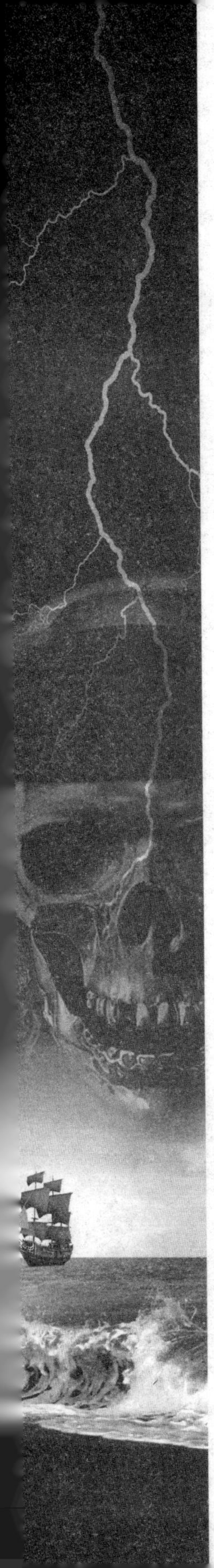

第三章　海洋公害：当代海盗的亡命航程

当代海盗的新特点　077

索马里海盗，由爱国到掠夺　080

中国军队对峙索马里海盗　083

马六甲，海盗集中地　085

日益猖獗的几内亚湾海盗　088

打击海盗需要国际联合　091

第二篇　海盗的文化：从真实到艺术

第四章　海盗的硬件：认识海盗船

海盗船，从木筏到战舰　097

航海罗盘，中国人的奇妙创造　100

海图，每一位船长都是地理学家　102

帆船，借助风的力量　105

炮台与炮弹，武力的较量　107

海盗旗上的骷髅头　109

海盗也会晕船 111
食物储量，海员的生命线 113
朗姆酒——海盗之酒 115
航海日记，必不可少的记录 118

第五章 强盗的规矩：全面解密海盗组织

海盗的来源：游民、贫农、失业者…… 121
海盗的分工：从船员到船长 124
海盗的武器：匕首、刀具、火枪 128
海盗的规矩：罗伯茨的海盗守则 131
海盗的工资：按比例分赃 135
海盗的后事：生于大海，死于大海 137

第六章 海盗的工作：抢劫、绑票、探险、寻宝、战斗……

索要赎金！被绑架的富商 140
硬碰硬，激烈的海战 143

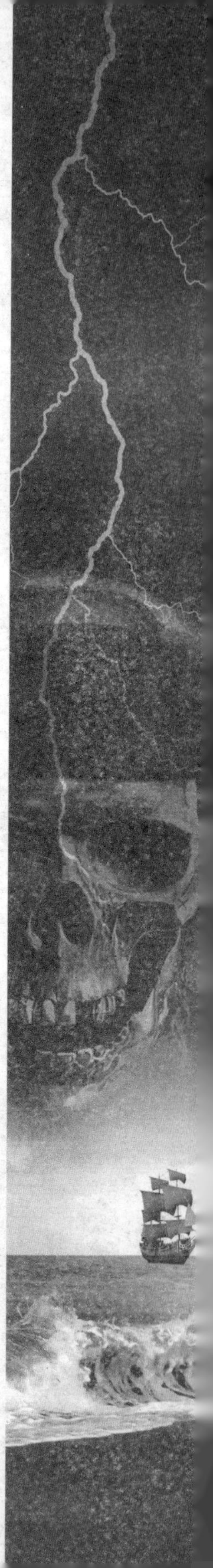

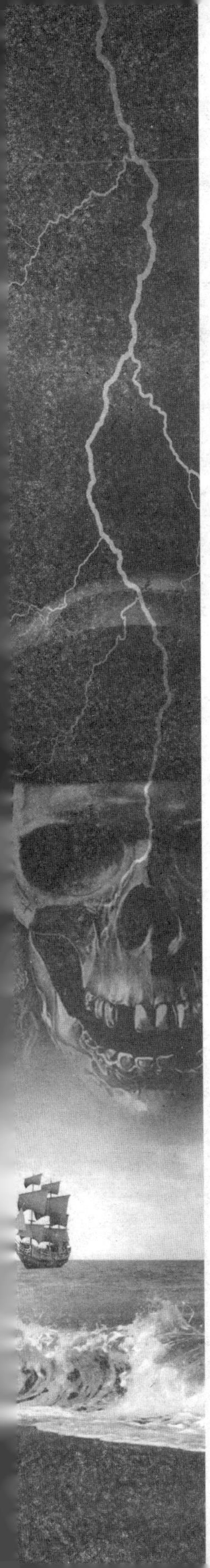

洗劫港口，交锋不可避免 145
不断进化，海盗的作战方式 148
悄无声息，埋伏在商船必经的海路上 151
开辟新海域，冒险者的天性 153
利益均沾，与官方合作 155
私掠许可证，战争期间的官方海盗 158
洗白，开始当一个绅士 162
逍遥法外，那些无可奈何的通缉令 165

第七章 危险而浪漫：艺术作品中的海盗形象

《荷马史诗》中走出来的海盗英雄 169
《金银岛》，跟着海盗冒险 172
辛巴达航海，追求自由的冒险情结 175
芭蕾舞剧《海盗》，正义的使者 178
潘赞斯的海盗，名扬百老汇 181
镜头里的海盗，为自由献身 186

第三篇　宝藏与诱惑：从贪婪到掳掠

第八章　海盗列传：令人闻风丧胆的海洋霸王

亨利王子：大航海时代的第一位英雄　193

走上绝路的贵妇：第一个女海盗　196

巴巴罗萨王国——“红胡子”兄弟的传奇人生　198

驰骋大西洋：海洋魔王弗朗西斯·德雷克　203

航行在加勒比海：亨利·摩根　208

海盗也爱科学：威廉·丹彼尔　213

“黑胡子”——来自地狱的魔鬼　216

海洋霸王花，妖娆的女海盗　221

盗中之儒：“黑色准男爵”罗伯茨　225

功成身退：大海盗埃弗里的成功法则　230

米松：解放黑奴的梦想者　234

东方传奇：郑芝龙的一生　238

第九章　无法无天：史上著名海盗事件

绑架恺撒，最高昂的代价　242

西班牙血洗阿兹特克　245

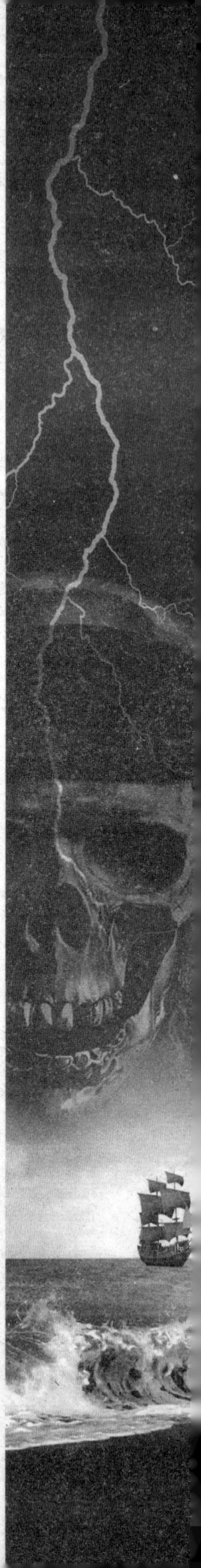

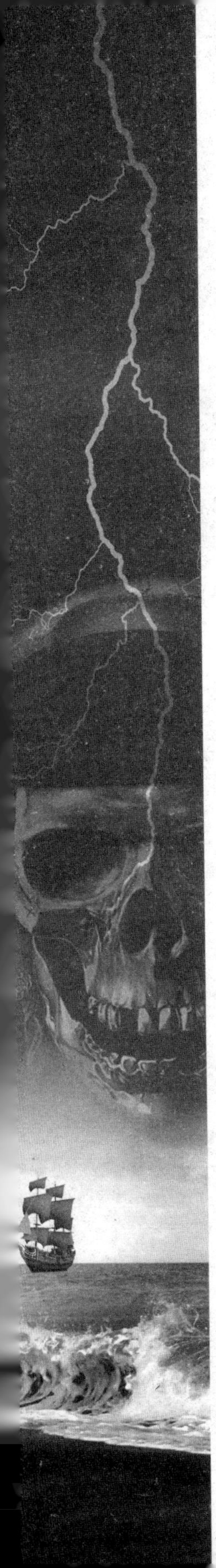

惊天大劫持——亚美尼亚商船的沦陷 247

“黑胡子”燃烧查尔斯顿 250

天狼星，被劫持的巨轮 252

第十章 海底的秘密：尚未打捞的宝藏聚集地

基德船长和他的宝藏 254

“黑胡子”的宝藏之谜 257

天灾人祸，当海难来临 259

加勒比海，海盗沉船的下落 261

牙买加皇家港口，被吞没的海盗之都 263

波斯湾，波涛中的一千零一夜 266

国王遗失的宝藏 268

是海洋考古学家，还是沉船海盗 270

全球沉船集散地大统计 273

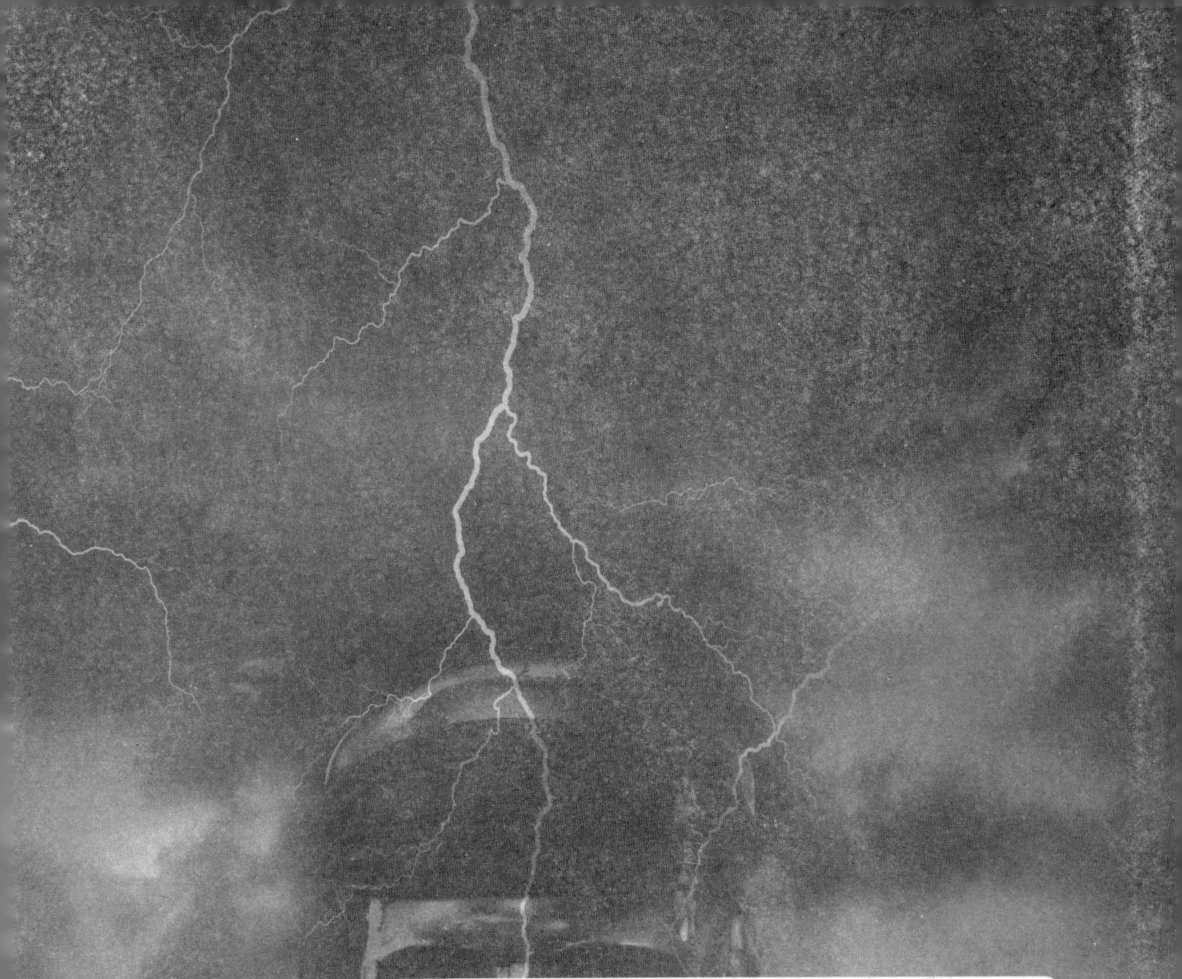

第一篇

海盗的历史：从古代到当代

在“海盗”这一名词还未出现之前，海盗这一职业就已经存在。远古海盗的诞生姑且可以说是出于生存的本能，而到了大航海时代，以亨利王子为先驱的“航海家们”，则为了满足对未知的好奇而甘愿受利益驱使，最终沦为一个个攻城略地的海盗头目。人性的贪婪衍生罪恶，它就像一根芒刺，插在心脏之侧，成为人类历史上永远的痛。

第一章　海盗横行：危险的古代海上航行

最早的征服者，有海洋的地方就有海盗

海盗的历史究竟有多久，我们不得而知，但可以确定是在大航海时代来临之前，即很久很久以前，就有了海盗。有了船，就有了海盗，可见海盗是一个十分古老的行业。

我们已知的最早的海盗记录出现在公元前1350年，它被记载于一块黏土碑文上。或许，海盗真正的出现还要追溯到更久以前，比金字塔还要久远。亚里士多德把“航海业”一词理解为以捕鱼为生的海盗行为。希腊人把那些去远航以寻求奇遇和掳掠的男人称为“海盗”，直到这些远洋航行变为对别国沿海地区的抢掠。后来，“海盗”一词被沿用在沿海地带的各民族语言中。随着时间的推移，“海盗”又衍生出许多同义义项，如“捕敌私船船主”、“劫敌船船主”、“海上走私者”等，但这些词的意思其实都是一个，即“海上强盗”。

我们尚且可以把北海及地中海当成海盗猖獗的地区，因为它处于亚洲、非洲、欧洲的包围之中，是世界上最大的陆间海，因此曾是航运最发达的地区。即便在生产力低下的古代，任何抢掠的行为也都毫无例外地发生在中央集权的繁盛时期，比如在古埃及、亚述或迈锡尼、希腊等这样的强国所能管辖的范围以外。起初，海盗行为仅仅表现为在沿海地区进行抢掠，原始社会崩溃后，用强权和暴力夺取他人财产则成了默认的道德规范。那时，由于食品不足，经常出现整个城市、部落，甚至民族挨饿的情况，所以“海盗”同游牧、农作、捕鱼、狩猎一样，作为最基本的谋生手段存在了很长一段时间。这个族群在当时并无贬义，反而被认为是一种光荣的行业，它甚至比劳动所得更受人尊敬。就在公元前 14 世纪的时候，这里出现了最早的海盗团体“卢坎人”。这些人以小亚细亚东南海岸为基地进行劫掠。

然而，随着时光的流逝，各阶层对海上掠夺的态度发生了变化。那些从海盗的行径中得到利益或增加了自己收入的人仍然对海盗赞不绝口，但那些受害者却开始对其进行强烈的谴责和诅咒。显然，卢坎人逐渐成了埃及人的“眼中钉、肉中刺”。当时，他们已经同赫梯帝国结成联盟，成为赫梯帝国强大的海上力量，同时也得到强大的保护。但一个世纪后，卢坎人就从历史上彻底消失了。人们认为海盗可能与一种新兴的流浪者和劫掠者相互融合，形成了一种新的海上族群。这个新兴的海上族群不单单靠从事海盗活动来生存，他们在不打仗、不搞袭击时也从事海上贸易。历史学家认为这一族群的壮大直接给古代世界带来了“黑暗时代”，这些海盗们一手造成迈锡尼希腊文明的衰落以及小亚细亚赫梯帝国的毁灭，当时只剩下强大的埃及还有能力进行抵抗。

在凯尔奈克大寺院的石碑上，以及法老拉美西斯三世“大帝”在美地那哈的坟墓中，都记载了发生在公元前1186年的尼罗河三角洲大海战。埃及人扬帆起航，与入侵的“海上族群”作战，而后埃及人取得了胜利。与埃及人开战很可能就是这些“海上族群”命运的终结。有证据表明，大概从公元前1220年到1186年，30多年的时间里，“海上族群”几乎控制了东地中海，征服了从单个城市到全部港口乃至腹地的所有地方。但在公元前1186年后，“海上族群”迅速消失了，这说明法老拉美西斯三世在与海盗进行的作战中大获全胜。而战败后的“海上族群”被击退并定居在了巴勒斯坦。这些人在那里也乐此不疲地从事着海盗活动。在以色列的多尔还发现了他们的遗迹，而后在接下来100年的时间里，他们被同化成腓尼基人，而腓尼基成了当时最强大的国家。

虽然“海上族群”没落了，但整个地中海地区的海盗活动依然屡见不鲜。除腓尼基人继续发展他们的海盗事业外，一些希腊城邦也在大肆鼓励海盗行为，并以此聚敛财富。而其他城邦，比如雅典人则组成舰队打击海盗，以清扫海上商道。古希腊人一面奠定了西方文明，但另一方面也造就了海盗。

我们已知的最早的海盗聚集地恐怕就是克里特岛了，该岛如鱼鲠般刺在希腊和地中海东部国家之间的海上通道上。公元前10世纪，岛上弥诺斯文明残存的遗迹被希腊的多利安人摧毁，他们为了捕获奴隶，洗劫了克里特岛海岸。此后，入侵者就把该岛作为基地，对整个爱琴海地区进行洗劫。荷马在《奥德赛》中就把克里特岛人描写成臭名昭著的海盗。在爱琴海其他岛屿的更北部，或大路上的边远城镇，居民被侵略者赶出岛屿而移居到其他地方也变成海盗。

如果说腓尼基人开启了海盗先河，那么希腊人作为后事之师则更加迅速地发展起了海盗事业。随着事业的推移，越来越多的希腊人开始从事海盗活动，并形成不可小觑的规模。腓尼基人和希腊人这两个海盗集团不可避免地会发生冲突，这个冲突最早发生在公元前1世纪初。从此，希腊人同腓尼基人一直争夺海上和沿海的控制权。

在希腊的另一端，沿亚德里亚东部海岸，海盗也很盛行，其活动在公元前3世纪达到了顶峰。当时，罗马共和国的经济正蒸蒸日上，海上不乏满载货物的商船，这足以令海盗们垂涎三尺。当地中海的抢劫对罗马帝国构成严重威胁时，公元前1世纪的罗马人对外宣布“海盗是人类之敌”，同海盗正式展开了较量。

海盗和海盗活动作为人类历史发展中存在的特殊现象，是与人类的政治、经济活动不可分割的。人类发展的历史是一部文明史，但同时也是一部罪恶史，海盗就是这部罪恶史的主角。我们所生活的地球70%以上的面积被海洋覆盖，茫茫大海上隐藏着各种各样的罪恶，而人类文明的法律对此却鞭长莫及。

对海盗宣战，庞培的剿灭行动

在小亚细亚的一条狭长地带，如今土耳其的东南部，高耸的金牛山和地中海之间，坐落着一个突兀的山区，这便是西里西亚，被称为古代“海盗摇篮”的地方。这一带荒凉多山，除了几座面朝大海的小镇外，几乎无人居住。海岸线四处布满了多岩的海峡、隐蔽的海湾以及防护很好的锚地。要想对航行于叙利亚、希腊和意大利间的船只发起袭击的话，这里无疑是最佳场所。正因为如此，这里成了海盗们的庇护所，从公元前 2 世纪起就陆续吸引了来自各地的被驱逐的海盗。安托利安海盗在被逐出爱琴海后就来到这里栖息。

起初，西里西亚海盗的袭击只限于地中海东部的来往船只，后来他们的势力沿着海上通道膨胀，向西延伸到了克里特岛的海岸，往东抵达巴勒斯坦，向南波及埃及。接着，他们不再只袭击公海上的商船，而是延伸到了对海岸村落和城镇的抢劫。他们将虏获的居民送到克里特岛的奴隶市场进行贩卖，而抢来的物品则被拿到附近的城市去销售。一开始，这些城市都只不过是属于罗马的保护国内，但随着罗马的贸易和影响扩展到了地中海的东部区域，罗马人自己也成了海盗活动的受害者。据记载，公元前 75 年，尤里乌斯·恺撒本人也被西里西亚海盗抓获。

也就是在这个时候，西里西亚海盗开始骚扰爱琴海上的航船和海岸上的居民。爱琴海早就被罗马人看成自己的领地，但这群海盗不但劫掠爱琴海，还袭击了意大利的海岸。元老院于是决定打击海盗，以免它有一天威胁到罗马共和国。

公元前 101 年，元老院通过了第一部反海盗法，海盗再也不能跟小亚细亚的罗马保护国港口进行海上贸易了。公元前 89 年，在西里西亚海盗的帮助下，米特拉达梯国入侵了罗马保护国，攻下了罗德岛。公元前 86 年，一股海盗在意大利击败了一支罗马军队，切断了罗马与希腊之间的联系，然后投奔到了米特拉达梯国。但海盗的胜利只是暂时的，他们的乌合之众绝非古罗马统帅苏拉及其罗马军团的对手，很快，苏拉重新收复失地，并开始建立海军力量来应对海盗的威胁。

一开始，罗马人对于海盗并不是特别坚决地打击，只是惩戒性地进行小规模作战。但后来发生的两件事改变了罗马人对待海盗的态度。一个是公元前 74 年，马库斯 · 安东尼斯 · 克瑞休斯讨伐过克里特岛的海盗，但不幸战败并死去；另一个是公元前 73 年到 71 年间，西里西亚海盗支持斯巴达克斯领导的奴隶起义。这无疑引起了全体罗马人的公愤，元老院决定彻底铲除地中海上的海盗。于是在公元前 67 年，庞培获得了绝对统治权，率领罗马大军攻击西里西亚海盗。

由于得到“反海盗法”的支持，庞培利用军事独裁支配 6000 塔兰特（货币单位，指同重量的黄金或白银），建立起一支由大约 500 艘船只和 12 万罗马人组成的军队。他还拥有在罗马全境，包括距海岸 50 英里（1 英里约为 1.61 千米）的范围内征税和动用国民军的权力。在今天看来，这笔投入相当于美国这样发达国家的政府预算的 50% 以上，人数则超过美军的一半，由此可见罗马元老院对海盗威胁的重视程度。庞培首先对船只进行了改造，研发出一种速度特别快的冲锋船，后来被叫做“多猛船”。这些轻型船只由一支重型舰船组成的舰队支援，其上满载着罗马军队，而作战经验丰富的罗马兵团的运输船队则紧随其后。

庞培把地中海划分为13个区，每个区都有一名总督统领，由庞培统一协调作战。这期间，各位总督分别统领自己的部队攻击并封锁海盗基地，然后派其他舰船搜寻未被发现的海盗巢穴。在整个地中海，各个总督几乎都在同一时间收到发起进攻的命令，只有负责西里西亚海岸的总督在港口待命。事实证明，这样的作战部署是相当成功的，海盗基地很快被摧毁，海盗们走投无路。而庞培对于这些海盗们却进行了最为仁慈的处置，他只处死了一些海盗头目，对另一些只处以罚款，然后赦免或释放，当然释放的条件是必须协助追踪其他海盗团伙或提供情报。

之后，庞培率领他的舰队横扫地中海，向东挺进直布罗陀，一路清剿残余海盗。海盗们逃跑时，又撞入了各地总督们设下的包围圈，于是罗马人击败这些海盗如同瓮中捉鳖，不费吹灰之力。不到40天，庞培就成功地清除了地中海西部和中部的海盗，那些逃窜的海盗则全部逃向西里西亚这唯一的避难所。而这正是庞培的目的，也是计划的最后一步了。

庞培先是用船只沿西里西亚海岸筑起了一道严密的封锁圈，又寻找几处作为供给这些船只的基地。断了供给的海盗们发动了几次攻击，想要冲破包围圈，但很快他们就发现这根本是个妄想，即便冲破了第一层包围圈，他们很快又会陷入第二层包围圈。接着，庞培开始收缩包围圈，下令船只沿海岸向内推进，同时海军陆战队则趁机登陆搜寻每一个入口，并在沿岸筑成一道防线，以防海盗漏网。这是庞培的战略行动在战术层面的有效复现。海盗们逐渐被赶往位于偏远西里西亚半岛上的科拉凯西乌姆的海盗大本营。庞培派遣他的军团在陆上从另一面包围海盗。很快，海盗们就被迫投降了。

庞培对于这些罪恶的海盗依然是仁慈的，他只处死了海盗首领，而后将其他海盗流放到了西里西亚的偏远地区。整个海盗清缴行动持续了 3 个月，共摧毁了 120 多个海盗基地，打死和处决了约 1 万名海盗，摧毁船只 500 艘。当然，罗马人缴获了海盗们的所有财富。

至此，地中海的海盗在历史上第一次被清除殆尽。庞培于公元前 48 年被杀，显然他还未能充分享受自己的赫赫战果所带来的福利——罗马的舰船在地中海的任何地方享受到了 400 年的安宁。但从那以后，罗马的海军居安思危，从不敢放松对海上的巡逻和警备。

庞培之所以早在恺撒跨过卢比孔河之前就被视为“罗马第一人”、罗马的救世主，正是因为他成功地清剿了地中海海盗。

令整个欧洲战栗的维京人

在1000多年前的北欧，即今天的挪威、丹麦和瑞典，一直侵扰着欧洲沿海和英国岛屿的海盗，便是“维京人”。他们的足迹遍布欧洲大地和北极广阔的领域，这一时期被叫做“维京时期”。

其实，并非所有人都将维京人看成是海盗，因为从严格意义上讲，海盗是指在公海中实施抢劫的罪犯，而不是在陆地上抢劫的强盗。事实上，多数的维京人并不在海上实施抢劫，而是把船只当成交通工具，登陆后抢劫沿海地区。抢劫完成后，他们再回到家里，充当渔夫、农民、商贾、工匠的角色。在北欧的语言中，“维京”一词也包含两重含义，首先是旅行，其次是掠夺。

维京人的抢劫活动源于北欧特殊的地理环境，那里终年被厚厚的冰雪覆盖，冬天严寒，生存环境极为残酷，耕种放牧的资源就更为贫乏了。所以，维京人大多以捕鱼为生，这让他们熟悉了航海，而后变得喜欢冒险。为了生存，他们必须将目光投向海外。长期的渔民生活锻炼了他们卓越的航海技能，他们自己制造的维京龙头战舰则成了他们文化中的重要组成部分。

维京人的船一般长70—100英尺（1英尺约为0.30米），制作精良，堪称艺术品。在维京人漫长的旅途中，船就是他们移动的家，只要放倒桅杆，蒙上船帆就成了帐篷。维京人喜欢徒步作战，他们手持刀剑、长矛和斧头，有钱的则骑马作战。中世纪时期（约476—1453年）的维京人大体上分为三支：挪威维京人向不列颠群岛和地中海附近掠夺和侵略；丹麦维京人把目光移向西欧大陆，沿着欧洲的几条大河纵横掳掠；而瑞典维京人则向东来到斯拉夫人的部落，并在俄罗斯地区定居下来，成为新的民族。

公元793年6月8日，维京人驾驶着海盗船，一手持剑，一手举火把，于凌晨杀至英国。就在那天，维京人像是从天而降，登陆英格兰东北部沿海之外的林第斯法恩庙岛，杀害了岛上的修道士，洗劫了修道院并将其付之一炬。对基督教的庙宇做出如此惨绝人寰的暴行，简直闻所未闻，而且这还仅仅是个开头。一年后，维京人自不列颠东部沿海开始，一路上不断发动袭击，不列颠几乎所有的岛屿都遭到了维京人的摧毁。随后，苏格兰西海岸隔海相望的爱奥那庙岛也遭到了洗劫。

公元798年，维京人洗劫了爱尔兰北部海岸。侵略者们霸占了奥克尼和设得兰后，将那里变成永久居住地，且作为攻击下一目标的安全基地。到了9世纪初，几乎没有任何沿海地区能免遭维京人的袭击，而且这种威胁的步骤只增不减。因此，当时那些遭受过袭击伤害的修道士们将北欧人的暴虐视为世界末日，甚至开始宣讲末日宣言，正如《圣经》上说的“恶魔来自北方，突然降临到这块土地所有的民众的头上”。

到了9世纪20年代，一个新的北方霸主出现，不列颠开始了军阀混战。这些人在进行殖民扩张的同时，以向沿海区域收取保护费来聚敛钱财。维京人于是不再以不列颠为攻击目标，但除不列颠以外的其他地区仍然遭受着维京人的袭击，如爱尔兰就经历了超过 10 年的劫掠。

9 世纪 30 年代后期，维京人首领特基斯控制了阿尔斯特，并以此为根据地继续进行劫掠活动。4 世纪 40 年代，法兰克统治者因过多投入内战而无暇顾及海上防御。因此在公元 841 年，维京人洗劫了鲁昂，并向当地居民收取丹麦赋税。随后维京人于公元 845 年向巴黎展开全面进攻，最终逼迫法国交出 7000 磅法兰克银币的赎金。在短短几年时间里，来自丹麦的维京人开始定居英格兰，而其他的维京人则在法国建立起殖民地。

维京人的掠夺在欧洲西北部持续了半个世纪，最终停止劫掠并不是因为维京人改变了策略，而是因为他们根本已经无地可劫了。很快，维京人发现了一个新的世界，一个贸易的世界。于是这些由渔民变成战士的维京人又变身为商人，搭上斯堪的纳维亚人的海上贸易之船，改变着欧洲的经济。通过贸易，维京人将自己的军事胜利转变成了商业成就。诺曼人于是不愿再回到寒冷的北方，在侵占的地方定居下来。维京文明与当地的文明相融合，陆续建立了英国的“丹麦区”、法国的“诺曼底”和意大利的西西里等邦国领土。没想到欧洲国家在武力上不曾实现的成功却在文化浸透中实现了，维京人渐渐失去了自己的文明和信仰，逐渐被基督教世界同化。从 1016 年丹麦海盗首领卡努特成功抢夺到英格兰王位并统治英格兰近 20 年后，统京人不可避免地走上了下坡路。

到了 11 世纪中叶，曾经令整个欧洲为之战栗的维京人已经退出了历史舞台。

1066年，被称为“最后的维京人”的挪威国王哈拉尔德三世的去世，为维京时代彻底画上了句号。促使维京人消失的原因有很多，当地人的教化、基督教的洗礼，再加上蔓延整个欧洲的黑死病……至今，我们只能从历史中倾听维京人的传奇了。

驰骋在英格兰草场上的海盗

自著名的林第斯法恩事件后，维京海盗对欧洲大陆的袭击就成了家常便饭。其中许多丹麦海盗瞄准了英吉利海峡，常常肆机抢掠，但起初这些活动都不过是小规模的尝试。然而，他们终于等到了全面进攻的最佳时机，英格兰出现内乱，呈现四分五裂的局面，再加上另一拨丹麦海盗在进攻法兰克时不断取得胜利，这些都鼓舞着他们于862年正式远征英格兰。

这支远征军由1000名亡命海盗和100艘战船组成，他们的首领是以凶残著称的“无骨者”伊瓦尔、乌比和哈夫丹。这三人是亲兄弟，其父亲是著名海盗拉格纳，在同英格兰诺森布里亚国王的交战中被俘。据说，当时胜利的国王对这个大海盗痛恨至极，以至于把他活活扔进盛满毒蛇的洞穴。临死之前，拉格纳挣扎着呼喊：“我的儿子们一定会来为我报仇雪恨！”果然，他的儿子们履行了父亲的遗言，前来复仇了。

海盗们首选的目标就是残害死父亲的诺森布里亚，登陆后这些海盗们胁迫居民交出他们手中的粮草和马匹，然后浩浩荡荡地向着约克郡一路杀去。当时诺森布里亚正处于内战中，虽然在听到海盗队伍正在赶来的路上就急忙筹集队伍，但还是晚了。英格兰军队被等候多时的海盗一举击溃，国王埃拉则被生擒。拉格纳的三个儿子将埃拉的胸腔从后背劈开，掏出他的肺叶铺在脊背上，美其名曰“血鹰”。就这样，三个海盗以更加凶残的手法报了杀父之仇。

之后，海盗们以诺森布里亚为根据地，分头向全岛各处进军。伊瓦尔和乌比联合进攻麦西亚，麦西亚国王吓得急忙交出大笔的赎金。之后，他们又在盎格利亚肆虐，捕获了埃德蒙国王，然后将国王绑在树上，用乱箭活活射死了这个可怜的人。海盗们的残酷虐杀反倒激起了英格兰民众的仇恨，从此以后，但凡捕捉到海盗，英格兰人就会将其剥皮，然后把人皮钉在教堂的墙壁上。

同一时间，哈夫丹则率领手下的海盗开始攻打韦赛克斯，据说一共进攻了 9 次，最终还是凶残的丹麦人取得了大多数的胜利。之后，哈夫丹停止了进攻，却突然调转矛头，率军向麦西亚杀去，攻占了那里。再同威尔士人进行了一番较量后，哈夫丹分出一部分海盗向剑桥方向出发，而自己则回到诺森布里亚大本营，将这里的土地分配给跟随自己征战的海盗们。至此，维京人在英格兰所进行的海盗活动发生了本质的转变，一开始只是劫掠财富，而现在开始占领土地。然而，刚刚完成土地分配使命的哈夫丹就在战争中丧生了。不过，他的做法却得到了海盗们广泛的效法，在接下来的时间里，海盗们通过战争夺取了约克、诺丁汉、林肯、德比和莱斯特等地。

维京人的脚步并没有就此停止，他们再次杀回韦塞克斯，韦塞克斯的守军由于在前几次的战斗中败多胜少，于是变得战战兢兢、不堪一击，国王阿尔弗雷德不得已出逃至赛尔伍德西面的奥特尔尼岛上。在这里，国王阿尔弗雷德并没有颓废下去，而是进行了长久的思索后，开始策划反攻。复活节后的第七周，阿尔弗雷德背水一战，竟击溃了丹麦海盗的军队。海盗首领被迫签署了停战协议，答应把军队撤出韦塞克斯全境。英格兰人取得了对维京海盗入侵以来最大的一次胜利。

虽然阿尔弗雷德取得了暂时的胜利，但国力由此变衰，再没有力量追击丹麦人，只得承认已经被丹麦人占领的土地归他们所有了。不久，随着海盗们的继续胜利，北安普顿、亨廷顿、剑桥等地成为与英格兰王国享有平等地位的丹麦王国。在这个丹麦王国里，一切英格兰的语言、名称、法律、习俗都被禁止，只有丹麦文化是被承认的。

国王阿尔弗雷德虽然丧失了大片领土，但他却利用出色的外交手段，使得丹麦首领和他的海盗们接受洗礼，信奉基督教。也许连阿尔弗雷德自己也未曾料到，这一改变所带来的连锁反应竟是如此巨大，他甚至改变了整个北欧海盗和欧洲历史。

自此之后，丹麦人同英格兰又多次展开较量，阿尔弗雷德的儿女在较量中相继收复了一些失地，如牛津、伦敦等地，同时开始建立一系列堡垒，限制海盗们的活动。不过，阿尔弗雷德家族的后裔远不如他们的先辈聪明、勇敢，而且还受到一种短寿的遗传病的困扰。形势再次发生了逆转，到了 11 世纪初，丹麦人看到曾经强大的英格兰人已经不复当年之勇，于是由丹麦国王斯文亲率大军再次征讨英格兰。英格兰国王埃塞尔雷德二世匆匆逃亡诺曼底，后来不惜放弃王位来保命。在埃塞尔雷德的儿子爱德蒙二世进行了一些反抗后，终于英格兰的全部土地都归于丹麦人卡努特的统治之下，卡努特成了丹麦与英格兰的共同国王，史称卡努特大帝。卡努特娶了一位英格兰妻子，但这个王朝只延续了30年时间，最终因没有继承人而自动覆灭。

之后，英格兰的贵族们从诺曼底迎回了埃塞尔雷德二世的另一个儿子爱德华。爱德华统治期间，贵族被划分为英格兰派和诺曼底派，两派一直暗中较量。爱德华曾承诺如果自己没有孙子，那么死后就由表弟诺曼底公爵威廉即位。但此举招致英格兰的贵族怀恨在心，在爱德华临终时，他们逼迫他将王位交给了王后的弟弟哈罗德。

威廉对此十分不满，决定动用武力夺回王位，同时取得了神圣罗马帝国皇帝亨利四世、罗马教皇亚历山大二世以及丹麦国王的支持。最终，威廉打败了哈罗德取得了英格兰的统治地位。至此，英格兰的撒克逊王朝终结，漫长的诺曼底王朝开启。

这段历史告诉我们，丹麦人曾统一了英格兰全境，而最后具有北欧维京人血统的诺曼底人又统治了英格兰。所以，维京人及其后裔应该说是取得了对英格兰战争的绝对胜利。这是一个落后民族打败先进民族的典型案例。自古以来，这种例子并不罕见，但无论谁胜谁负，其结果往往都是相似的，那就是落后一方接受了先进一方的文化习俗，最终被当地同化。如果从这方面来说，胜利者实际上还是被打败了。

诺曼底公国，海盗的胜利

自公元793年发生林第斯法恩岛事件之后，维京海盗对整个欧洲大陆展开了全面扫荡。他们不再满足于在英伦三岛和欧洲大陆沿海一带活动，而是深入内地，攻城略地。到了9世纪中期，北欧海盗的进攻更是发生了战略性的改变，他们不再孤立而零星地作战，而是在进行详尽而周密的计划后展开大规模的进攻。

公元879年到892年，一支庞大的北欧海盗队伍离开英格兰，在法兰克的北部及东北部陆地上进行抢掠，这支队伍几乎全部由丹麦人组成。这支海盗队伍横冲直撞，于公元885年掉头南下挥师巴黎。巴黎处于塞纳河中的一个河心岛上，该岛由两座桥拱卫着，每座桥的两端都有高塔。正是这样的防御措施，阻隔了海盗的进攻，但即使是这样，巴黎也被海盗整整围困了一年。

事情是这样的，北欧海盗的目标本来就不是巴黎，而是巴黎身后的马恩郡。因此，他们情愿借道巴黎，而不准备动巴黎的一根毫毛，于是向巴黎的主教约斯林致信，其内容如下：

约斯林，可怜一下你自己吧，还有那些期望得到你庇佑的人们吧！为了这个目的，你且听我一言，我们只要求借道你们的城市，而绝不会动这座城市一个手指头。我们将前来保卫你和奥多伯爵的权利。

主教则如是回答：

我们奉国王查理之命镇守此城……这个国家是不会允许被他人毁灭的；而她的获救全靠我们这座城市。换位思考一下，如果你处在我的位置，会答应这个无理的请求吗？

维京海盗回信：

如果这样的话，我的剑会因我而蒙羞。但不管怎样，你们若是不答应这请求，我们会在拂晓时向你们发出有毒的箭，直到天黑，你们就会饿肚子了。这都是说到做到的，我们不达目的誓不罢休。

于是，海盗们开始对巴黎展开进攻，塞纳河被遮天蔽日的海盗船塞满。巴黎顿时慌乱了，因为此时国王胖子查理早已亲率大军远征意大利去了，整个巴黎只留下200名骑兵守卫。而海盗拥有700艘战船，满载3万名北欧海盗。他们全副武装，手拿精心打造的斧头和双刃剑，以及包着铁皮的盾牌。

约斯林主教和奥多伯爵在巴黎市民中奔走呼号，在二人的游说下，巴黎居民纷纷表示誓与巴黎城共生死。就这样，法国军民奋起抵抗，开始了历史上著名的巴黎围攻战。

面对巴黎的铜墙铁壁、高墙深垒，海盗们单靠不牢靠的云梯和尖角锥本来就很难跨越，再加上巴黎人还不断地将燃烧着的沥青和油倒向他们，总之不管用什么方法，巴黎依然固若金汤。于是，海盗们开始安营扎寨，干脆将巴黎团团包围起来，打算用持久战来断绝巴黎的供给。

公元886年1月，海盗的计谋没有得逞，于是再次向巴黎展开全面进攻。他们用树枝、草、动物，甚至死去的战俘的尸体来填埋塔前的壕沟，以便能越过壕沟直抵塔底。与此同时，另外一部分人用三艘燃烧的船去撞击桥身试图将其摧毁，但这两种进攻方式最后均以失败告终。

战情的转机出现在公元886年的2月，那时冰冷的洪水突然将一座塔桥冲垮了，海盗们由此通过巴黎。这时，海盗分为两部分，一部分在通过巴黎后开始攻打其他地区，而另外一部分仍然对右岸展开包围之势。最终，海盗们只取得了部分胜利，巴黎人仍誓死抵抗。最后，海盗提出只要他们拿出60磅银子就撤消巴黎之围。没想到巴黎人拒绝了，他们向在外的国王请求援助，但国王的援兵并没有及时赶到。

主教约斯林于4月份去世，伯爵奥多则在请求援兵的返途中遭到海盗的拦截，但他奋勇抵抗，一直杀回了巴黎。查理国王的军队于公元886年10月才抵达巴黎，但出人意料的是，他并没有开战，而是同海盗们做了一笔交易——他劝说海盗放弃攻打巴黎，而允许他们攻打离巴黎较远的勃艮第地区。愤怒的巴黎人坚决不同意，于是查理同意以700磅银子来换取海盗的撤退。然而这些维京海盗们并不甘心就此离去，就在塞纳河口附近一片气候温暖、土地肥沃的地方聚居下来，这个地方就是诺曼底。之后，他们又多次溯塞纳河而上，抢劫沿岸地区。胖子查理做这个决定的代价就是：不久之后自己被推下了王位，而伯爵奥多成为西法兰克的国王。

从巴黎撤退的海盗们自从发现诺曼底这个美好的地方后，便不愿再离开，而后来成为诺曼底大公的罗洛正是这帮海盗的首领。关于罗洛的身世有很多传说：有人说他是挪威贵族的后裔，父亲是统治格陵兰岛的哈拉尔德的大臣；有的称他为“工头罗洛”，因为他身材矮小，大腹便便，看上去有些笨拙。不过，事实上罗洛并不像他看起来那样滑稽愚蠢，他是一名称职的海盗，也是一个出色的海上劫掠者。年轻时他四处劫掠，返乡后总是喜欢招摇和夸耀他的赫赫战功，于是遭到了流放。流放的途中，罗洛反而在经受了更为残酷的生存考验后变得更加强悍起来，他加入了丹麦人的海盗队伍，跟随他们在英格兰三岛及西欧进行抢劫，直到围攻巴黎之后选择留在诺曼底。

在诺曼底，罗洛率领的这些丹麦人在英格兰和法国西海岸一带兴风作浪20年，其队伍更是不断壮大，最后竟发展到了几十万，就连法国国王对他们也束手无策。

到了911年，罗洛开始尝试同法兰克地区的国王进行洽谈，表明了自己想要盘踞此地的想法。法兰西国王查理三世实在拿这些猖狂的海盗毫无办法，但如果像英国人那样，把法国的一块土地割让给罗洛，并册封罗洛为诺曼底大公，也许事情就好办多了，最起码罗洛会成为阻止其他海盗登陆抢劫的屏障，于是两人一拍即合，当下就签订了协议：一是丹麦人不再入侵法兰克；二是法兰克国王将女儿嫁给罗洛，罗洛对法兰克国王称臣；三是罗洛被封为诺曼底大公。就这样，这位丹麦海盗首领摇身一变成了第一代诺曼底大公，改信基督教，并统治着诺曼底公国。

查理三世这个“以夷制夷”的方法果然奏效，法兰西得到了安宁，而罗洛也带领他的海盗团伙在诺曼底定居下来，然后他们被基督教强大的文化力量所同化，甚至不再称自己是丹麦人或挪威人，而是“诺曼底”人，然后逐渐成为法兰克的顺民。据说在建国几十年后，罗洛就曾派出一位王子去北欧的祖先那里学习语言。这说明诺曼底的维京人已经完全转变成为西欧大陆的一分子，融入了法兰克的土地。11 世纪的诺曼底公国甚至被认为是西欧封建制度最发达的国家之一，并开始纵横欧洲。

1016 年，信仰了基督教的诺曼底维京人以前往耶路撒冷朝圣为由，开始南下。其实，他们的目的并不是沙漠中的耶路撒冷，而是文明、富饶的意大利。当时，意大利分裂为两部分，一部分是由东罗马人控制的南部，另一部分是由伦巴第人控制的北部，双方互不相让，常年征战。正是伦巴第人对诺曼底人发出了邀请，约定一旦驱逐了东罗马人，便由诺曼底人统治南意大利。诺曼底人所向披靡，很快驱逐了东罗马人。1081 年，拜占庭皇帝率军队挑战诺曼底人，但同样以失败告终，如此一来，诺曼底人正式成为南意大利的主人。

诺曼底公国在正式入驻南意大利后，令人吃惊的是，他们表现出了对异族文化的极大包容和尊重。诺曼底人允许回教徒、希腊人、意大利人保留自己的生活习惯和宗教信仰，这使得各民族的文化都得以保存下来，并得到相互融合和发展。可以说，意大利之所以能够成为世界文化之都，诺曼底维京人功不可没。

红发埃里克和他的孩子们

红发埃里克在公元950年诞生于挪威的南部。10岁时，由于父亲犯了杀人罪而跟随父亲被驱逐到冰岛，埃里克一家在一处农场安顿下来。长大后他娶了一个信仰基督教的妻子，养育了4个孩子。但这种宁静的田园生活并没有维持多久，一天，他因为一头牛与邻居打架，结果打死了邻居的儿子。于是，冰岛的国会进行投票，然后一致同意将埃里克驱逐出冰岛。

公元982年，埃里克带着一家人和一些追随者登船，但整船人包括埃里克在内都对前途毫无计划，他们甚至不知道该向哪里走。最后，他们认为向东回到斯堪的纳维亚半岛肯定是不行的，所以只能朝西走了。西边隐约可以看见一片未知的陆地，但等船行驶到那后才发现陆地西南海岸有一个很深的峡湾，那里有大西洋的暖流经过，气候与冰岛类似，是个适合居住的地方。于是，红发埃里克花了3年的时间绕这个大岛的南端走了一周，对其进行了细致的考察，发现岛上大部分地方被冰封，有点像挪威，于是打算命名此岛为“更冷的岛”，但又觉得这个名字太没有吸引力了。这时，他灵机一动，想出一个好名字“绿色的土地”，也就是“格陵兰”。而后，他返回冰岛，向那里的人宣讲那块“绿色的土地”如何美丽富饶。果然，这个好名字渲染了他的描述，吸引了当时许多贫穷的、刚刚经历饥荒的冰岛人前往那片绿色之地。当时跟随埃里克前往的有25艘移民船，满载500人和牲畜，在经历了艰苦的跋涉后，最终只有14条船带着450人顺利抵达了那个地方。

当幸存者挣扎着爬上格陵兰岛的海岸时，他们的希望瞬间崩塌了，这里没有铁矿，没有森林，维京人向来以吃苦著称，但当他们来到格陵兰岛后才终于知道什么叫度日如年。

这个岛的确比冰岛大部分地区都靠南，但气候却更加艰苦。格陵兰岛纬度太高，全岛218万平方公里，却只有9万平方公里没有冰层。能影响到该岛的洋流带来的并非暖风而是更加刺骨的冷风，时常还有大雾出现。寒风将背面的浮冰吹过来，浮冰堆积形成冰山直到将峡湾封住，连夏季也不曾融化。一开始，人们选择在这片正对着冰河的狭长的草地上定居，但他们很快发现，冰河是会随着季节定期流动的，这给他们的石屋和茅草带来了无尽的灾难。

再加上夏季太短，人们根本用不着费心考虑耕地和种粮的问题。于是，在接下来的10年中，几乎所有适合做农场的土地都被他们抢占一空。而他们的食物则只有鱼和瘦弱的牛羊为他们提供的肉及奶。更要命的是，岛上铁矿稀少，木材不足，基本的衣食住行都难以得到保证。到11世纪初，岛上只有3000人，而且分别居住在300多个农庄里，这些人只能靠打猎生存，用打来的皮毛和海象牙跟南方的同胞交换造船所必需的木材和铁钉。

即便环境如此恶劣，但维京人却惊人地在那里坚持了500年，直到全球气候变化，格陵兰岛变得再也不适合人类居住，他们才消失了。人们不知道他们的去向，也许重新撤回大陆了，也许遭受了疾病的袭击，也许向更北的地方，与因纽特人混居了。许多年以后，人们才知道红发埃里克发现的格陵兰岛是地球上最大的岛屿，比冰岛大 20 多倍，是挪威的 5 倍。

红发埃里克的孩子们遗传了父亲的冒险精神。1003 年，埃里克的儿子莱夫 · 埃里克松率领 35 名男子离开格陵兰岛。他本来是想要父亲和他一起远航的，而父亲也同意了，但在上船的那一刻，红发埃里克突然从马上摔了下来，于是他疯了似的认为这是凶兆而拒绝乘船。

埃里克松并没有被父亲的言论所吓倒，他决定自己出发，沿着格陵兰岛西海岸向北航行，开始了他的伟大之旅。埃里克松断定在遥远的北面一定有更广阔的天地等着他们，因为在天气好的时候，他从格陵兰岛已经看到了那边的大陆线。

埃里克松率先登陆的地方是个令人沮丧的地方，那里充满了岩石和冰川，但埃里克松还是给这地方命了名，叫它“赫卢兰”。今天我们叫它巴芬岛，即使在今天，巴芬岛依然人烟稀少，不适宜居住和开发。但几天后，埃里克松终于发现了那片他心向往之的大陆，那就是美洲。他在加拿大东部的拉布拉多海岸登陆，发现那里简直就是一处世外桃源。这片大陆气候宜人，与格陵兰岛相比，这里的冬天竟然是如此温暖明亮，而且遍地野葡萄。埃里克松立刻决定在这里定居下来，并命名它为“文兰”，意思是“葡萄国度”。埃里克松和船员们马上在纽芬兰的北部海岸建立起海盗前哨站，在这里度过了一个冬季（虽然现在已经很难考证“文兰”具体是在什么地方，但一般认为就是加拿大的纽芬兰岛）。

1004 年，埃里克松返回格陵兰岛，在那里宣布了他的重大发现，他立刻被奉为英雄，人们称他为“幸运的莱夫”，都要跟随他向那里移民。莱夫·埃里克松当然很乐意完成这项重大的举措，但不久他的父亲便去世了，他必须留在家中完成父亲交给他的使命，即守卫格陵兰岛。在埃里克松的鼓舞下，其他维京人曾先后三次出航到“葡萄国度”并在那里过冬，但当地的印第安人并不欢迎这些外来人，两者发生冲突后，维京人不得不再次离开那片土地。

1014 年，莱夫·埃里克松的私生女弗雷德斯联合另外两个维京人，率领 60 多人前往“葡萄牙国度”。但是，到了那之后，弗雷德斯立刻翻脸不认人，为了独吞财富叫人杀了同伴 30 多人，她自己也杀害了几个女人。于是，维京人与“葡萄国度”的故事就在一个悍妇发动的自相残杀中结束了。1020 年，那批探险者的最后一批人返回了格陵兰后，再也无人去过那个美好的国度，当人们再次发现美洲时，已经是大航海时代哥伦布的功劳了。

如果不是 1969 年在丹麦的一个海盗墓中找到那枚被认为来自美洲的石制箭头，也许人们将会永远错误地认为发现美洲大陆的第一人是哥伦布。

阿拉伯海盗，改写世界历史

在阿拉伯半岛东部200多公里长的沿海地带，曾以其海岸线曲折著称，这里散布着众多的海湾和濒海湖，是海上船只最为理想的避难所，于是曾经成为阿拉伯海盗活动最为频繁的地区，也由此得名“海盗海岸”。“海岛海岸”昌盛时期，不论是土耳其政府还是英国的殖民者都对其束手无策，而且这些阿拉伯海盗专门针对欧洲侵略者以及东印度公司的船只发动袭击。因此，人们似乎不能单纯地将阿拉伯海盗看成是以抢掠为目的的贼寇，他们还是反殖民、反侵略的先锋。

到了15世纪，地中海成为联络东、西方贸易的主要航路。阿拉伯人在印度的加尔各答、科钦和坎纳努尔等处购买东方的香料、宝石、丝绸、瓷器等货物，然后用单桅帆船运送到沙特阿拉伯的吉达，再由驼队运送到埃及开罗，然后沿尼罗河用驳船转运到亚历山大城，销售给意大利人，并用威尼斯与热那亚的大船经地中海运往欧洲销售。然而，1453年土耳其人攻下了君士坦丁堡，去东方的陆地通路就此被切断，只能走水路了。为了满足自己对黄金的贪欲，欧洲的封建主、商人、航海家开始冒着生命危险远航大西洋去开辟到东方的新航路。葡萄牙人派出达·伽马绕过南非好望角到达印度，又派出海军和殖民地扩张东非，最终硬性打通了一条商路；而西班牙则穿越大西洋，发现了美洲。

自此，地中海沿岸的威尼斯、佛罗伦萨和西西里等邦国逐渐走向没落，欧洲文明的中心从地中海转向了大西洋之滨。世界格局发生了改变，而这一切都要归功于阿拉伯的海盗们，正是他们帮助土耳其夺取了君士坦丁堡，切断了通往东方的陆地通道，也是他们帮助土耳其夺取了地中海的霸权，迫使海上格局发生转变。

海盗的历史固然可以追溯到荷马时代的地中海，但我们绝不能再以狭隘的眼光认为海盗只有活跃在北欧的维京人、加勒比海上的杰克船长、英国的"御用海盗"德雷克。事实上，除了地中海海盗，北非阿拉伯海盗更是远近闻名，他们几乎控制了地中海所有的商业交通，而且还建立了世界史上绝无仅有的海盗王国——巴巴罗萨王朝。

巴巴罗萨王朝是由巴巴罗萨兄弟一手建立起来的。巴巴罗萨兄弟又叫"红胡子兄弟"，包括兄弟 4 人，分别是阿罗迪、埃利亚斯、伊萨克、海尔·丁，他们都被叫做巴巴罗萨，大哥阿罗迪更以一脸的红胡子闻名。四兄弟都是海盗，但最为出名的是大哥阿罗迪和最小的兄弟海尔·丁，两兄弟盘踞在杰尔巴岛，打造了巴巴罗萨王国，一面借助土耳其的力量发展壮大，一面又成为土耳其抵抗欧洲海外扩张的最有力的武器。从此，北非海盗所向披靡，有了根据地。

巴巴罗萨兄弟及其后来的继承者除了攫取船只、金钱和各种战利品，最主要的目标还是在陆地或海洋上捕捉俘虏，然后把他们当成奴隶。奴隶可以被用金钱赎回，剩下的一小部分则被用来交换穆斯林俘虏，再有就是被人买去在北非做苦工。据统计，在 1530—1780 年间，有 100 万到 125 万的欧洲人被抓到北非为奴。

17 世纪，阿拉伯人在东非地区建立起了多个帝国，自此非洲与西亚的贸易往来更加密切。随着贸易的拓展，阿拉伯人在东非沿海逐渐建立起一条固定的海上商路，即从西亚的阿拉伯沿半岛航行，经过东非的莫桑比克海峡，绕过好望角，最后向美洲航行。然而，这条商路刚一通行，阿拉伯海盗们就垂涎三尺。这时候的巴巴罗萨王朝已经不复存在，而这些海盗也都是东非地区的阿拉伯人，他们潜伏在东非沿岸的海峡，伺机抢劫过往的阿拉伯商船。这条黄金商路从此养肥了阿拉伯商人与阿拉伯海盗。

马耳他骑士团，地中海上的教徒海盗

就在巴巴罗萨王朝一代一代逐渐衰弱下去的时候，突然遇到了一个正在逐渐壮大的劲敌，正是马耳他骑士团。

马耳他骑士团的前身是医院骑士团，也叫耶路撒冷圣约翰骑士团。该团最早成立于12世纪20年代，使命是为去往圣地的十字军和朝圣者提供医疗救助。然而，随着时间的流逝，骑士团在保留他们的救助功能的同时，逐渐变成一支强大的军团，他们与圣殿骑士团一同成为中东地区主要的基督教军事力量。

14世纪初，十字军东征最终宣告失败，医院骑士团的成员于是隐居到罗德岛。1522年，奥斯曼土耳其人开始对该岛进行围攻，他们又不得已离开这里。这时，查尔斯五世慷慨地给这些基督徒提供了一个居住地——马耳他。在这里，骑士团存活并发展了相当长的一段时间。因为一开始这支骑士团就深受欧洲贵族们的欢迎，而进入这个骑士团就意味着要严格禁欲，这对于管教他们放荡不羁的公子哥们十分有用。但是，除了出身高贵、禁欲以外，加入骑士团的另一条规则是必须会游泳，这条又让不少贵族子弟找到了不能加入骑士团的借口。马耳他骑士团还有着严格的等级制度，骑士和仆人之间永远有一道无法逾越的等级之墙。另外，马耳他骑士团又招收了一批姐妹团，其招收要求与男人一样，首要的一点就是出身贵族。

马耳他所在的地理位置刚好扼住阿拉伯海盗船只的航线，而马耳他骑士团也十分乐意这样去做，甚至还特别授权一些其他独立活动的海盗四处搜捕穆斯林的船只。于是，从 16 世纪 30 年代到 18 世纪 40 年代，骑士团像他们所授权的海盗船一样开始以宗教名义截获船只、奴隶、货物和金钱。由此，这支由贵族圣徒组成的骑士团不是海盗却行着海盗的事。

比如在 16 世纪时，有一个特别著名的被授权的海盗，他叫里昂·斯特罗兹，他就曾经是马耳他骑士团的一员。还有一个叫马苏林·罗姆加斯的海盗，他常常同时对数艘穆斯林船发动攻击，从未失手过，所以更被认为是无法消灭的。传说，在 1555 年遇到的一场风暴中，他随船沉没在马耳他港口内。正当人们以为他这次无法再死里逃生时，第二天一早却听到他在水底敲击船身的声音，于是罗姆加斯再次得救。罗姆加斯的一生中，最为成功的一次掠夺是在 1564 年，当时他截获一艘从威尼斯驶向伊斯坦布尔的大型穆斯林船只，船上的货物价值 80000 西班牙达克特，这直接导致奥斯曼因财力不足而不得不停止对马耳他发动进攻。

随着海盗的逐渐强大，骑士团自觉本身的性质发生了些许变化，于是在1605年设立了法庭来约束被他们授权而独立采取行动的海盗，该法庭致力于严格监督这些海盗的行动，特别是对哪类船只允许被攻打做出了限定。这是十分不容易的，因为海盗们所攻打的不仅仅是穆斯林船只，而是所有载有穆斯林货物的船只，换言之，只要他们乐意，任何船只都能成为被攻打的目标，而且他们十分热衷于攻打希腊船只。

到了17世纪60年代，马耳他的海面上活跃着大约30艘被授权的船只，而医院骑士团还未被算进去。这些海盗船将自己的全部所得的10%缴纳给骑士团的总指挥部。马耳他海盗大多只集中于夏季航行，冬季他们则在希腊的群岛上进行维护和休整，这时这些海盗们无所事事，终日以打牌和饮酒来醉生梦死。

马耳他海盗最后变得和其他海盗一样，都希望能以最小的代价抓捕俘虏，因为这样一来就能最大程度地收获船上的货物和乘客，更多地盈利。当然如果抓捕到的是基督徒，那就毫无意义了，以光荣圣徒骑士的身份怎么能将教徒进行出售和买卖呢！

1657年，一个名叫让·特维诺特的法国乘客搭乘一艘船去往地中海的阿克里，结果这艘船被马耳他海盗截获。“口中又是上帝又是魔鬼的叫骂个不停，好像是为了让自己看起来更吓人……”这位受害者叙述道，“海盗几乎一直用枪顶着我的喉咙，还用剑抵住我的腹部，强行要脱下我的衣服，结果四五个人一齐下手，很快把我扒了个精光。接着，他们用剑在我身上乱戳，我想自己死定了，但随后发现他们只不过想要我手上的那枚戒指，于是我赶紧摘下来扔给他们……”

最后，特维诺特在阿克里上岸后被法国领事馆营救出来。从特维诺特的叙述中我们可以判断，马耳他海盗已经完全丧失了建立时的初衷，而跟阿拉伯海盗没有两样。

马耳他海盗就这样活跃了 200 多年，直到 18 世纪 40 年代，由于经济和政治的变化以及欧洲海军的日渐扩大，马耳他海盗越来越难以得到授权。更重要的是海上再也没有可供劫掠的穆斯林船只了，因为阿拉伯的穆斯林已经在大规模地使用基督教商人来运送货物了。后来在不得已的情况下，骑士团又打着摩纳哥和其他国家的旗号进行了一段时间的海盗活动，但最终不得不随着 1789 年拿破仑占领马耳他而走向灭亡。拿破仑极其不喜欢宗教战士，曾批评马耳他骑士团是“让贵族家庭除长子以外的儿子们游手好闲的地方”。1798 年，拿破仑进攻马耳他，马耳他很快沦陷，拿破仑释放了关押在那里的大约 2000 名穆斯林和北非奴隶。至此，马耳他海盗才彻底从历史上消失。

日本海盗，冲向富饶的大陆

14世纪至16世纪，在中国东部沿海一带出现了一群乘船而来以烧杀劫掠为目的的海盗，这群野蛮人被称做倭寇，是日本最早的海盗。

自从汉武帝之后，倭人就开始了同中国的频繁往来。公元前108年，汉武帝发动了对卫满朝鲜的战争，自此打通了汉朝与东方各国的通路。中国成为与日本有对外贸易关系的国家之一，日本十分喜爱中国的布匹、丝绸、瓷器、铁锅、食醋以及书籍、名人字画等。随着倭人与中国的不断往来，中国的文化和先进的生产技术越来越多地传入日本，直到唐朝以前，日本一直被称为“倭”。

元末明初，朱元璋平定了其他割据势力后，将张士诚、方国珍、陈有定等曾控制过浙江、福建、广东沿海一带的势力赶出大陆，这些人迫于生计不得不在海上劫掠商船或上岸打劫财物，甚至勾结倭人劫掠沿海地区。明朝建立初期，针对这些海盗和倭寇，专门实行了海禁政策，规定除政府之间可以实行朝贡外，不许百姓出海、私通外国或与外国人进行交易。但这并没有阻挡倭寇的来犯。

14世纪中期，日本南北混战的状态持续了约60年，直到1392年，南朝被北朝吞灭，这场世纪之战才算结束。然而长期的内战，使得许多溃兵败将沦为盗贼、浪人；南朝灭亡后，一些不愿意臣服北朝的人也入海沦为倭寇。一些海盗将这些人统统结合起来，开始在海上进行劫掠。适逢战乱，这些倭寇不但没有得到政府的约束，反而得到一些大领主的支持，以便他们能成为自己的力量，这无疑更助长了日本海盗的壮大。

日本流传至今最为著名的一个海盗是个叫施色的人。在一次航行中，施色在马六甲结识了一名叫弗朗茨·克萨维尔的基督徒。后来受到这位基督徒的影响，施色也成为一名基督教徒。1549年，施色以传教士的礼遇用自己的船将克萨维尔带入日本。传教士感念施色之恩，想要把他培养成一名基督徒首领，但这个提议立刻遭到施色的拒绝。在上帝与大海之间，施色毅然决然地选择了后者。

明朝前期，倭寇来犯中国沿海一般会选择清明节以后，因为那时正好借助朝向西海岸飘过的东南风。由于地理位置的因素，山东半岛、辽东半岛是最容易抵达的地方。因此，明初的倭寇以山东、辽东地区最为严重。再加上元末明初如方国珍、张士诚等一些叛党的勾结，中国沿海惨遭荼毒。

日本海盗从来都是大队人马一起行动，他们从不单枪匹马，有的几十人一伙，有的几百人一伙，打着海商的幌子，实行一些杀人越货的勾当。因为日本自古称倭奴国，所以中国古代自然将这些日本海盗称为倭寇。中国沿海特别是东南沿海地区特别受到日本海盗的青睐，因为这里在明代时期最为发达，物资财富也最为充裕，更盛产丝绸和茶叶。倭寇每来侵扰，都疯狂地大肆烧杀抢掠，有时还掳掠人口作奴隶，无恶不作。朝廷却鞭长莫及，总拿不出实际解决的办法。

到了明朝中叶，统治集团日益腐朽，他们整日加紧榨取人民血汗还不够，更没有心思打理沿海事务。因此，沿海的武装一天天荒废，而倭患也一天比一天严重，沿海居民的日子一天比一天难过，最后倭寇的暴行终于激起了沿海居民的反抗。在抗倭斗争中涌现出一批爱国名将，其中以戚继光最为出色。1563 年 11 月，两万倭寇围攻福建仙游县城已达 10 天。正在紧要关头，戚继光率领军队及时赶到，以寡敌众，奋力攻杀，终于击退倭寇，解除仙游围困。

经此一役，福建倭寇大体平定，残存的倭寇则逃至广东，被另一抗倭名将俞大猷消灭。至此，东南倭寇基本平定。再后来，日本国内发生政治剧变，官府开始管制，日本海盗出海抢劫的事件逐渐减少，但此时中国和朝鲜的海商与海盗却开始蠢蠢欲动。

最早的中国海盗

早在欧洲海盗和日本海盗猖獗之前，中国海域就已经有了海盗活动。不同的是中国的海盗大多是沿海地区的居民，他们依靠海洋谋生，但食不果腹时就会从事抢劫活动，这些人因反抗官府而被冠以海贼、海寇。

关于中国海盗活动最早的记录出现在东晋末年。当时的皇帝昏庸无能，司马道子及其子霸占朝权，统治集团内部混战多年，使得经济崩溃，民不聊生，更引起了阶级矛盾的激化，各地的人民起义此起彼伏，就连海上也不例外。

公元398年爆发了孙恩和卢循领导的海上大起义。这次起义前后历经13年，一直到411年才宣布告终。起义集结了百万海盗大军，这支军队转战长江以南的广大地区，纵横东海、南海两大海域。如此波澜壮阔的海上武装起义，在中国海盗史上是前所未有的，因此被称为“中原海寇之始”。

东汉顺帝年间张陵创立了五斗米道教，人们只要交五斗米就能成为教徒，并且这米用作教徒间互相帮助的资金。而这次海上大起义的首领之一孙恩，世代信奉五斗米道并一心宣传教义。到了东晋末年，浙东一带的农民被剥削得贫困不堪，于是都将希望寄托在宣传五斗米道的孙泰（孙恩的叔父）和孙恩身上，信教的徒众越来越多，孙泰、孙恩所肩负的职责也越来越大。之后，孙泰做了徐州主簿、新安太守。

正在这时，发生了“王恭叛乱”，孙泰于是借机以征讨王恭为名，立即组建起一支几千人的队伍，还聚集了大量的钱财物资。这种一呼百应的影响力当时就震慑了朝廷，但也因此聚集了更多的对朝廷不满的起义民众。

东晋朝廷从未想过五斗米道会有如此突飞猛进的发展，因此立刻对孙泰施压，在没有收到任何回应后，司马道子就将孙泰流放广州了。孙泰到广州以后，继续宣传五斗米道，又很快组织起一批农民群众。朝廷思前想后，觉得将他放逐更不放心，于是又把孙泰找回来继续做徐州主簿，后来又升为新安太守，妄图以功名利禄来消磨孙泰的意志。可是事情远没有那么简单，随着孙泰的升迁和调职，五斗米道的势力发展得更快了。东晋政府于是下了通缉令，将孙泰杀害。

眼看叔父被杀，孙恩一路逃到上海，沿海一带的教徒则派人与孙恩取得联络，周全保护并送给他给养。孙泰的被杀，激起了教众的公愤，于是教众将更大的期望寄托在孙恩身上。转眼间，孙恩的势力就在他藏身的海岛发展起来，起兵才数月，就已经招募了10万兵众。他自称“征东将军”，给自己的队伍起名“长生人”。

正当孙恩的势力越来越壮大时，东晋统治集团却在进行着夺权斗争，情景十分惨烈。孙恩认为这正是揭竿而起的良机，于是立刻从海上登陆，向上虞发动进攻。当上虞已经兵临城下时，守卫的官兵却还像往常一样松散慵懒地睡着大觉，当孙恩带兵冲进城门，杀到他们跟前时才大梦方醒，这时想要抵抗却一时手忙脚乱找不到武器，就是找到了武器也因平日疏于操练而无法使用，结果全部做了俘虏。孙恩于是占领上虞，又乘胜袭击了会稽。这时，所有受剥削被奴役的农奴、佃户、农民，无不加入队伍。十多天里，孙恩的队伍就发展到了几十万人。后来他转战绍兴、宁波、舟山、台州、温州、南京、扬州等地，所到之处，人们无不响应。

接着，孙恩同妹夫卢循等人组织起义军进行登陆，从水路打到京口，一直攻打到建康附近的江宁，才被晋将刘裕打败。面临强敌，孙恩没有做无谓的牺牲，而是下令快速撤退，为了赢得时间，让义军边撤退边将贵重物品丢在路旁，结果贪财的官兵果然纷纷去抢，大大减缓了追击的速度。这样，孙恩和义军安全退入海岛。

正当孙恩饱受挫折，消极怠战之时，东晋朝廷又传出来个好消息。东晋统治阶级内部爆发了“桓玄之乱”，这给孙恩重新创造了好时机。于是，元兴元年，也就是公元402年，孙恩第四次登陆，直趋临海。

由于起义军长期漂泊海上，加上上次重创后元气大伤，这次在与刘裕的大战中，三战三败，起义军最后仅剩几千人，孙恩羞愤难当，当即投海自尽。

孙恩死后，众人推举孙恩的妹夫卢循为首领。第二年冬天，刘裕进军至晋安，为了保存和发展起义力量，卢循、徐道覆率义军向广州等地作战略转移。攻占广州后，卢循以此城为据点建立了政权。

公元 405 年，桓玄被杀，刘裕迎晋安帝入朝复位，控制了东晋朝廷大权。公元 410 年初，刘裕率领主力北伐南燕，卢循乘机兵分两路北上，十多万大军兵临建康。刘裕得到消息后急忙班师回朝，唯恐贻误大事，于是自己先带几十人的精锐部队于 4 月间赶回建康。卢循做事犹豫不决，行动迟缓，结果错失战机，让刘裕赢得了周密部署的时间。卢循此时已经屯兵建康城下两个月之久，官兵不但疲惫，且粮食供给不足，只好退兵，但途中多次遭遇晋军伏击，伤亡惨重。为了挽回危局，卢循带数千散卒向广州转移，徐道覆则退保始兴。刘裕早已派兵从海道南下攻占广州，截断了起义军的后路。公元 411 年 2 月，晋军终于攻破始兴，徐道覆壮烈牺牲。

此时的卢循已经是进退无路，只得率军进攻交州，结果被交州刺史击败。卢循见大势已去，心灰意冷间也投水而亡。

历史上悬赏最高的海盗

明朝初年，沿海大兴海盗，其中赫赫有名的一个大海盗头子叫陈祖义，明太祖朱元璋曾悬赏 50 万两白银要陈祖义的首级，到了明成祖朱棣即位，赏金更是高达 750 万两。

究竟陈祖义是何许人物，能叫明朝两位大有作为的皇帝如此坐卧不安呢？原来，陈守义本是广东人，洪武年为了避难全家下了南洋，后为了生计做了海盗。没想到这海盗一做就是十几年，他就盘踞在马六甲，成为世界上最大的海盗集团的头目之一。据说，陈祖义的海盗集团在最鼎盛时期超过万人，战船近百艘。

陈祖义率领的这个海盗集团常年活跃于日本、中国台湾、南海、印度洋等地。陈祖义以凶暴残忍著称，这足以让他驾驭万名海盗，他们横行海面，劫掠的船只超过万艘。陈祖义不仅劫掠海船，还骚扰沿岸百姓，明朝有 50 多座沿海城镇被其攻陷，南洋一些国家甚至向其纳贡。

后来，由于明太祖朱元璋悬赏捉拿，他不得已逃至三佛齐，也就是现在印度尼西亚的渤林邦国。在那里，他居然得到国王的赏识，做了朝中大将。国王死后，他急忙将自己的海盗军团召集过来，自立为王，从此成了渤林邦国的国王。

当时的三佛齐农业发达，旧港是一个商贸中心，人称“一年种谷，三年生金”。自从海盗为王以来，其商业萎缩，与中国的正常往来也受到阻碍。总之陈祖义的海盗行径早就引起了民愤，当地华侨更是对这伙海盗恨之入骨。1406 年，第一次下西洋的郑和船队在回航时抵达这里，当地华侨于是马上向郑和报告，要求他为民除害，惩罚海盗。郑和深知陈祖义在旧港已经盘踞几十年，根深蒂固，绝不是轻易就能扳倒的。所以郑和决定这次不动声色，以先完成去西洋的使命为由而没有惊动陈祖义。而后郑和左思右想，认为最好的办法就是不动武力而将他收服，于是向朝廷请命，将他招安。接着，郑和就派人向陈祖义宣读了皇帝诏书，要他改过自新。

陈祖义果然老奸巨猾，他表面上派人向郑和表示了投诚的态度，但其实不过是想诈降，然后一举拿下郑和的船队，他早就盯上了那一船的宝物。当然，陈祖义的这些花招根本逃不过郑和的眼睛，但他并没有当面揭穿，而是将计就计，设置了一个圈套等待陈祖义跳进去，等他想到搬救兵已经晚了，周围部署的官兵会将支援他的海盗们一网打尽。

果然，陈祖义率众海盗来袭时，郑和早就有所准备，用火烧毁了海盗船，杀海盗五千余人。此后，郑和的海军又将陈祖义等三位首脑生擒，押回京城。永乐五年，也就是 1407 年 9 月，这个海盗头子被押送交朝廷，明成祖朱棣下令杀无赦，最后在各国使臣面前将他当众斩首，以示他人。

郑和将陈祖义的势力连根拔起，这保障了西洋航运的畅通。而明成祖朱棣当众处决这一众国切齿的要犯，更是大快人心，而且提高了大明王朝的声望，拉近了与各国之间的距离。

第二章　海盗天堂：壮阔的大航海时代

葡萄牙和西班牙，海洋先行者

正如上面我们所讲到的，航海家哥伦布本来以追寻古老的东方为目的，却误打误撞地发现了一片新大陆，于是开启了大航海时代以及罪恶的瓜分和殖民。因此，支持哥伦布航海计划的西班牙曾一度成为遥遥领先的世界强国。然而事实上，大航海时代并非由西班牙一国掀起的，欧洲大陆上还有另外一个国家同它一起分享了这个荣誉，那就是葡萄牙。

谁也不曾料到，这两个面积之和加起来还不如中国青海省大的小国家，竟成为近代历史上几乎平分世界的大帝国。事实上，它们也的确为如何平分世界争执了许多年，最后不得已请出教皇来做仲裁。在教皇亚历山大六世的眼里，大概整个地球就是个大西瓜，所以他以大西洋中部的佛得角群岛以西 100 里格（1 里格约 5.5 公里）为界线，将这个“西瓜”一分两半，西边归西班牙，东边归葡萄牙，这就是著名的教皇子午线。在欧洲人看来，让教皇来做这个决定简直太明智不过了。

西班牙有哥伦布，那么葡萄牙是靠什么强大起来的呢？当然，也一定有一些关键人物的出现。我们不得不提到的第一位关键人物来自葡萄牙王室，史书上称他为“亨利王子”。据说，这是位相貌堂堂却终身未娶的王子，系葡萄牙国王诺奥一世的第三个儿子，他厌恶卷入政治纷争，却自小博览群书，对海洋尤为感兴趣。1415 年起，他远离权力争斗，找了一个偏僻的海港创办航海学校，广泛搜罗学者，购买航海仪器，为远航做充分准备。从 15 世纪 20 年代起，他先发现了大西洋的亚述尔群岛，后来这个地方成为他远洋的补给站；接着，他绕过非洲的博哈多尔角，拓展了欧洲的版图。当然，这些发现也伴随着殖民和掠夺，而掠夺来的仍旧用于远洋航行的经费，同时这些收益也促使越来越多的人进行海上探险。

于是，葡萄牙涌现出越来越多的航海大人物，这些人往大洋深处越走越远。迪亚士于 1487 年绕过了非洲大陆的最南端——好望角，达·伽马沿着这条路线绕过非洲南部，最终抵达了传说中的东方大陆之一——印度海岸，完成了哥伦布没有完成的梦想。

不过，这些大人物却没有我们的史书上记载的那么光彩，其实他们就是变相的海盗。因为当达·伽马于 1502 年再次出海时，船上配备了大炮。在坦桑尼亚南部的港口，达·伽马扣留了前来洽谈贸易的苏丹，杀死他的随从，并要求他们臣服于葡萄牙，并向国王进贡。这是葡萄牙第一次靠武力建立起的殖民地，接着更加凶残恶劣的场面接踵而至，他们做得比任何海盗都不逊色。这些胜利在葡萄牙本国子民看来却是值得欢呼雀跃的，因此达·伽马的行为受到了更大的鼓舞，他于1510年10月在印度的果阿建立了一个坚固的堡垒，开始以此为据点向附近的区域扩张。接着，锡兰、马六甲、东印度群岛（香料群岛）纷纷被占领，成为葡萄牙的殖民地。

另一面的西班牙当然也毫不逊色，一开始它同葡萄牙争夺着最初由亨利王子发现的几个大西洋中部的小岛，如马德拉、佛得角、亚述尔和加纳利，最终西班牙只抢到了加纳利。既然没有从别人手里夺取更多，那么倒不如自己重新发现，正好这时教皇也出来做出了公正的裁决，于是他们照教皇吩咐的那样，把眼光放到了大西洋的西方，这个选择直接决定了美洲大陆的发现，西班牙因此一跃超过葡萄牙成为首屈一指的大帝国，这恐怕是葡萄牙未曾预期的。

1492年，来自热那亚的水手哥伦布接下了这个在后世看来如此沉重的使命，他几次远航发现了一片欧洲从未听说的大陆……

接着这个接力棒又到了大航海家麦哲伦手里。虽然麦哲伦是受西班牙王室资助的，但他却是个彻头彻尾的葡萄牙人。他对他的资助者做出的贡献甚至超越了哥伦布——首次驾船环球一圈，亲身证明了地球是个球体。不过，这个结论其实并不能算是准确的，因为麦哲伦并没有真正完成环球使命，他的船队在航行到富饶的马里亚纳群岛时，想要将这个天堂般的地方纳为西班牙的领地，但他却做了一个错误的选择。他同当地的一个土著首领结了盟，但这个首领有点靠不住，结果麦哲伦只带着60人去攻打不肯归顺的马克坦岛时，被土著人残忍地杀害了，身上被捅了多少个窟窿或许数都数不清。

但毫无疑问的是，有了哥伦布、麦哲伦的贡献，西班牙的名气远远超越了葡萄牙。美洲新大陆的创立的确是在西班牙一手操持下完成的。当然海盗们也像苍蝇闻到了臭鸡蛋一样蜂拥而至，在这里画地为牢，给未知的岛屿命名以及开矿、种植、发家致富。不过说起来，这片新大陆也挽救了不少海盗，因为许许多多的人因此而放弃了海盗的营生。

1542年，葡萄牙和西班牙在教皇的怂恿下重新签订了《萨拉格斯新条约》，规定以香料群岛以东为分界线，完成了对地球的整体切割。

靠着这条分界线，从15世纪到16世纪上半叶，西班牙海盗几乎征服了整个中美洲和南美洲。与此同时，葡萄牙牢牢地控制着印度洋前往欧洲的水上通道。整个“大西瓜”被这两个国家瓜分了，以至于后来贪食不化。这直接导致后来一个崛起的帝国英格兰加入到了瓜分的阵营。

地理大发现，大航海时代的开端

中世纪时期，在阿拉伯海盗的帮助下，奥斯曼土耳其帝国崛起，然而这直接导致欧洲通往亚洲的商路被截断。奥斯曼土耳其帝国将这条商路控制起来，对从这里经过的商人课以重税。当时正值《马克·波罗行记》广泛流传，书上描述的那个遍地黄金的世界令人充满了无限的憧憬和向往。当时，欧洲的大街小巷，无不在谈论着那个奇妙富有的“东方”。可是，去往的商路却被土耳其人截断了，商人们决意另寻他路，哪怕不得不经过浩瀚无垠的海洋。

1451 年，一个名叫克里斯托弗罗·哥伦布的意大利热那亚人出生了，没有人想得到这个叫哥伦布的婴孩将来会享誉全球。哥伦布的父亲是一个小有名气的纺织匠，因此并未让哥伦布接受多少正规的教育，但他还是成长为一名出色的青年。哥伦布从小对航海和来来往往的商船感兴趣，他的梦想就是有一天能率领自己的船队出海远洋。25 岁之前，他在帆船上已经工作了 10 年，做过普通水手，也当过普通士兵和海盗。这段宝贵的经历虽然在历史上讳莫如深，但足以证明他是个满腹才华的青年。

哥伦布崇拜马可·波罗并熟读他的游记，因此他像大多数人一样向往着古老而富有的印度和中国。但不同的是，他却相信自己终有一天能实现这个梦想，而不是异想天开。当时的科学已经证明地球是个球状体，因此他深信环球航行是可能的，所以他大胆推测从海上也一定能开辟一条通往东方的道路。于是，这个热血青年开始游说权贵和富人，解说自己的理论，向他们展示开通航线的一切可能性，期待获得他们的资助和支持。然而，哥伦布费尽了唇舌，却没有打动任何人。

就在哥伦布心灰意冷时，突然得到了伊莎贝拉女王的召见。伊莎贝拉野心勃勃，具有远见卓识，听说哥伦布正四处游说有钱人以获得资助，便召见了他。最后，年轻人成功了，他得到了最高权力者的支持。

1492 年 8 月 3 日，已经 41 岁的哥伦布终于实现了自己的梦想，开始了远征东方的航行。当时，跟随他航行的还有 100 名水手，他们分乘三艘小帆船，在西班牙的帕洛斯角扬帆起航。1492 年 10 月 12 日，哥伦布的船队在巴哈马群岛的一个岛屿上登陆，在这里同土著岛民做了些交易，用带去的铜铃、红帽子、玻璃珠之类的小饰品换得黄金制成的小饰品、棉纱和鹦鹉等。回到西班牙，哥伦布和他的船队受到西班牙英雄般的礼遇，人们甚至游行欢呼，拥挤在大街上观看这些异国来的稀奇的小玩意儿。

1493 年 9 月 25 日，哥伦布开始了第二次远航，这次航行一路风调雨顺，一直到 10 月下旬才下过一次不算太大的雨。某日，船上突然有人大声欢呼："陆地！"果然，不远的地方有一片群岛（巴哈马群岛），其中一个正是哥伦布第一次航行时发现的岛屿。在另外一些小岛上，他们找到了黄金，于是哥伦布先把部分船只装满黄金，让其先行返航西班牙，然后与国王约定很快将会运回源源不断的黄金，甚至比西班牙著名铁矿的铁还要多。另外，运回黄金的船上还运载着一些其他有趣的“东西”，即土著人。

哥伦布允诺国王的黄金并不是那么容易获得的，首先他就遭到了当地土著人的强力反抗。他们不再相信白种人了，因为白种人只会剥削和奴役他们，而不会给他们带来多少好处。不过，土著人再反抗也抵御不过拥有大炮、武装精良的西班牙人，成千上万的印第安人遭到了杀戮。1495 年，哥伦布通过武力才艰难地在海底岛上建立了西班牙的第一块殖民地。恐怕对于当地人来说，哥伦布是带给他们巨大灾难的元凶。

此后，哥伦布又三次重复他的航行，登上了许多海岸，发现并探索了加勒比海域的许多地区以及南美洲北海岸的一些地方。1506 年 5 月 20 日，哥伦布与世长辞，直到他死前，他都不知道自己发现了一片新大陆，而一直误以为自己登陆的是亚洲。后来，意大利著名航海家亚美利哥纠正了这个错误，正式以“亚美利加洲”命名这片新大陆，简称美洲。

哥伦布发现了美洲，但同时也给美洲带来了巨大的灾难，无论是真正的海盗还是以殖民为目的的国家海盗都沿着他的足迹践踏和瓜分了这片与世隔绝的大陆。自此以后，美洲迎来了一批又一批的航海探险者，整个世界刮起了一阵航海风潮，大航海时代就此展开。

哥伦布是不是海盗呢

关于哥伦布究竟是不是海盗的争论已经持续了几个世纪，但结果是哥伦布被写进了教科书，作为一名无与伦比的伟大的航海家。然而事实是，伟大的航海家与海盗并不矛盾。

首先不可否认的是，哥伦布在发现美洲大陆之前就参与过海盗行为。1472 年，哥伦布 20 岁，正值年轻气盛之际，他帮助法国的勒内亲王与阿拉贡的国王打了一仗，从中赚了一笔不小的费用，然后他干脆拿着这笔用青春热血换来的钱就在开俄斯岛做了海盗，即古希腊诗人荷马的故乡。后来，史书上对于他的这段经历讳莫如深，为了隐藏伟人的黑历史，历史学家费尽心机地将哥伦布于 1472 年到 1476 年的活动简明扼要地概述为“参与海盗活动”。

后来，哥伦布着了魔似的相信地球是圆的这一理论，并且算出了一条仅 5000 公里就能抵达东方的海路，当然这条路线后来被证明比实际短了 1/2。不过这在当时听起来是多么诱人的距离，哥伦布也正因为如此才招揽到了足够的远航水手。

为了募集资金和招揽水手，哥伦布几乎利用了一切可以利用的手段，他走亲访友、发表演讲、张贴广告，但最终没有一个人愿意去跟他走一遭那从未走过的海路。几个星期后，哥伦布不得不降低招募标准，把可以招募的人员从水手扩大到“任何想去发财的人”。这下，生活在城市边缘的那些恶棍和流氓心动了，再加上西班牙国王特意从牢里放出 87 名罪犯跟随哥伦布开始这场冒险之旅。于是，水手就这样凑够了。如此一来，这支队伍究竟是什么样的素质可想而知，在漫漫长路上又能做些什么勾当，更不难想象。

就这样，三艘满载着骗子、流氓和对生活丧失希望的人从西班牙的帕洛斯港启航了，临走时他们还配备了一定规模的武器：直径 9 厘米的伦巴德铁炮、十字短剑和原始的滑膛枪。这些装备也说明了哥伦布想做的事可不是开辟一条航线那么简单。

带着流氓、罪犯上路的结果就是各种不合作，这些亡命天涯的人甚至多次用宝剑逼迫哥伦布返航，但这位执着的航海家一再许诺一定能发现遍布黄金的东方大陆，这样大家摇身一变将成为“人上人”。正是一次次这样的允诺激励着这帮人前行，但也正是这样的允诺激励了他们以后的强盗行为。在那个时代，航海的艰辛超乎我们的想象，更别提哥伦布第一次的航行只有三艘不像样的帆船和一些不入流的水手了。就这样，哥伦布不知克服了多少困难，经过了不知多少个昼夜的艰苦航行，才终于踏上了美洲新大陆。

他们最先靠岸的是巴哈马群岛中的一个小岛屿。整船的人为之兴奋，他们赞美上帝，跪地祈求，欢歌热舞，哥伦布则迫不及待地在这里插上了王室的旗帜。谁知，就在他们疯狂庆祝之时，树林后面悄悄走来一群赤裸着的土著人，正窥探着这群白皮肤的人的一举一动。

在这里，哥伦布犯下第一个错误，就是错误地把这里当成富饶的东方，还给这帮土著人取名“印第安人”。一番掠夺后，哥伦布凯旋回国，受到了英雄般的礼遇。这下西班牙国王大方地将私房钱拿出来赞助哥伦布进行第二次冒险。1493 年，哥伦布在第二次航行中在小安的列斯群岛和维京群岛用枪炮和猎狗围剿印第安人。1495 年，哥伦布干脆直接拿出枪炮来侵占土地，这样才终于在海地岛建立了西班牙的第一块殖民地，其弟弟也参与其中，成为西班牙海盗先遣队的帮凶。

到 1513 年，西班牙在美洲已经建立了数十个殖民点，这些堡垒无一不是通过血腥的屠杀和疯狂的掠夺建立起来的。凡此种种，如果说哥伦布没有从事过海盗行为实在说不过去。况且正是他对新大陆的发现，才招来了世界各地的海盗对美洲的掠夺和瓜分。

事实上，如果深究下去，就连发现新大陆这点也只是针对西方文明世界而言的，正如一位美洲土著民族学家所说的那样："哥伦布来到美洲的时候，我们的祖先已经在这块土地上世代居住千万年之久，怎能说他发现了新大陆呢？他不过是一位后来的访客而已。而这位访客却喧宾夺主，招引了一批批白种强盗前来屠杀我们的同胞。"

新大陆自发现至今，历经百般蹂躏，但也因此得到了前所未有的超速发展，乃至成为人类文明史上的奇迹。如果从这方面意义来说，哥伦布的确功不可没。但毫无疑问的是，哥伦布的大发现开辟了世界历史的新纪元，同时也开辟了大海盗时代。

日不落时代的来临

当西班牙和葡萄牙在教皇的主持下将地球一切两半进行平分时，一旁的英格兰却悄悄地想要独吞整个西瓜。事实上，英格兰几乎做到了，于是成了日后的“日不落帝国”。

不过在此之前，英格兰在干什么呢？原来从15世纪中叶开始，英国的兰开斯特家族和约克家族为争夺王位打了30多年的仗。因为双方家族的标志分别是红玫瑰和白玫瑰，这场斗争就被后世称为“玫瑰内战”。直到1485年，“红玫瑰”的一方亨利·都铎击败了“白玫瑰”而取得了王位，他就是亨利七世。这位了不起的亨利国王又娶了约克家族的最佳继承人伊丽莎白，旷日持久的“玫瑰战争”终于告一段落，都铎王朝建立起来。

强强联合起来的新王朝早已经厌倦了幕后表演，此时它正蓄势待发要独吞整个西瓜。可是，英格兰可以利用的伙伴似乎并没有谁，直到伊丽莎白女王出现了，给英格兰这一伟大梦想的实现带来了一线希望。

伊丽莎白女王野心勃勃、高瞻远瞩，为了英格兰王朝的事业，她终身未嫁，周旋于众多男臣民、男部属、男国王和男海盗之间。她精通7种语言，擅长书法和射箭，精通音律，谈吐非凡，英格兰就是在她手里摆脱了矛盾重重、被人蹂躏的境地，从而逐渐成长为一个大帝国。

那么年纪轻轻的女王是怎样成就如此大的事业的呢？她登基的时候正是西班牙的天下，当时葡萄牙因为联姻而合并西班牙，因此西班牙的海上舰队号称无敌舰队，的确是所向披靡。年轻的女王心里明白，此时并不是公开对抗的时候，于是她选择忍让。我们能想象高贵的女王每晚盯着世界地图规划着她的野心的情景。正是在世界地图上，她发现一个奇妙的现象，那就是蓝色海洋上的征服和扩张都少不了海盗这支生力军。于是，女王暗暗地做了一个决定，她开始主动向海盗示好，甚至向海盗颁发允许私掠的证书，悄悄赞助海盗远征。在女王的授意下，海盗们用英格兰的名义堂而皇之地去开拓殖民地，甚至袭击公海上的商船。

在这种宽容的政策下，不少英格兰公民也忍不住下海做起了抢劫生意。于是在这一时代涌现出太多太多的英国海盗——德雷克、霍金斯、基德、罗伯茨、戴维斯……如果说公元9世纪到11世纪是北欧海盗的世纪，那么从16世纪开始，英国几乎成了海盗的培训基地，而加勒比海就是他们的舞台。英国海盗为他们的祖国所立下的赫赫战功，远超任何一个国家的海盗。他们才是海盗史上不可磨灭的一族。

我们不得不提到的一位海盗，也是英国女王最早接触和提拔的那一批中的一位，他叫雪约翰·霍金斯。22岁的霍金斯子承父业，开始来往于各个贸易港口的海上航行，最早主要在西班牙和加纳利群岛之间进行。靠着贩卖美洲的可可、烟草、白糖、蜂蜜，霍金斯淘到了第一桶金，这一事业持续了8年，直到他厌倦了为一点蝇头小利而讨价还价甚至争得面红耳赤。

经过考察，霍金斯发现了一桩大买卖，就是贩卖黑奴。但那时候的黑奴贸易都是通过阿拉伯人或转道意大利进入西班牙奴隶市场，再运送到美洲、加勒比地区、西印度群岛等需要他们的地方。不过这种转道让中间商层层盘剥后利润微薄。怎样才能跨过这层层的盘剥呢？难道不能直接用船将黑奴从大西洋运到美洲或其他需要黑奴的地方吗？

霍金斯思量再三，决定放手一搏，他押上自己全部的家当，加上岳父的积蓄以及从高利贷人那里贷来的款项，很快便组织起一支船队向非洲进发。船队携带着武器和弓箭，显然已经有了海盗的雏形。船队最终停靠在几内亚附近，霍金斯十分幸运地发现了一个黑人部落，于是他们亮出了武装，将300多人用武力押上了船。这第一批买卖就让他赚够了所有的花销，而后还有盈利。

霍金斯的这次买卖是英国历史上第一次奴隶贸易活动，返航后他的名声在整个英国如雷贯耳，于是得到了伊丽莎白女王的召见。为了帝国的发展，女王抛弃了宗教信仰中的仁慈，开始支持非人道的奴隶贸易，以私人的名义赞助霍金斯进行第二次航行。1565年霍金斯满载抢劫来的黑奴到达南美洲的委内瑞拉，将这些黑奴换成了金灿灿的黄金带回英国，并分给了女王应得的一份。

从此，霍金斯扩张了船队，配齐了武器装备，靠着它们赚够了几辈子都花不完的财富。到了第四次航行，霍金斯带上了一位非常重要的人物，尤其是在以后对大英帝国的事业做出卓越贡献的人物。他就是德雷克，后来成为女王的御用海盗，打败过西班牙的无敌舰队，是第一次完成环球航行的探险家。

当然这些都是后话，首先德雷克是作为霍金斯的表弟出场的。但是在这次航行中，霍金斯走了霉运，他抵达墨西哥湾外海的一个小岛上时，被占据那里的西班牙人盯上了。双方开了火，霍金斯最后死伤300多船员，3艘船被击沉或捕获，连女王投资的“耶稣号”也被彻底摧毁了。

这次失利让霍金斯金盆洗手了，他作为女王的宠臣进入国会议员，不久女王又赐予他海军财务官的职位。他的航海事业则由表弟德雷克接手，没想到这个表弟竟比他还要出色，更在1588年的“英西大海战”中率领皇家海军和海盗联军将不可一世的西班牙无敌舰队打败了，这场战役使得整个欧洲格局发生了逆转，英格兰一跃成为海上强国，从此扬眉吐气，终于成为女王梦寐以求的“日不落帝国”。

英西大海战——打败无敌舰队

一个海盗究竟是如何战胜海上霸王无敌舰队的呢？关于英西大海战的细节，一定要单独讲述才能尽兴。

那是1588年，西班牙的舰队横行海上，堪称无敌。这支舰队的首领西多尼亚公爵突然有一天气势汹汹地将他的舰队开到了英国本土。队伍规模庞大，拥有舰船134艘、水手8000多人、步兵20000人。

无缘无故，西班牙的无敌舰队为何要突然挑衅英格兰呢？更何况英国女王伊丽莎白还是西班牙国王的小姨子。其实，一切都源于流言蜚语以及面子问题。原来，当时西班牙国内弥漫起一股悲观的情绪，因为大家都在对新兴的大英帝国的海军议论纷纷，尤其是在西班牙水手和士兵之间。就连西班牙最为优秀的海员胡安·马丁内斯雷卡尔德都说："英国人的船比我们的船更快更结实，远程大炮又比我们多。而且英国人和我们一样清楚他们自己的强项。除非上帝显圣创造奇迹，英国人永远不会让我们有靠近的机会，他们只站在远处就能用大炮把我们轰成碎片。"

这话于是传到了西班牙国王菲利普二世的耳朵里，接着更多的流言蜚语传进了他的耳朵里。这可气坏了这位国王：他堂堂无敌舰队竟然会敌不过英国的海盗军团？他不相信英格兰在一介女流的统治下竟能飞速发展到如此强大的地步，更何况这位女流之辈还是他的小姨子。

不管是出于面子问题还是其他，总之国王拒绝了一切大臣们清醒的劝谏，一意孤行地要发动战争。然后强大的无敌舰队在出发的路上就遭遇到了种种厄运。5 月 30 日，浩浩荡荡的舰队刚从里斯本起航，不久就遇到了大风暴，部分人员和装备遭到损失，以至于不得不中途停靠。司令西多尼亚公爵立刻向国王发送报告，将这次远征的危险详细陈述了一遍，最后再次建议国王放弃远征。但骄傲的国王却把忠心不二的公爵骂了个狗血喷头。

一个月后，无敌舰队和英国终于第一次在海上相遇了，那是个值得铭记的日子，7 月 29 日。双方展开炮击，一切正如西班牙水手们预料的那样，英国军舰只远远地开炮，他们却根本无法靠近。这时英国参战的军舰只有 30 余艘，而西班牙却拥有 130 余艘，水手更是多达 3 万余人。这样比较起来，英国军舰对西班牙真是"小巫见大巫"。经过一段激烈的交火后，西多尼亚公爵决定边打边走，走到开阔的海面再展开队形决一死战。

英国舰队的指挥官是霍华德爵士，但我们需要特别提出的是副指挥官德雷克。作为海盗出身的他，出兵总是不按章法，比如在遭遇西班牙无敌舰队的当天晚上，他就为了追击一艘掉队的西班牙军舰而熄灭了指引英国舰队的引航灯，这直接导致整支舰队在漆黑的海面绕行了半天。不过，德雷克算是出尽了风头。

到了怀特岛附近，一支英国的武装私掠船队加入到了追击的队伍中，西班牙和英国于是又开了火。两国舰队就这样隔三差五地打打停停，其间西班牙的队伍却越打越少，而英国的队伍却越打越多，不断有海盗的船队加入战争。

逐渐地，西班牙因为远离故土，弹药开始吃紧，英国则相反，势头越来越强。追击到了普利茅斯，英国舰队又如虎添翼，加入了亨利·西摩爵士和温特尔爵士的 36 艘船只。至此，英国舰队总数已经达到 197 艘，其中弗洛西比尔爵士的超大型舰艇达到 1100 吨，另外单 500 吨的大舰就有 13 艘，势力上已经远超无敌舰队。

战局仍处于胶着状态，两军旗鼓相当，英国人越来越多，但很难占到便宜，指挥官霍华德爵士的旗舰“皇家方舟号”负了伤。英国舰队的炮火固然威力巨大，但很难从远距离打沉敌舰。而一旦靠近，很有可能会被生吞活剥，而这正是西班牙所盼望的。幸好英国的指挥官们是明智的，他们只是远远地跟在西班牙舰队的后面。不过，战局很快发生了变化，一天晚上英国借着加莱的地势，将 8 艘船点燃后冲进加莱港，西班牙人惊慌失措，舰艇横冲直撞，结果多少日子以来保持的战略阵型被完全打散。虽然西多尼亚公爵急忙下令撤退，但整个舰队早已七零八落。霍德华见时机大好，于是率舰队展开全面进攻，这场大混战持续了整整一天。当西班牙舰队消耗完弹药时，它便摧枯拉朽般被打败了。西多尼亚公爵做出了平生最屈辱的决定——逃离战场。

虽然西班牙舰队已经丧失了攻击的能力，但逃跑的能力还是具备的。英国舰队乘胜追击了一段时间后终于决定放弃了，因为他们的弹药也用尽了。不过，事情还是发生了戏剧性的逆转，或许真的是上天的旨意，海上突然刮起了大风暴，本就残破不堪的西班牙船只一艘一艘地沉入海底。一些船只侥幸搁浅了，但上了岸的人却又不幸地遭遇了厄运，400 多名西班牙士兵在戈尔韦被特瑞里城堡的人处死。

在这场大海战中，西班牙丧失了 63 艘军舰，将士死伤无数，而他们并不知道英国舰队虽然也遭受了不小的攻击，但没有一艘船沉没。于是，英国历史上夸张地记载了这次战役，并把它当做以少胜多、以弱胜强的典型案例之一。

那位野心勃勃的女王伊丽莎白借着这场胜仗终于扬眉吐气了，而西班牙的霸主地位从此岌岌可危。

大航海永远的痛——黑三角贸易

16世纪末，由大海盗霍金斯开启、伊丽莎白女王默许和资助的罪恶的黑奴贸易从此伴随着大航海时代的到来，盛行了400年之久。欧洲的奴隶贩子从本国出发装载盐、布匹、朗姆酒等，在非洲换成奴隶后，再沿着所谓的“中央航路”通过大西洋，在美洲换成糖、烟草和稻米等返航。在欧洲西部、非洲的几内亚湾附近、美洲西印度群岛之间，航线大致构成一个三角形状，再加上贩卖的是黑色人种，历史上称它为“黑三角贸易”。

“黑三角贸易”虽然是伴随着霍金斯的个人野心以及伊丽莎白女王的政策开启的，但如果没有哥伦布新大陆的发现也难以盛行。15世纪末哥伦布发现了美洲新大陆，于是欧美之间开辟了新航线。那时候虽然全世界都在扩大海上贸易，但对于西欧和北欧国家来说，亚洲太过遥远，而美洲和非洲则近得多。于是，西班牙、葡萄牙、英国、法国等竞相展开殖民扩张。他们在美洲开疆拓土，建立种植园，开发金矿，这都需要大量的廉价劳动力。在种种利润的驱使下，殖民者将眼光瞄准了未开化的非洲大陆，开始了罪恶的黑奴买卖。

历史上将“黑三角贸易”的起点定在约翰·霍金斯的第一次黑奴贩卖上。他先从塞拉利昂掳掠黑人，然后在海地换取兽皮和糖，在返航之后成为朴茨茅斯最富裕的人。此后，女王和枢密院的人对他进行了第二次投资，这次返航归来，霍金斯就成了全英国最富裕的人。而后，欧洲殖民国家纷纷参与进来。

起初，奴隶贩子采用武力来掳掠黑人，后来发现这种手法成本太高，且难免会发生伤亡，于是开始改变手法，采用贸易的方式。这种贸易分为三步。

首先，欧洲的奴隶贩子载着满船的劣质商品从欧洲港口出发，经加纳利寒流和几内亚暖流到达非洲，这叫“出程”。奴隶贩子在到达非洲后用低廉的商品诱惑黑人部落的酋长来换取年轻力壮的黑人。当时的非洲尚处于野蛮愚昧的状态，部落首领在奴隶贩子的挑拨离间和威逼利诱下，将自己的子民就像商品般贩卖了出去。

第二步，奴隶贩子将满载黑人的运奴船沿着中央航路横渡大西洋，抵达美洲，这叫“中程”。这些船只往往成倍地超载，比如规定四五百人的却被塞了上千人。这些黑人一旦进了船舱，就等于进了活棺材。船舱里空气污浊，环境恶劣，十分容易染上疾病，而不幸罹患疾病的黑人就被抛入大海。抵达目的地后，黑人将被进行第二次贩卖，最后被送到矿山或者种植园。美洲气候适宜，加上黑奴在殖民者的压迫下拼命劳作，种植园得到迅速发展，糖、烟草、茶叶等原料后来被源源不断地送出海外，种植园主赚取了巨大的财富。在发展种植园的同时，殖民者还大量掠夺美洲的金银等贵重金属。

最后，满载金银和原料的船再返回欧洲，这叫“归程”。归程运回的金银和原材料对资本主义发展起到了极大的推动作用，这也是灭绝人性的黑奴买卖能在资本主义文明社会持续几百年的原因。可以说，是黑人的血肉换来了欧洲资本主义的发展。

资本主义的发展以及政府的默认，欧洲殖民者对利润的疯狂追逐，再加上非洲人民的落后和愚昧，是致使“黑三角贸易”猖獗400年的罪魁祸首。当然从客观条件上说，由加那利寒流、几内亚暖流、北赤道暖流、墨西哥暖流、北大西洋暖流所组成的三角形形状的环流，为“黑三角贸易”提供了极为有利的航运条件，使得奴隶贩子在出程、中程、归程中一直顺风顺水。而美洲良好的气候条件以及较为丰富的矿产资源，也促进了种植园和采矿业的发展，推动了整个“黑三角贸易”的进行。直到1890年，布鲁塞尔国际会议通过反奴隶贸易的总决议书，黑奴贸易才就此终结。

东印度公司——飞翔的荷兰人

13世纪时，欧洲大陆的西北部有一个靠打渔为生的小渔村，后来这个小渔村借助海上贸易逐渐发展起来，它就是今天的阿姆斯特丹，即荷兰的首都。或许我们并不算了解荷兰，但一定听说过东印度公司，这个全境1/3的国土面积都在海平面以下的小国家，正是借着这个公司统治了世界海洋将近一个世纪。所以，提起波澜壮阔的大航海时代，我们不得不介绍一家赫赫有名的东印度公司。

无论是小渔村的崛起，还是东印度公司的发迹，我们都要从16世纪说起。当时的欧洲大陆还在神圣罗马帝国的统治下，但罗马大帝查理已经老态龙钟、不堪重负，于是把手中的疆土一分为二，分别给了弟弟菲迪南和儿子菲利普二世。欧洲西北部的尼德兰被划到了菲利普二世的名下，但老查理为了笼络人心，将尼德兰当中的 3 个省又交给了本地颇具声望的奥兰治亲王威廉，这三个省分别是荷兰、泽兰和乌特勒兹。菲利普对父亲这样的划分原本就不满，于是安插了一些亲信在威廉的周围，但这一举动引发了不少的骚乱和麻烦。威廉不愿多生事端，虽然忿忿不平但为了百姓着想便毅然选择了离开。之后接替他的位置的是阿尔瓦公爵，这个人一到尼德兰便露出了凶残暴戾的本性，每天都有数不清的人被他推上断头台。阿尔瓦的血腥暴政就这样持续了 6 年时间，然后威廉回归了。

威廉是带着自己的同盟军回归的，他们就是海盗。这群海盗很早就活跃在波罗的海和北海附近，他们居无定所，四处漂泊，本被称为“海上乞丐”。就是这帮乞丐在听到威廉的呼唤后，决定帮助尼德兰人重获自由。

之前我们提到过，荷兰有 1/3 的国土面积是在海平面以下的，因此荷兰人不得不整日修堤筑坝。1572 年 4 月 1 日，海盗们偷偷挖开海防大堤，让海水倒灌荷兰，然后半推半划地把海盗船挪到城堡下，就这样轻而易举地占领了沿海小城布里尔。这件事让整个尼德兰都兴奋起来，从此反抗帝国统治的斗争再也没有停止过。1581 年 7 月 26 日，来自尼德兰北方七省的代表在海牙签署了一份文件，这份文件宣告了荷兰联省共和国的独立。

独立后的荷兰所做的第一件事就是建立贸易港口，不过最初的贸易却是出口腌制的鲱鱼。接着，荷兰人改良了船舶，当时欧洲盛行的商船为了防备海盗几乎都要设计炮口，这让整个船身又笨又重。荷兰人将这些不必要的累赘都去掉，设计出一款造价低廉、行驶飞速的“凹槽船”。东半球和西半球的大洋上很快就满是荷兰的这种小商船了。正是这种船为荷兰人赢得了“海上马车夫”、“飞行荷兰人”等称号。

有了船，有了港，就差一个名副其实的贸易公司了。于是，1599 年，几个大商人开始在阿姆斯特丹的一家酒馆频繁聚头，1602 年一个将享誉全球又臭名昭著的公司在这间酒馆里诞生了，它就是东印度公司。

东印度公司这个名字并不是多么响亮，但奇怪的是不久之后，其他欧洲国家纷纷仿照它成立了自己的东印度公司。每一家东印度公司其实都并非纯粹的商业组织，它们更像是海盗集团来了一个华丽正统的包装。

之后我们耳中所听到的“东印度公司”其实是一种惯称，是指从事的贸易集中在非洲好望角以东的区域，因为那里的贸易中心是印度。荷兰人的东印度公司其实并没有什么复杂的运作，不过仍旧做的是海盗式的贸易，即一边抢劫一边经商。那时，葡萄牙人已经盘踞在印度很长一段时间了，为了将葡萄牙人赶走，荷兰人采用股票的形式在国内吸纳资金，而后采购了大量的军火，组织军队，许多原来在公海上抢劫西班牙船只的海盗也成为这个公司的职员，因为这样便可以大摇大摆地前去远东实行抢劫了。

1603 年，东印度公司用武力侵占了锡兰岛；第二年又对马六甲开了火；1605 年侵占了安汶，并建立了基地。1609 年，荷兰同西班牙签署了停战协议，以便能集中精力对付葡萄牙人。

大刀阔斧发展着的“东印度公司”几乎无所不能，除了贸易和抢劫，其还建立管理机构和发行货币，职能几乎等同于一个小型的政府。1619 年，印尼的巴达维亚成为“东印度公司”管辖的第一个城市，后来这样的城市遍布太平洋和印度洋的每一个国家。

1621 年，荷兰人终于向美洲伸出了魔爪，不过在这里改名为“西印度公司”，因为这里的业务范围在好望角以西的美洲地区。紧接着，荷兰人还在哈德逊建立了殖民据点，并把这里叫做“新阿姆斯特丹”，也就是今天的纽约。

到了 17 世纪中叶，15000 家“东印度公司”遍布全球，其贸易总额占全球贸易的一半。

如果你以为全世界的金钱都源源不断地流进了荷兰人的口袋，那你就错了，连他们自己也没想到，英格兰女王伊丽莎白正悄悄地借助海盗将自己的帝国事业发扬光大。在东方，英格兰甚至比荷兰还要早两年设立“东印度公司”。

就像荷兰人一样，英国人先来挑衅比较好对付的葡萄牙。终于在 1612 年，英国人击败了印度的葡萄牙人，获得了莫卧儿帝国皇帝的贸易特权，从此在那里扎下根，开始半经商半抢劫的掠夺行为。荷兰人后脚跟了上来，也在这里建立了贸易基地，英国人于是跑去找荷兰人商洽，打架不如合作，但结果没谈拢。于是，英国人暗地里用低价将荷兰人的生意慢慢抢了过去。

两个国家终于决定兵戎相见，这之后的很多年，双方战争频仍，互有胜负，但最终荷兰人倒下了。令他倒下的不是别人，正是他引以为傲的海盗队伍，这些见风使舵的海盗们竟然私下向英国兜售武器。

从18世纪开始，远东贸易出现了新的形势，随着竞争的加剧，原产的香料价格越走越低，公司的老员工也不再有进取心而醉心于享乐。土著居民也越来越讨厌这帮贪得无厌的红毛鬼，英国则趁机抢占市场，荷兰人于是一步一步地衰落了。

整整一个世纪，“东印度公司”令荷兰威震全球，但又令荷兰快速地没落下去。这在历史上堪称奇迹。

海盗的天堂——加勒比

如我们所知，葡萄牙和西班牙首先踏上了美洲大陆，海盗们和“胜似海盗”的人们于是纷至沓来。至于为什么说那些来到美洲的人“胜似海盗”，因为他们从一开始就是采用暴力掠夺的方式来进行殖民的。此风一开，后来者纷纷效仿，政府海盗、民间海盗混在一起，不分彼此，只要能在这片新大陆上分一杯羹，他们就乐此不疲。一时间，加勒比成了海盗的天堂。

不过，令人吃惊的是，最先活跃于这片海洋的并非西班牙和葡萄牙，也并非后起之秀英格兰，而是名不见经传的法兰西。法国在整个大航海时代一直是处于落后状态的，因为它的内部正在酝酿着一场大革命。政府既然无暇顾及海上开拓，民间的海盗则予以代劳，事实上法国海盗早就乘风破浪来到加勒比并在这里占山为王了。当然，法国海盗如此猖獗也一定是经过政府默许的，当时西班牙和法国频频交战，关系恶化，于是政府就容许海盗船只对西班牙船只进行骚扰和劫掠。

1530年，一群法国流氓已经爬上波多黎各岛，将西班牙殖民者驱逐出海。1554年，法国恶棍弗索瓦斯又率领一支海盗队伍袭击波多黎各和海地。一年后，他又直接攻占了古巴的哈瓦那，烧杀抢掠之后悠然离去。1559年，法国海盗在让·马丁·科特和让·邦德的指挥下抵达哥伦比亚的圣马达，轻而易举地打败了当地的抵抗者，勒索了4000比索。

西班牙的殖民者对这些残暴的海盗无可奈何，只能将城墙补了又补、修了又修，比如著名的莫罗城堡就是这个时候修建的，其工期前后长达41年之久。这些堡垒防卫森严，筑有许多炮位。但长年如缩头乌龟般藏在堡垒深处始终不是长久之计，于是殖民者不得不向西班牙国王求助，终于迫使法国海盗的行为有所收敛。

16世纪50年代，墨西哥学会从中等纯度的矿石中成功提取出银，同时又在墨西哥发现大量的银矿，这就使得西班牙早期在这里建立的殖民地收入激增。英格兰女王开始坐卧不安了，本来因为联姻的关系，她一直是站在西班牙这边而反对法国的，但现在看来，女王有必要转换立场了。再加上女王在全国实行了宗教改革，西班牙对此严厉反对，这让两国的气氛一下子从联姻合作转变为紧张对立了。女王想到的捷径就是暗中支持海盗，让英国海盗跳上加勒比舞台。

西班牙殖民者于是同英国海盗成了一对冤家，见了就要互掐，两国政府对此从不过问，就像从未发生过什么事一样。但脸面总有被撕破的一天，1568 年霍金斯和德雷克的船队在绕过古巴西部的岛屿时突然遭遇飓风，损失惨重，英国船队不得不紧急停靠在附近的港口进行检修。紧接着，他们遭到西班牙舰队的突袭，大部分英国船员被俘，只有德雷克的两艘小艇设法逃了出来。从此，英国和西班牙的矛盾公开化，1588 年英西大海战的爆发标志着两国间的矛盾达到了顶峰。

这段时间，英国政府同海盗上下一心，海盗们把从西班牙或者其他国家抢来的金银珠宝按投资比例送给女王，女王则将那些好听的头衔和爵位赐予他们，霍金斯、德雷克、雷利、马斯克维尔这些人都是这样发迹的，而加勒比则是他们发迹的摇篮。

到了 17 世纪，西班牙同伊丽莎白女王的战争终于结束了，但因为信仰的问题，荷兰新教徒和保守的西班牙之间依然剑拔弩张。在非洲、亚洲和加勒比地区，荷兰人很快找到了新的伙伴来替代西班牙。

荷兰常被称为沼泽上崛起的小渔村，但这个小渔村可不能小觑。17 世纪公认是“荷兰的世纪”，而 17 世纪的加勒比也是“荷兰海盗的加勒比”。其中最为杰出的代表是荷兰人彼得松·霍因。

1628 年，霍因被委任为荷兰西印度公司的舰队指挥官，这支舰队拥有 31 艘船和 3000 名水兵，这支水兵成立的目的就是做海盗，目标是抢劫西班牙从美洲驶向欧洲的船只。这位霍因擅长采用隐蔽加突袭的战术，很快就抢劫了一支庞大的西班牙船队，从这支船队上劫走的金银和香料足足装满了 9 艘大船，据说这让西班牙的殖民者很长一段时间都发不出工资来。

总之，继葡萄牙和西班牙之后，荷兰、英国、法国先后借加勒比海盗之势成功扑向美洲，他们如同饿狼一般将这只肥美的“绵羊”生吞活剥了。我们不能说殖民行为等同于海盗行为，但殖民行为总是伴随着海盗行为而开始的。早期的西班牙海盗、法国海盗、英国海盗、荷兰海盗，以及后来来自其他地区的海盗，都在这里畅游，有时互相联合，有时互相攻击。

瓜分北美洲，大航海的必然结果

航海最初的目的是什么？是贸易，是盈利，是开疆拓土，还是迁移居住，这些词汇于是伴随着大航海时代的来临，组成了一个新兴词汇——殖民。殖民者最初的意思就是在未开垦的土地上拓荒和居留迁移人群，但我们现在从历史中所了解到的殖民却并非这么纯粹，而是靠武力征服且奴役本地人。

其实两种解释也并不矛盾，航海的最终目的的确是前者，但过程却是后者。15 世纪后，那些靠着海盗展开大航海时代的国家，无论西班牙、葡萄牙，还是后起之秀荷兰、英格兰、法国，都无一例外地开始殖民，胃口强大的英格兰甚至要将地球的每一块土地都插上英国皇家米字旗。殖民伴随着罪恶，但同样不可否认的是，世界各地都在殖民的过程中以惊人的速度繁荣发展着。这其中堪称代表的地方就是北美大陆，它的发展速度在人类漫长的历史中几乎可以用电光火石来形容，而这一切都要归功于海盗。

首先登陆这个地方的强盗基本上都是海盗，他们毁灭美洲文明的速度和他们殖民发展的速度一样快，不过跟随这帮海盗的脚步而来的移民们就有些复杂了。

16世纪初诞生了两个最大的海盗国家，一个叫“西班牙”，一个叫“葡萄牙”，他们就像贪婪的小孩，将地球一分两半，走到哪里就抢到哪里，而美洲大陆是受害最深重的地方。他们将这里原著居民辛苦耕耘了几千年的文化在一夜之间消灭殆尽。自己也成了北美大陆最早的殖民者，到这里的目的就是掠夺这里丰富的资源。

与此同时，另外一个后起之秀英格兰已经对美洲大陆垂涎三尺了，不过向来以绅士风格著称的英格兰不打算以简单粗暴的武力方式来进行殖民，而以更加文明且事实上也更加高明的手段寻求到一条永久占有殖民地的新道路。17世纪之前，英王给个人颁发特许证书，允许他们去抢劫，这造就了许多举世闻名的大海盗，而英王也赚取了足够的金钱。17世纪后，英王把眼光放得更加长远，将特许授权范围逐渐转移给一些公司，最早拿到英王特权证书的就是弗吉尼亚公司和普利茅斯公司。该证书申明了这两个公司对美洲殖民开发的专属权力和特许范围。

弗吉尼亚公司后来更名为伦敦公司，它率先一步，于1606年12月组织了144名男子从英国出发，次年5月抵达北美的弗吉尼亚。这些人大多是些失业者和流浪汉，他们大概是受到鼓吹，抱着改变命运的强烈愿望不远万里来到这片陌生的新大陆上的。但这帮人的结局十分悲惨，他们缺乏准备和筹谋，一心只想发财致富、寻找黄金，而不重视粮食耕作，最后因食物匮乏而丧命，那些苟活下来的人不得不为了生存而做起了小偷和强盗。

普利茅斯公司则于1607年才组织了一批人来到北美的萨拉达霍克，但由于同样的原因，这帮人也失败了。后来两个公司都几乎搁浅了，直到1620年才出现新的转机。

16世纪英格兰国王为了加强王权而进行了宗教改革，从此摆脱罗马教皇的控制，规定英王为英国教会的最高首脑，改革后的英国宗教称为“国教”。但由于英国国教中保留了许多旧教残余，已不适应资产阶级发展的需要，到16世纪中后期，越来越多的人开始背叛脱离国教，他们主张纯洁教会，清除国教中的旧教残余，摆脱王权的控制，建立资产阶级领导的廉价教会，因此被称为“清教徒”。这些清教徒遭受迫害而四处流亡，分散至欧洲各国。1620年9月，100多名逃避宗教迫害的英国清教徒乘坐一艘名叫“五月花号”的帆船来到北美大陆，他们的初衷是在这里建立一个可以自由信仰宗教的圣地。其中一部分人在船只即将停靠前签署了一份自我约定享有平等权利的《五月花号公约》，这份公约后来成了千千万万来到这片大陆上建立自由国度的人们的理想象征。在此之后，一批又一批的清教徒和掘金者前仆后继，在北美大西洋沿岸登陆，陆续开发了13个英属殖民地，在殖民地上建立了总督管理体制。

最先上岸的那些弗吉尼亚开荒者，其中一部分干脆做了海盗。而这些人的海盗行为也是或多或少受到当局默许的。到18世纪，总督们干脆模仿英王，向海盗颁发了许多私掠的特许状，海盗行为在美洲海岸再次猖獗起来。这些海盗沿着海岸线，从北部的萨列姆到南卡罗莱纳的查尔斯顿沿岸各个港口，海盗们甚至设立了许多转运货栈和办事处，把从西班牙或法国、英国以外的其他国家那里得来的战利品转手倒卖给殖民当局，这种行为无疑最大程度上促进了当地经济的繁荣。

官、盗勾结的事在殖民地泛滥成风，为此许多政府内部的有识之士都难以容忍。例如北美殖民地的总检察官阿兰德兰·多里夫就曾向英国政府递交过一份相关报告，题目是《关于北美海盗的活动情况及与之斗争的应急措施》，将海盗们的种种情况叙述得十分详尽，详尽到让人不得不惊叹究竟有多少总督同海盗勾结呢！

1775年，北美英属殖民地争取独立的战争打响了，13个殖民地颁布了自己的新法规，其中包括对武装私掠船的规定。英国国王下令由海军部负责审批由殖民地总督颁发的私掠船许可证，要求俘获者必须将战利品上交海事法庭，由法庭做出被俘获船只是否属于敌国，以及战利品是否合法的判断，海事法庭还要负责对战利品的分配工作。同一时期，美洲大陆的民团和议会为了争取到社会各界的广泛支持，也开始效仿英国颁发类似的法令。11月，马萨诸塞州最高法院成为第一个批准私掠船的独立州政府。随后其他独立州也通过了相关的立法，以便更好地管理和利用私掠船。海盗成了英、美两方交战的最高筹码。

战争爆发期间，许多私掠船甚至等不到许可证到手就迫不及待地出海抢劫。而各国海盗也把北美大西洋沿岸当成崭新的天堂。西班牙、葡萄牙、荷兰、英国、法国、意大利的海盗们根本不分彼此，见船就抢。

19世纪20年代后期，北美和拉美各国的独立运动相继结束，海盗们也已经趁火打劫抢足了财宝，于是纷纷上岸，金盆洗手后消失在建设国家的人潮里。许多年以后，那些反抗英国殖民统治的议会团体和民兵组织，以及来自世界各地的新教徒一起建立起来的国度成为世界上经济最为强大的国度，也成为全世界冒险家和投资者的乐土。在这片土地上，大家标榜民主和自由，不论出身贵贱，不分性别种族，只要你乐于创新和发展，你就有资格成为它的一员。这个国度就是美国。

东方黄金海岸线上的风波

之前，我们已经提到过那条海湾密布的“海盗海岸”了，现在我们要来谈一谈在波澜壮阔的大航海时代，这条窝藏众多海盗的黄金海岸线上发生过怎样的故事。

所谓的“海盗海岸”是指霍尔木兹海峡及其西南方向波斯湾的部分南海岸长150海里到200海里的沿海地带。几千年来，由印度和中国而来的船只都会通过霍尔木兹海峡驶向波斯湾、阿曼，再由那里把货物沿幼发拉底河运往巴比伦，再由托运商队运往地中海各个港口。5世纪初，一部分船只才开始驶进红海。随着造船技术的完善，世代居住在波斯湾和阿曼湾沿岸的阿拉伯人开始放弃打渔而从事海洋运输业。就是他们，带着葡萄牙人和英国人绕过好望角，继而沿东非海岸航行到索科特拉岛，再驶往孟买。

后来，英国占领了印度，东印度公司的船只于是成了阿拉伯海盗最乐意进攻的对象。英国军舰数次征讨海盗，不过成效不大。1778—1779年间，海盗船多次进攻英国船队，杀死船长和半数船员。

18世纪末，巴巴罗萨四兄弟在波斯湾海域活跃了数年后建立了一个海盗王国，至此英国人和海盗集团的矛盾更为激化。1808年英国人和海盗间爆发了一场最为激烈的冲突。东印度公司为了这次战争，在商船上装备了14门火炮，结果商船仍旧在卡伊斯岛附近落入海盗船“幸运”号的手中。

1818年，英国军舰“希望”号在波斯湾航行时，在基斯马赫港附近搁浅，124名船员被俘，最后被交到基斯马赫的族长手里。不过，这帮英国人太幸运了，原来这位海盗族长竟然是个英国人，他就是纽卡斯尔的冒险家和海盗托马斯·霍尔顿。霍尔顿已经改信伊斯兰教了，但他对待英国同胞却是十分友善的，他没有收分文的赎金，当即将他们释放了。

英国对这里猖獗的海盗活动忍无可忍，于是决心将波斯湾地区的海盗一网打尽。格兰特·开尔船长负责指挥此次行动，其舰队由两艘大型军舰组成，其中“利维尔普尔”号装有50门大炮，而“伊登”号则装有20门大炮。此外，还有其他5艘护航船，讨伐队中的陆军由1600名欧洲人和1400名当地士兵组成。除此之外，阿曼国苏丹也派出了马斯科特，并命他指挥4艘船只和4000名阿拉伯士兵进行支援。这次讨伐拿下了海盗王国的首府哈马角，破坏了海盗舰队的基地，至此这条黄金海岸的海盗才逐渐减少了活动。

1819年，讨伐队一次性肃清了该地区所有的海盗活动，至此阿拉伯海盗通过攻击、掠夺和奴隶贸易来积累财富的时代一去不复返。如今，我们所熟知的阿拉伯海员主要以运输茶叶、香料、海枣、红木和干鱼为生。这条曾经影响东西方商路并改写历史文明进程的“海盗海岸”从此湮灭在了历史长河中。

从郑和下西洋到闭关锁国

长久以来，欧洲的远航活动被认为是由葡萄牙的亨利王子开启的，但事实上从全球眼光来看，郑和下西洋才是远航活动的开端，只不过郑和是从东方向西行驶的。

1405 年，明成祖命三宝太监郑和率领 200 多艘海船开始向西远航。这次出行的人多达 2.7 万人，船队从太仓的刘家港起锚，到福州闽江口五虎门内长乐太平港驻泊伺风开洋，远航西太平洋和印度洋拜访了 30 多个国家和地区，曾到达过爪哇、苏门答腊、苏禄、彭亨、真腊、古里、暹罗、榜葛剌、阿丹、天方、左法尔、忽鲁谟斯、木骨都束等王国，最远曾达东非、红海。

郑和下西洋是中国古代规模最大、船只最多、海员最多、时间最久的海上航行，比欧洲的亨利王子开始远航还要早几十年，比麦哲伦、哥伦布、达伽马甚至早一个世纪，更有说法称郑和是最早发现美洲、澳洲、南极洲的人。郑和堪称大航海时代的先驱。

关于郑和下西洋的目的，一直以来众说纷纭。最为传统的说法认为这是大明皇帝在宣扬国威，《明史·郑和传》中记载："且欲耀兵异域，示中国富强"；还有的说是为了寻找下落不明的建文帝；还有的说是为了发展贸易缓解财政支出，有史料称郑和下西洋使"贫民致富"、"国用充足"；另有包括牵制帖木儿帝国、扫荡张士诚旧部、解决军事复原问题等说法。

不论郑和下西洋的目的是什么，当时郑和率领的那只船队堪称一支规模庞大的船队，其编制完全是按照海上航行和军事行动组织的，在当时实力十分雄厚。著名国际学者、英国的李约瑟博士在全面分析了这一时期的世界历史后，曾得出这样一个结论："明代海军在历史上可能比任何亚洲国家都要出色，甚至同时代的任何欧洲国家，以至所有欧洲国家联合起来都无法与明代海军相匹敌。"

然而，如此发达的航海技术，如此强大的航海军备，何以中国在之后波澜壮阔的大航海时代却愈来愈封闭落后呢？其实，早在明朝开国皇帝朱元璋时期，为了捉拿当年各路起义军的首脑就已经下了禁海令，不许民间海商私自下海。到了永乐年间，禁海令仍在执行。虽说郑和的船队每次出海都浩浩荡荡的，但其实这支船队几乎是唯一一支从东方海域远洋的船队了，从这方面意义来说，它真称得上是"孤帆远影"了。

那么，明朝皇帝为何要对民间下达禁海令呢？这还要从海盗说起。中国的水域自古以来一直存在着海盗的威胁。那时，朝廷中央不够集权，小军阀们割据着中国延绵的海岸线，再加上零散的小国都为海盗的滋生和蓬勃发展提供了环境。到了隋文帝时，朝廷在某种程度上树立起中央权威，当地军阀才得到一定的遏制。不过，这种遏制却是非常短暂的，随着隋朝的覆灭，海盗活动再次猖獗起来。

直到明朝，朱元璋将中央集权第一次扩张到沿海省份，但能用的办法也不过就是威胁恐吓，当地政府虽然承认皇帝的权威，但仍继续暗中参与海盗活动。一直到了 15 世纪，中国才找到了解决海盗问题的办法：朝廷给当地政府提供资金，由他们自己负责打击各自水域的海盗。不过，这个办法非但不高明而且相当愚昧，因为许多负责打击海盗的人本身就是海盗。这个办法就这么一直延续了 500 年。

到了清朝乾隆时期，朝廷干脆实行对外闭关政策。所谓闭关政策，其实是封建经济社会的产物。从个人到国家都实行自给自足的小农经济，不需要对外贸易，人们之间彼此隔绝，在政治上自然产生闭关自守。乾隆皇帝在其《敕谕英吉利国王书》中说："天朝物产丰盛，无所不有，原不借外夷货物以通有无。"封闭的封建自然经济，的确没有贸易交往的必要，清统治者却以此为傲，夜郎自大。

清政府闭关锁国政策的推行，其实很重要的一方面是为了防范汉族人民，他们惧怕汉人与异邦相勾结反抗清政府的统治。在闭关锁国的政策下，中国水域的海盗却得到前所未有的抑制和肃清。然而，没有了海盗和对外贸易带来的烦恼，清政府的确度过了十分清净悠闲的 200 年，百姓自给自足，不问世事，过着小国寡民的生活。可是，当他们以天朝上国的身份悠闲地过着自己的小日子的同时，却不知道外面世界已经发生了翻天覆地的变化。随着美洲新大陆的发现和环球航行，当年被中国皇帝敕谕的英吉利已经将它们的旗帜几乎插遍了全球。

终于在 1840 年，英国的侵略者用大炮轰开了清朝的大门。

第三章　海洋公害：当代海盗的亡命航程

当代海盗的新特点

海盗活动从来没有消亡过，时至今日，它依然每天都在发生，只是受害人并非全部能活下来向世人讲述他们的遭遇。随着好莱坞电影《加勒比海盗》的热播，海盗才被更多人重新提起。近年海盗的行为似乎更加猖獗，甚至连最大型的超级游轮都沦为它们的战利品。到2007年，索马里海盗第一次被世人广泛熟知。2007年4月，国际商会发出警告："索马里南部，特别是摩加迪沙海岸，袭击和绑架事件呈明显上升趋势。这些袭击主要针对前往索马里港口的货船。建议船只在任何时候都要绕开索马里水域。"在此之前，国际商会已经对海盗事件密切监控了长达20年之久，发现像印度尼西亚、索马里、印度、斯里兰卡、孟加拉、缅甸、菲律宾、巴西、哥伦比亚、委内瑞拉等国以及西非地区的水域是海盗袭击事件的高发区。

世界大战期间，海盗活动的确休眠了许多年，但在二战以后，海盗事件开始呈逐年递增趋势。因为战时的海上常有各国的军舰进行巡逻，随时可以派出炮艇，而二战以后公海只能靠商船自己进行防卫。许多小国家缺乏在海上巡逻的资源，更无法在公海上追逐海盗了。

到了现代，海盗再也不像以前船头插着骷髅旗，明目张胆地杀人越货了，相反，他们总是将自己伪装成普通的贸易商船，以此来接近目标。更为重要的是现代海盗拥有各种先进技术设备——无线电、雷达、卫星导航、自动武器和高性能船只，这使他们比从前的海盗更具有优势。再加上各国缺乏相关利益、国际合作的良好愿望以及资源，并没有对公海做出相关规定，因此大多数商船队为了自保，不得以使用一些不太可能被海盗袭击的国家的旗帜，比如悬挂利比里亚、巴拿马和洪都拉斯的旗帜航行海上。近年来，海盗行径才被认为是严重的国际犯罪。

1985 年，国际商会开始记录海盗袭击事件，这一年全世界有记录的海盗袭击事件大约有 50 起。这一数字逐年稳步递增，到了 2000 年以后，每年的海盗袭击事件已经上升到 300 起，甚至 400 多起。而这些数字都只是针对那些经过注册的船只，还有成百上千或者成千上万个游艇、小渔船或其他小得不足以计算的船只并没有统计在内。

这些海盗袭击事件中有 1/3 发生在马六甲海峡，因此这片海域成了世界上最危险的海峡。马六甲海峡是一条长 550 英里的水路，位于苏门答腊岛之间，每年有 5000 多艘船从这里经过，而这里面的许多船都是世界上最大的船。这些船无一不承载着巨额财富。当它们挤过这个繁忙而狭小的通道时则需要放慢速度，这更容易让全副武装的海盗们盯上。

当代海盗拥有多种多样的海上交通工具，高速的快艇和充气式游艇都有可能是伪装后的海盗船，这让他们更容易接近受害目标，也更容易躲避官方的侦查和追击。所以当代海盗只靠官方很难彻底清除，他们很容易就能避开海军巡逻到别的地方去抢劫，或者干脆隐藏起来做一段合法生意直到形势好转。

当代海盗还有一个显著的特点，就是他们的身份大多并不只是单纯的海盗。在传统的海盗世界，还存在着“盗亦有道”这一法则，但当代的海盗恐怕与“恐怖分子”脱不了干系。在“9·11”事件发生后，世界各国政府终于认识到海盗和恐怖主义似乎并没有多大的区别。也就是说，许多海盗袭击可能是恐怖分子干的。这么做的目的一是为了掠夺财务，二是为了政治和宗教的某种原因。

这些都说明当代海盗的性质正发生着变化。过去，海盗袭击都是暂时扣押船只，然后对船只进行洗劫，而现在他们不但洗劫，还要绑架或挟持人质，这就更加模糊了海盗和恐怖主义分子的区别。当然古代海盗也进行过人质挟持，同时要求赎金，比如著名的恺撒被西里西亚海盗当成人质索要赎金的事件。但在当时，挟持人质被当成一种犯罪，而非恐怖主义。如今的绑架和挟持却是不同的，他们多半伴有政治或经济要求。比如发生在2006年12月的斯里兰卡海域的海盗袭击事件，海盗截获了约旦注册的商船“法拉赫—3”。带有自动武器和爆炸物的海盗抓获了25个船员，后来把他们交给了国际红十字会。据报道，这些海盗是泰米尔猛虎组织的成员，该组织是国际社会定义为恐怖主义分子的组织。

另外，当代海盗的昌盛还有赖于钻国际法的漏洞，比如海盗出没的水域常常是邻国之间有争议的部分，这些地方根本理不清究竟该由谁来管控。所以，肃清海盗并非一个国家或一片海域就能做到的，必须众多国家团结一致，协力打击。

索马里海盗，由爱国到掠夺

2008年11月21日，沙特的一艘巨型油轮“天狼星”号行驶过索马里海域，结果遭到一群海盗的劫持。这艘油轮承载着25名船员和价值高达1亿美元的原油。更令人发指的是，索马里海盗不但掠夺了原油，还绑架了人质，提出高达2500万美元的赎金要求。这起事件成为有史以来最高昂、最令人震惊且劫持船只最大的海盗袭击事件。从此，索马里海盗臭名昭著，为世人所知。

索马里位于非洲大陆最东部的索马里半岛，北临亚丁湾，东濒印度洋，西交肯尼亚、埃塞俄比亚，西北接吉布提，其海岸线长达3200公里。索马里的位置正好在非洲之角，牢牢钳制着红海口，任何想经红海穿越苏伊士运河前往欧洲和北美的货轮，都必须穿越此地。这是造成索马里海盗肆虐猖獗的地理因素。

虽然索马里海盗的问题只是近几年才逐渐凸显，但其祸根却是早已埋下的。1991年，索马里因总统穆罕默德·西亚德·巴雷的高压政策而发生政权叛乱。这场叛乱是源于爱国，却终于混战。当穆罕默德·西亚德·巴雷被推翻后，索马里就处于无政府状态。很快，索马里兰共和国宣布独立，其疆土主要在索马里的西北部地区，但它并没有获得国际社会的认可，而且它的南部地区一直陷入内战。之后，这个非洲之角一直处于战乱的状态，被不同派系、不同部族，以及相互之间混战的武装组织所割据。混乱的局面为海盗提供了广阔的政治空间。

索马里南部尤其混乱，由于长期处于无政府状态，各种武器散落在民间，甚至到了人手一枪的地步。十几年来，索马里内战不断，治安缺失，物价飞涨，生活必需品极其短缺，几乎成了世界上最为贫穷的国家。百姓的生活无以为继，于是纷纷铤而走险，或加入军阀队伍，或拉帮结派出海抢劫。当然，比起前者，后者的风险要低很多，而且获利高，于是成了大多数贫民的首选。许多海盗把劫持船只当成发财致富的绝佳途径，其中很多人成了暴发户。同龄的年轻人看到别人一掷千金，于是也抢着来分一杯羹，海盗成了整个索马里最抢手的“职业”。混乱不堪的政治经济环境、客观存在的地理环境，最终造就了“海盗天堂”。在局势动荡的索马里，海盗们纷纷自立山头，使用最先进的武器，操持起了这项最古老的行当。

自 2008 年以来，索马里附近海域已经发生上百起海上抢劫行为，30 多艘船只被劫持，600 多名船员沦为人质。无论是欧洲国家的豪华游艇，还是联合国的运粮船，亦或是乌克兰的军火船，索马里海盗均来者不拒。

据估计索马里现今大概有超过 1000 名直接劫船的海盗，另外还有许多谈判员、后勤补给、武器购买、训练人员、情报员等。他们从被逼无奈行使抢劫的普通百姓，已经成为训练有素的武装分子。他们身着军装，使用自动武器、反坦克火箭弹和各种各样的手榴弹，驾驶快艇行驶到远海，然后隐藏在母舰里，以渔船作为掩护，看准时机一拥而上将船员制服，把满载货物的远洋货轮拖回老巢换取巨额赎金。

为了对付越来越猖獗的索马里海盗，联合国已号召多个国家派出军舰参与到该水域的巡航工作，以保护过往商船。不过，海盗们并没有因为国际巡航队的加入而收手，反而将目标锁定为更加遥远的海域了。索马里海盗之所以面对强大的国际联合海军，依然肆无忌惮地进行袭击和抢劫，是有多重原因的。首先，海盗们活动的那片海域面积相当大，每天从这里通过的船只十分频繁，仅靠10余艘军舰根本无法完全监控整片海域。其次，索马里海盗作案的手段日趋隐蔽，他们常常伪装成普通渔船，军方在明，盗方在暗，根本难以甄别。一旦他们控制了船只和人质，外国军舰就不敢再轻易动用武力。再加上索马里海盗一般没有政治企图，获得赎金便不会伤害人质，这让多数被害者很快便同意缴纳赎金。

更为重要的是，海盗们在陆地上有安全据点，他们可以明目张胆地用抢劫来的金钱进行挥霍，名贵的跑车、豪宅美眷、最先进的高科技设备，这些东西只要带上几个人和一艘小艇，第二天就能获得。非法所得能挥霍得如此堂而皇之，最重要的原因就是他们从政府高官那里得到了支持，这其中进行着怎样的罪恶交换，可想而知。

海盗们不单贿赂高官，还通过小恩小惠与地方政府和民众建立起良好关系。海盗给当地人带来众多实惠，这让索马里人并不讨厌海盗，也并不关心人质的安全。而这种和谐又给打击他们的行动带来很大困难。

政治上的不稳定使得整个国家沦为人人所不耻的海盗据点，使得国家的子民不得不干起杀人越货的勾当，可悲可叹。

中国军队对峙索马里海盗

当我们正沉迷于电影《加勒比海盗》中风流倜傥、怪模怪样的杰克船长时，却不知道中国每年大约有2万名外派船员通过正规渠道登上世界各国的渔船或货轮，他们的安危无时无刻不遭受着海盗的威胁。

当然，我们的国家不能坐以待毙，中国海军护航编队169舰、171舰及“微山湖”号补给舰已于2008年12月26日从三亚出发，于2009年1月6日抵达索马里海域开始护航中国商船。这次远航是自15世纪郑和下西洋以来最大的一次海军远征，不得不令人振奋。

2008年12月26日13时45分，中国人民解放军海军舰艇编队从海南三亚启程，赴亚丁湾、索马里海域执行护航任务。此次护航编队由“武汉”号和“海口”号导弹驱逐舰、“微山湖”号综合补给舰、两架舰载直升机和部分特战队员组成，共800余名官兵。2009年1月6

日 11 时，中国海军护航舰艇编队抵达亚丁湾、索马里海域预定海区，马上组织了首次护航。首批受到护航的是 4 艘中国商船，其中的“观音”号来自中国香港。编队将在也门索科特拉岛北 100 海里和亚丁港西南 75 海里附近各设立一个会合点，两点之间距离约 550 海里。同时，在亚丁湾和索马里以东海区船舶主要航道附近设立 7 个巡逻区。

当地时间 2009 年 2 月 1 日凌晨 4 点到 6 点，我国青岛“莲花海”号和广州“乐民”号两艘货轮正航行在曼德海峡东口附近海域，突然发现自己遭遇不明小艇的拦截。此时，“武汉”舰正在此海域执行护航任务，得知情况后立刻高速驶向事发海域实施援救，并最终护送两艘商船成功穿越亚丁湾。

索马里海域对于中国来说，是经济贸易往来最重要的海上生命线之一，无论是中国政府还是军方，不遗余力地打击索马里海盗都是众望所归。然而，对于中国的这次远征护航，国际上有人提出质疑，评论中国根本“醉翁之意不在酒”。其实，护航打击海盗，用一般的战舰足矣，而我们却调派了精锐战舰，的确有点“杀鸡用牛刀”的意思，这其实有着更深刻的寓意。

自 2008 年索马里海盗问题提上国际日程，联合国安理会先后通过三次决议，授权外国军队可以经索马里政府同意进入索领海打击海盗及海上武装抢劫行为，并将授权有效期从 6 个月延长到 12 个月。命令一出，已经有 16 个国家的海军在索马里领海进行联合巡逻。北约派出 7 艘护卫舰和驱逐舰，俄罗斯派出了“无畏”号导弹护卫舰，欧盟随后也宣布实施针对索马里海盗的为期 12 个月的军事行动。印度派出一艘载有直升机和突击队员的大型战舰，就连韩国政府也派遣了战舰，唯独中国在当时表现出与经济和军事地位不相符的沉默，一直迟迟不肯表态。这引起了国际上的众多非议。

其实，联合国2008年6月份通过授权外国军队打击索马里海盗的决议时，中国正面临汶川地震救灾和北京奥运会安保工作的双重压力，为了国内局势的稳定，中国才迟迟未表态。直到11月26日，印度孟买遭受恐怖袭击，才改变了中国政府及军方的犹豫态度。无论何时，实力都是和平的最好保障，于是中国派出了那样一支强大的护航队伍。这是中国在向全世界展示海军的强大实力，更是一种宣示：中国政府有能力保障中国船只与船员的安全，也有能力保障中国在海外的利益。这是一个负责任的大国为维护世界和平所做出的积极贡献。

马六甲，海盗集中地

目前，世界上的海盗活动主要集中在西非海岸、索马里半岛附近海域、红海和亚丁湾、孟加拉湾和整个东南亚海域。其中索马里和马六甲的海盗行为最为猖獗。除索马里以外，马六甲更可以视为海盗世界的第二个所在地。

马六甲位于印度洋北部、马来半岛和印度尼西亚的苏门答腊岛之间，全长约800公里，是亚洲、非洲、欧洲、大洋洲之间相互往来的海上枢纽，交通便利，每年大约有5万艘船只通过这里，承载着全世界 1/3 的贸易和 1/2 的原油，历来有“东方直布罗陀”之称。

马六甲无论是在战略还是航海上，都占据十分重要的位置，因此这个地方自古就活动着大量的海盗。到了现代，这个势头依然不减。在新加坡附近的最狭窄处，海峡宽度仅为 2 公里，过往船只极易遭到袭击。

1998 年，印尼在苏哈托将军的统治下变得贫困不堪，再加上又爆发大规模的经济危机，苏哈托被迫辞职，印尼内部动荡不安，民不聊生，于是一些人及组织铤而走险当了海盗。这些人其实大多本是渔民，他们一面捕鱼一面在业余时间寻找目标，然后将目标船上一些容易搬运的东西抢劫一空，诸如保险柜、手表、照相机，以及其他任何可以带得走的东西。

除渔民外，活跃在马六甲海峡的海盗还有一批更为穷凶极恶的，人们称他们为“犯罪辛迪加”。“犯罪辛迪加”看重的东西是容易转手的货物，例如精炼燃油、石油、橡胶、钢材及金属。将货物出手以后，他们还会把船只转让给其他犯罪组织，而后这些船只就被他们当成了运送毒品和非法移民的幽灵船。“犯罪辛迪加”是有组织的海盗集团，据说其首领人称戴维王，曾在马六甲海峡和中国南海劫持了几十艘船只。他会在准备劫持的船上安插一名眼线，然后由这名眼线通过移动电话向他汇报船上的一切情况。之后，这边就开始准备抢劫活动，一般是通过小快艇追上目标船，用绳子和抓锚等工具实施登船，将船员制服后，将船直接开向安全的地方。这期间，他们为了保险起见还会把船做一番伪装，比如将烟囱油漆成其他颜色，在船身上画上一个新船号，悬挂起一面其他国家的旗帜，再带上事先准备好的行船文件和证书。

“犯罪辛迪加”之所以被称为穷凶极恶，是因为他们不但谋财而且害命。

除渔民和“犯罪辛迪加”外，马六甲还隐藏着一股海盗势力，他们被称为“甘姆”。他们其实属于“自由亚奇运动”，北苏门答腊是其基地。比如“佩兰吉前线”号于2002年7月被劫，有传说就是“甘姆”所为，虽然“甘姆”并不承认。然而，令人感到惊奇的是，发生于2004年的海啸悲剧让海盗活动在苏门答腊的班达亚齐地区消失了长达6个月的时间。

另外，马六甲海峡还有第四股势力在进行着海盗行为，那就是印尼军队及警察中的恶势力。例如，“色拉扬”号于2001年在马六甲海峡被海盗劫持，尽管国际海事局向印尼当局发出警报，告知其出事地点，但印尼并没有采取任何行动。

如此复杂的情况，使得马六甲海峡的海盗肃清行动更为艰巨。当地安全官员就曾说过，日益猖獗的海盗袭击活动不可能在短期内受到遏制，新加坡和马来西亚当局竭尽全力加强本国海域的安全警戒，但在印度尼西亚海域，海盗几乎是通行无阻的，他们把数百个岛屿和海湾当做基地和避难所。一位驻扎在苏门答腊岛的高级军官则说，印度尼西亚海军装备差、薪水少、士气低落，政府甚至不能按时或足额支付薪水，因此他们没有足够的钱购买燃料，甚至无法出海巡逻。

马六甲的海盗活动已经造成无数的人身伤害，而且其暴力程度还在与日俱增，因为海盗的武器装备越来越精良，据国际海事局研究机构负责人说，他们已经开始使用火箭筒了。

日益猖獗的几内亚湾海盗

几内亚湾西起利比里亚的帕尔马斯角，东至加蓬的洛佩斯角，沿岸散布贝宁、尼日利亚、喀麦隆、加蓬等国。根据西方媒体的说法，这一海域的海盗活动始于2000年，之后数量每年递增。

到了现在，西非几内亚湾海域成了世界上海盗袭击行为的高发区之一，其危险程度甚至超过了索马里海域。2010年，几内亚湾7个国家共报告了45起海盗袭击事件，2011年9个国家报告了64起。2012年2月13日，载有中国船员的巴拿马籍货轮“天维”号在几内亚湾遭到8名持枪海盗登船抢劫，中国籍船长和一名台湾籍轮机长中弹殉职。2013年，共有1200多名海员在几内亚湾海域被海盗杀害或伤害，而在2014年不到半年时间被害人员就已经超过了这个数据。

索马里海盗犯罪的目的比较单一，即劫持船只和人质，然后向有关国家政府、公司和人质家属索要巨额赎金。为了获得赎金，索马里海盗通常不会伤害人质，这样一来，人质安全返回的可能性就很大。而几内亚湾的海盗作恶的目的则要复杂得多。

较为简单和单纯的抢劫是：海盗们登上目标船，将船上的金钱、电脑、手机和收音机等值钱的东西都抢走。较为恶劣的是抢劫船上运输的货物，例如原油：海盗们一般先劫持油轮，然后把油轮拉到僻静处，把原油分装到其他船只，然后变卖，获得利益，这种抢劫是当年西非海域所面临的主要威胁。还有一种是绑架船上的某些非本国人士，然后索要赎金，这些海盗通常不会带走所有被俘者，他们会进行比较，最后带走他们认为最具价值的人。

从以上情况看，几内亚海盗的最终目的是货物和金钱，这就意味着他们为了达到目的会不惜随意枪杀人质，其暴力程度比索马里海盗有过之而无不及。西非海盗的袭击的确是致命而残酷的，曾经有海盗把船长和轮机长关进储藏海鱼的冰柜里，将其活活冻死。

西非国家的海盗肆虐横行，严重阻碍了西非国家的经济和社会发展，例如尼日利亚，渔业生产遭到重大打击，导致10万渔民失业，而海员们则不敢出航。许多国家的船只再也不敢靠近该海域，一些人甚至把尼日利亚、多哥和贝宁的海域称为“战争风险区”，保险公司则为路过这些海域的船只提高了保费。而这些所导致的最终结果是，通过西非海上运输的所有东西，如食品、原油等的成本提高了不少。

那么，究竟是什么人沦为了海盗在西非海域横行霸道呢？西非海盗大多是出产石油的尼日尔三角洲地带的武装分子。自1956年尼日尔三角洲地区发现石油以来，不断有外国的石油公司来此地进行开采。然而，石油开采并没有让当地人致富，反而使这些土地遭到污染，不少人因此失去了赖以生存的耕地。这招致当地人产生怨气，于是成立武装组织，开始演变成海盗。海盗们怀着怨愤的心情表示不满：他们的土地出产石油，但用石油换来巨大财富的却是当地政府和外国政府，他们却在生产石油的土地上挨饿。为了生存，为了泄愤，他们才不得不干起打家劫舍的行当。“我们袭击航行在海上的油轮和海员，殴打他们，逼迫他们向政府求助。对我们来说，这是分享石油财富的唯一途径。”

打击西非海盗并非易事，而且当前的西非海盗活动也并没有引起国际社会的足够重视。索马里海盗自 2012 年的作案数比前一年暴跌了 78%，这说明国际社会联合打击海盗的行动是有效的，但在西非海域，目前还没有形成亚丁湾海域那样的多国合作机制。

要想彻底解决海盗问题，需要在西非港口部署小型军舰和巡逻艇，对海盗形成长期的威胁。另外，港口和海关也需要提高效率，加快船只通关进程，缩短在海上的滞留时间，以降低遭遇袭击的概率。

最重要的是，西非国家也要加强法律合作。专家指出，从法律层面看，几内亚湾国家对海盗行为的定义尚未达成一致，致使一些海盗在某些地区未受到重罚便被释放，可见某些国家也需要完善相关政策。

从西非海盗的最终目的来看，他们中的许多人只是迫于生计，只为图财和泄愤，那么要想减少甚至根除西非海盗，是否除了武力解决，还有更高明的办法，比如建立海事安全机制，为相关地区的民众提供工作机会等，以期从根本上消除罪恶。

打击海盗需要国际联合

自2008年以来，联合国通过授权外国军队打击索马里海盗以来，索马里海盗的袭击案件呈逐年递减的趋势，这说明联合打击海盗是有效的。

其实，只要各国舰队能够合作，对付索马里海盗不过是一场小小的联合军事演习。目前，打击海盗行为主要有以下三种方式：第一是攻占海盗的岸上巢穴，彻底消灭海盗；第二是封锁沿海，等待海盗船只出没，予以击毙；第三是为商船提供护航，使海盗无机可乘。

护航方式是成本最高且无法解决根本问题的方式，但它因政治风险最小而成为各国首选的对付海盗的方式。护航方式也可进行再次划分，最常用的是编组护航船队，一方面能提高护航效率，另一方面可以控制护航成本。

拿索马里海盗来说，其抢劫工具一般是小型快艇，由于快艇不能远航，海盗一般都先用较大的母船将小快艇拖带到较远的海域。索马里海盗采用的是最原始的登船袭击方式，现代军舰或武装直升机，甚至无人攻击机在护航时对付这样的海盗相对容易。甚至许多没有配备火炮的反潜直升机只临时带上一挺机枪就能对付一般的海盗。

经过海盗活动海域的商船可以每隔一段时间编组成一个商队，然后由军舰或直升机、无人机伴随船队护航，就可以保证商船的安全。一旦有海盗靠近，护航的军舰或武装直升机等将上前驱赶，海盗如果不放弃攻击，护航军舰或直升机很容易就能将海盗的小型快艇和母船歼灭。

像在索马里海域，如果各国愿意互相合作，只需要20艘左右的军舰，就可以每6个小时在两个方向各编一个船队，然后由军舰伴随船队护航。军舰出动一次可以保卫几十艘商船，效率高，成本低。但如果各国海军不互相合作，自顾自，那么编成船队的时间就要延长，比如某国派出两艘战舰，那么可能需要3天左右的时间才能完成一次护航，而没有赶上护航的商船就要等到下一个船队编成，这就需要再等3天甚至更长的时间。

在侦查方面，如果能够多国合作，也会有效降低成本，提高效率。比如，据说今天美国最新的间谍卫星，依其光学分辨率完全可以分辨出地面上的人是否携带枪支等武器，那么也就足以分辨海盗船。美国的雷达侦查卫星发现海盗快艇和母船也绝不是问题。如果能借助美国拥有的、世界上最庞大的高科技卫星群追踪海盗，当然能极大地提高效率降低成本。

另外，美国的E—8C飞机是及时了解战场态势的最有效手段，因为它与侦察卫星和无人机相比更具有优势。诺斯罗普·格鲁门公司就已经向美国空军购买了16架E—8C。除美国之外，英国也有装备类似机载雷达的庞巴迪公司“全球快车”喷气式飞机。如果获得这些高科技合成孔径雷达飞机提供的实时信息，那么少量的战舰和直升机就足以制服海盗。

反海盗并非传统意义上的军事行动，海盗既没有飞机，也没有导弹，只有步机枪和火箭筒，有效射程约500米，而各国拥有6000吨以上的“大炮巨舰”却可以占据绝对优势，其形成的威慑力绝对有可能不战而驱逐海盗。所以，每个国家几乎都有足够的能力凭借“大炮巨舰”的绝对优势实施作战计划，直接炮击摧毁海盗的港口和陆上巢穴，但单个作战无疑会受到政治因素的限制。总而言之，剿灭海盗还是需要各国联合和配合，以及联合国的大力支持才能实现。

第二篇

海盗的文化：从真实到艺术

海盗文化源于海盗生活的准则、行事的规则，以及艺术家们对这一特殊群体的艺术幻想和加工，比如电影《加勒比海盗》中放荡不羁的杰克船长。据历史记载，海盗中除了凶悍暴戾之辈，也不乏风度翩翩的学者、理想家、智者。他们研发武器，改造战船，制定条规，开拓航线，在将海盗队伍不断发展壮大的同时，也使自己名留史册。

第四章　海盗的硬件：认识海盗船

海盗船，从木筏到战舰

《加勒比海盗》影片头，杰克船长驾驶着他寒酸且即将沉没的独木舟却依然摆出一副船长模样的滑稽景象让人印象深刻，而故事也由夺船，找回他的“黑珍珠”号开始。的确，船是海盗的载体，是海盗赖以生存的根本。如果没有一条船，又怎么能去乘风破浪。因此我们说，有船的那一刻就有了海盗，在古代，甚至是谁掌握了优秀的造船术，谁才有资本当海盗。

公元前2900年前后，埃及人最先使用帆船，从那以后，一直到18世纪以前，帆船一直在海洋交通工具中发挥着主力军的作用。腓尼基人和之后的迦太基人都是优秀的航海家，他们所掌握的造船术和航海术在世界上遥遥领先，当然这也是他们能够横行地中海，打劫商船，掠夺城镇，烧杀抢掠的资本。

活跃在公元前11世纪的腓尼基人善于航行和贸易，他们在航行中靠太阳和北极星来定位，并根据熟悉的海岸地形和地貌来辨别航行的方向。而他们的船是当时世界上最好的海船，船头尖尖翘起，往往雕刻着一个高高昂起的鸟头，船尾竖着一条鱼尾巴。他们就是驾驶着这种半鱼半鸟的船，依靠一根桅杆张着一面帆在地中海乘风破浪，甚至穿过直布罗陀海峡，出没在波涛汹涌的大西洋。

据说，腓尼基有船只向北到达过今天法国的大西洋海岸，抵达不列颠，向南甚至远至好望角。我们很难想象，他们究竟制造出了怎样的船，竟能堪负如此远的航程。

到了公元8、9世纪，维京人横行海上，靠的也是出色的航海技术和船只，维京人的船更成了海盗船的典型代表。海盗船同样是木质结构，细长优雅的线条充满着速度感，而且该船排水量大，能承受长久的航行。

15、16世纪，随着大航海时代的来临，帆船从一根桅杆发展为3—4根桅杆的多帆船，这种船无惧风浪，能在狂风暴雨中保持平衡。这种船当然也得到海盗们的青睐。《加勒比海盗》中的“黑珍珠”号就是这种有多根桅杆的帆船。这时，海盗们已经学着将船只改装成战舰，配备大炮的海盗船威力无穷，可以同国家海军相对抗，比如著名的海盗头子德雷克就打败了海上霸主西班牙的无敌舰队。

18世纪，蒸汽机的发明使得海洋上第一次出现了蒸汽船，强大的动力使得海盗们更加为非作歹，航海史上开启了攀比速度的时代。后来，凡是利用机器推进的大船都可称为轮船，小一点的船叫舟或艇。起初，轮船是木制的，船两侧或尾部装有带桨板的轮子，用人力转动轮子，桨板向后拨水使船前进。而现在的轮船，船身多用金属制成，以发动机作动力，并使用螺旋桨。当时所有的船体都是中空的，为的是减轻重量，使船能浮在水面。船锚则位于船头，也有前后都有船锚的，螺旋桨则全部装在船尾。

19世纪初，欧洲出现铁船。19世纪中叶，船向大型化、现代化发展。现代的船通常都有发动机，用以驱动螺旋桨，使船前进。最初的螺旋桨为双叶桨，而现在的螺旋桨为三叶或四叶，动力十足。但由于现代的船动力十足，制动起来却十分麻烦。航行中的轮船由于行驶在水中，不具备足够的摩擦力，所以无法像汽车那样迅速制动。通常船制动时关闭发动机，抛下沉重的铁锚，使船减速。紧急停船时可将发动机由进挡改为倒挡，这样向后的动力与向前的惯性可以相互抵消，使船迅速停下来。但行动不便使得海盗们已经放弃使用大型轮船来作为海盗船，他们更偏爱小而灵活的快艇。

快艇吨位小，航速高，机动灵活，排水量通常为数十吨至数百吨，航行速度30—40节，有的可达50节，续航能力500—3000海里。例如索马里海盗就偏爱使用这种快艇，其上可加装20—76毫米口径的舰炮，吨位较大的快艇还可能包含水雷、深水炸弹等。这种快艇小巧便捷，易于改装，索马里海盗就是借着他们乔装成渔船，尾随并接近目标，进而完成劫掠过程的。

航海罗盘，中国人的奇妙创造

茫茫大海，水天相接，无边无际，又时有狂风大作、阴云蔽日之时，那么除了太阳，古代的海盗们究竟用什么来辨别方向呢？我们于是很自然地联想到电影中海盗头子常不离身的神秘罗盘。

罗盘是一种指向仪器，其原理是借用磁铁来进行方向定位。大约在公元前1世纪的战国时期，汉族的劳动人民便了解并利用磁石的指极性制成了最早的指南针——司南。司南是一个按北斗七星的形状用磁铁矿做成的勺子，放在一个光滑的铜盘上指示北极。

司南由一把磁石制成的“勺子”和一个“地盘”两部分组成。司南勺由整块磁石制成，南极那一头被雕琢成长柄，圆圆的底部是其重心，雕琢得十分光滑。地盘由铜制成，中央有个光滑的圆槽，四周刻着格线和表示24个方位的文字。由于司南底部和地盘都十分光滑，司南放进去就能灵活地转动，当它静止下来时，其长柄总是指向南方。

这便是最早的罗盘了，也是指南针的前身。罗盘起初并没有被用来航海，而是在古代军事、生产、日常生活、地形测量上发挥着重大的作用。

我国航海事业始于先秦时期，到了秦汉，就已经同朝鲜、日本有了海上往来；到了隋唐五代，来往已经相当频繁，而且当时也已经同阿拉伯各国之间展开了密切的贸易往来。那时，海上航行只能靠日月星辰来定位，一遇到阴雨天气就束手无策。唐太宗开成年间，日本和尚圆人来中国求法，后著书立说，描述了在海上遇到阴雨天气时的艰辛。到了宋代，中国商船队经常往返于南太平洋和印度洋的航线上，司南开始应用于航海事业。到了元代，航海罗盘几乎成了海上指航向最重要的仪器了，不论阴晴都依赖它。而且这时船上已经有专门的人负责看守罗盘，人们还编制出罗盘针路，船行到什么地方，采用什么针位，一路航线都一一标识明白，为航行的安全提供了保障。

后来，在司南的广泛应用中，人们发现天然磁石加工时因打击、受热容易失去磁性，到了宋代，有人发现了人造磁铁，即将钢铁在磁石上打磨，就会带有磁性，而且这种磁稳固不易丢失。在长期实践中，就出现了钢片指南的“指南鱼”。再之后，人们干脆把带磁的薄片改成带磁的钢针，就创造了比“指南鱼”更进一步的新的指南仪器。

指南针发明后很快就应用于航海，中国使用指南针导航不久，就被阿拉伯海船采用，并经由阿拉伯人流传至欧洲。恩格斯就曾指出:“磁针从阿拉伯人传至欧洲人手中在1180年左右。”而世界上最早记载指南针应用于航海导航的文献是北宋宣和年间，也就是公元1119年到1125年，比欧洲早60多年。

另外，北宋著名科学家沈括在其《梦溪笔谈》中第一次提出磁偏角的存在，他精辟地指出，这是地球上的磁极并非正好在南北两极的缘故。指南针及磁偏角理论在远洋航行中发挥了巨大的作用，人类第一次能够在大海上全天候航行，为之后大航海时代的到来提供了依据。

到了现代，原始的航海罗盘已经由现代陀螺航海罗经取代。现代陀螺罗经又称电罗经，由主罗盘和附属仪器组成，是一种提供真北基准的指向仪器。它是根据法国学者傅科于1852年提出的利用陀螺仪作为指向仪器的原理制造而成的。1908年德国生产出了安许茨型陀螺罗经，1916年英国生产出勃朗型陀螺罗经。相比传统的航海罗盘，现代陀螺罗盘有两个优点，一是不因接近金属而偏转，二是直指正北而非磁北。现今船上还有了电子陀螺经。

海图，每一位船长都是地理学家

1912年，伊斯坦布尔的托普卡帕宫发现了一幅世界地图，该地图绘制于1513年，是迄今已知的最早的绘有美洲部分的土耳其语世界地图，也是世界上最早的带有美洲的世界地图之一。

该地图的绘制者曾是一名海盗头子，也是一位著名的航海家，更是一位出色的地理学家，他就是皮里雷斯。皮里雷斯全名哈只·艾哈迈德·穆哈的因·皮里，生于1465年，卒年不详。他曾是海盗，后来成了奥斯曼帝国的将军，也是位地理学家和地图绘制师。1528年，皮里雷斯绘制了第二幅世界地图，这幅地图包含了格陵兰、北美洲和中美洲。据地图上的文字介绍，他绘制这幅地图时参考了约20幅外国航海图和地图，其中还包括哥伦布绘制的一幅地图。

皮里雷斯年轻时参加奥斯曼政府支持的海盗活动，跟随当时著名的海盗凯末尔航海抢劫，后来加入奥斯曼海军，参与了奥斯曼政府与埃及的作战，后来又攻打过罗德岛，对抗过圣约翰骑士团，占领了波斯湾入口处具有战略意义的霍尔木兹岛，后将葡萄牙势力逐出阿拉伯海峡。

皮里雷斯一直活到90岁，可以说一生都在海上漂泊，而我们如今知道他全赖于他的著作《航海书》。这本书对哥伦布和瓦斯科·达伽马的发现做了记述，还包括地中海航行的指导手册，全是他本人的经验所谈。该书共存有210幅带有航海指南的示意图，对近海地带做了详细介绍。除了爱琴海，它还指导了如何在异教徒控制下的所有近海海域航行，远至直布罗陀海峡。关键的是，书中还标示了海岸和岛屿上有淡水的地点，他的著作其实是海战的蓝图，而他描绘的航海示意图其实就是一种地理学上的海图。

其实，要做一名成功的海盗船船长，并非拿起弯刀、杀人劫掠就可以的，船长们还要修炼一身航海家的本领，开辟航线、寻找水源、躲避海难，这让他们必须变身为一名出色的地理学家，因此绘制海图对于一个杀人越货的海盗来说并不是难事。

哥伦布在发现新大陆，名扬后世以前，也曾有过黑历史，干过杀人越货的勾当，只是正统历史对此讳莫如深；打败无敌舰队的大名鼎鼎的德雷克也曾是海盗出身；著名海盗头子威廉·丹比尔更是一位优秀的海洋科学学者……像这样的人物比比皆是。

值得一提的是1652年出生的威廉·丹比尔，他是个海盗，但他同其他海盗不同，他不喜金银，却对气象、水文和海洋植物有着浓厚的兴趣。与其说他是一名海盗，不如说他只是加入海盗队伍的航海家，同时他也是最著名的海图绘制家之一。1688 年春天，丹比尔的船来到了南纬 16° 30′ 这一块地图上从未有过记载的陆地。当时，他并不能确定这是一个大岛还是一片大陆，但他可以确信的是，那既不是亚洲也不是菲律宾群岛的一部分。1700 年 2 月，他又来到了那片令他朝思暮想的陆地。他即刻驾船考察了近 1000 公里的海岸线，终于发现这里是一块真正的新大陆，也就是今天的澳大利亚。之后，丹比尔继续航行，又发现了一系列群岛和海峡，通过不懈的努力终于给世人展现了一张完整的太平洋海图。

丹比尔的博物学观测和分析有助于达尔文和洪堡对其各自理论的发展。另外，他在航海技术上的革新被库克所学习和继承，也就是后来英国著名的航海家和制图家詹姆斯·库克。詹姆斯·库克因进行了 3 次探险航行而闻名于世。在航行过程中，他尽己所能地去了解太平洋，增添了人类关于太平洋的新知识。不但如此，他还通过改善船员的饮食，增加水果和补充蔬菜来预防长期航行中最容易出现的坏血病。库克船长在太平洋和南极洲的伟大航行为世界科学发展做出巨大贡献的同时，他自己也成为第一位绘制澳大利亚东海岸海图的人。

帆船，借助风的力量

帆船是一种利用风力前进的船，是继舟、筏之后一种古老的水上交通工具，已有5000年的历史。虽然我们经常在外国电影中看到海盗们驾驶着帆船乘风破浪，但帆船的使用最早还是源于中国。

15世纪初，明代郑和率领庞大的船队7次出海，到达亚洲和非洲30多个国家，所使用的都是风力驱动的帆船。中国宋、元、明、清时代的帆船有平底沙船、尖底的福船、广船和非常快速的鸟船，除此之外还有大型的战船楼船和运粮的漕船。

所谓帆船，顾名思义，就是使用风帆来借助风力航行的船，若是无风时就靠桨、橹、篙来推进和靠泊。直到15世纪，大部分的帆船还只是一根桅杆、一面帆，沿袭着古代帆船的模式，只不过三角帆变成了方帆。不过，这时的帆船已经建有船楼了，也就是耸立于船首或船尾的上层建筑，和真正的城楼一样，在海战中能起到攻击和防御的制高点作用。另外，巨大的主帆可以升降，也可以绕桅杆转动，以更好地利用风力。纯方帆也是有一定缺陷的，最主要的问题就是它虽然在顺风时提供很大的推动力，但在逆风时却很笨拙而效率低下。为了迎风控制风帆，保证风帆帆缘朝前，在帆缘上装有帆脚索，可以调控风帆的倒向。

随着大航海时代的到来，欧洲出现许多新型的帆船，诸如有名的克拉克船，麦哲伦1519年环球航行的船队就是由克拉克船组成的。这种船面积大，是地理大发现时代的大容积“巨兽”，使用了三重桅杆，能装下足够的补给和货物。克拉克船到了后期，出现了第三张帆，也就是顶桅帆。当越来越多的桅杆和帆出现时，克拉克船的吨位也随之增加。16世纪，许多巨型战舰出现，诸如葡萄牙的“西奈山圣卡塔琳娜”号，以及1514年建造的亨利八世命名的“主赐福亨利”号和“玛丽·罗丝”号，它们都是运用新技术将船建得无比巨大，而这些船都成为之后出现的盖伦帆船的原型。

16世纪中期，重炮的改进使得人们纷纷将火炮装载在帆船上，比如重炮材料由锻造铁改为铸铁，前装炮取代了后装炮，可开闭式炮门更使得火炮可以装在离水线很近的下层甲板，这些改进都增加了船上搭载火炮的数量。克拉克船最具代表性的就是哥伦布的“圣玛利亚”号了。

1575年，“复仇”号的出现将风帆战舰推到了一个新高度。英国盖伦帆船体型较小，上层建筑较低，老式船上高耸的船楼变低了，被称为“平顶式”，拥有较长、较纤细的船体和改进过的帆具锁具，使用远距炮击战术，而与此同时，西班牙人却依然使用着老式的巨大而不灵活的船只。这样的优势使得大海盗德雷克击败了西班牙的无敌舰队。

到了17世纪，荷兰人又对帆船做了一次相当大的改进，荷兰人将船只底部打造得十分平坦，可以在荷兰近海的浅水中自由航行。另外，荷兰人还首次发明了可降式上桅，它可以沿着下方的桅杆滑下，一直到两根桅杆在甲板上紧靠着竖立为止。这项发明很快传到其他国家，最后使得上桅帆的尺寸逐渐变大而下方的帆则跟着减小。荷兰人改造后的船灵巧、快捷，由此被誉为“海上马车夫”。

在接下来的几个世纪中，帆船的形式与外观多多少少直接源于盖伦船，比如船楼的形式、前伸的船头、桅的配置与功能都沿袭和传承了下来。

炮台与炮弹，武力的较量

1575年，在“复仇”号盖伦船诞生之前，海盗船上并没有远距离火炮，在海上劫掠依赖的是一种接舷战术。这种老套的战术还是源于罗马时代，需要船上搭载很多人，一旦与目标船接上舷，这些人便一拥而上，展开肉搏。然而，这种战术要求船只巨大，而巨大的船只必然不灵活。

16世纪末期，随着海战战术从接舷肉搏和近距离的混战变为远距离的炮战，火炮的改进也就十分必要了。这种战术需要更强大的火炮和更加稳定的火力投射炮台。当时官方的战列舰一般分为6个级别：一级舰为90门火炮的舰只，三层甲板，是主力舰队旗舰；二级舰为80门炮以上的舰只，三层甲板；三级舰为54门炮以上的舰只，两层甲板，是战斗舰队的中坚；四级舰为38门炮，是单层火炮甲板的护卫舰，一半的海盗船或者进行私掠活动的船都为四级舰；五六级舰分别为18门火炮和6门火炮。当然，海盗船并不会严格按照规制来武装自己的船只，有的法国船就在船首和船尾装有大量的小炮，用来在万一无风的情况下对付地中海的划桨大船。

1673年，菲尼斯·庞特建造了一艘巨大的帆船，命名为“皇家主权”号，该船不但装备着截至当时最完备的帆具，其中甚至包括最新式的顶桅帆，还在其三层炮甲板上配备了100门火炮。这让它即使在一个半世纪后仍能在英国舰队中占有一席之地。这一时期的商船也都进行一番武装，但一般装备的火炮五花八门且缺乏实用价值，根本难敌武器装备精良的海盗船。

18世纪末，随着顶帆开始出现在后桅上，海军舰炮的效能继续提高，英国人对火炮技术继续进行改进，增加射速并引入重型的卡隆大短炮，它在近距离的混战中有着毁灭性的攻击力。这时的一级战舰已经装有100—130门炮，最小型的护航舰也装有近32门炮。英国的一级战列舰“胜利”号于1765年下水，并且一直服役到1812年，曾参加过1805年的特拉法隆加战役。

由于海盗的船只本来就来自劫掠，并在所劫掠的军船上再加以改装，所以海盗船往往拥有比军舰更强大的武力装备。另外，等级的划分其实也未必准确，比如美国1794年建造的护卫舰“宪法”号虽然被分列在五级战舰里，但实际上它却拥有两层全装炮甲板和较多的加农炮，以及能提高生存力的坚固橡木船板，因此得了个“老铁壳船”的绰号。可想而知，海盗们会更加肆无忌惮地武装自己的船只，只要他们有足够的钱。

蒸汽机的发明，使得海船无论是在速度还是装备上都更上一层楼，但风帆也随之淘汰，在之后的50年中，风帆舰逐渐消失在海上，取而代之的是现代战舰。而现代的海盗们也已经不再用火炮武装海盗船了，反而选用了十分普通的快艇以乔装成民船来实现劫掠的目的。

海盗旗上的骷髅头

每一个时代、每一个国家的每一条船只上都会悬挂不同的、标明其国别或其他属性的标志，有的是小旗子，有的是大旗子，还有军旗等，而海盗也不例外，他们也在自己船只的桅杆上挂着自己的旗帜，这就是所谓的海盗旗。

但海盗旗只是个统称，并不代表着所有的海盗旗帜都是同一种，尤其是像电影上的那种画着骷髅头和骨架的旗子。海盗旗有各式各样的，我们甚至不能准确地指出加勒比海盗挂什么旗子，而地中海的海盗又会挂怎样的旗子。

不过骷髅旗却是真实存在的，但由于海盗史漫长悠久，它的来源已经不可考。我们只知道骷髅旗这个单词来自法语单词“JOLI”，意思是“非常红”。从前的海盗们用这个词来描绘船桅上高高飘扬的血色旗帜，也称其为“真色”。因为海盗们在平时经常会在桅杆上挂起一面任意国家的“假色”旗帜，而在发现目标并进行劫掠时才会露出他们的真面目，升起“真色”旗。

到18世纪时，第一面骷髅旗在加勒比海上高高升起，升起它的正是艾曼纽·韦恩船长。在当时，海盗们升起旗帜是有一个潜在的规则的：追逐“猎物”时，会升起白色旗帜，表明身份，这时“猎物”或许会为了降低伤亡而降下国旗表示屈服；如果“猎物”拒绝投降，则会升起黑白两色旗帜，表明海盗继续追击的意图；而“猎物”若是继续逃窜的话，惹怒了残暴的海盗船长，则会升起鲜红的旗帜，意思是说，一旦捕获猎物，将会不留一丝活口。所以，至于这个韦恩船长为什么会升起海盗旗，学者们一直进行着研究和考证，最后从古文献资料里发现，奇里乞亚的海盗们最初只是为了吓唬敌人才在自己的船桅上挂起了骷髅旗，以象征必杀和死亡。

骷髅旗上除了骷髅和骨架，有的还画上了一只计时的沙漏，它同样也有明确的意义，即向被攻击者暗示：你们还有时间考虑一下自己的处境，然后做出投降的决定，这才是明智之举。还有的海盗旗，一只手握着一只沙漏，另一只手则握着一颗还在滴血的被镖矛击穿的心脏。还有的旗子是在红色大帆布上画着一个裹着缠头的白色骷髅。有的旗子则是白色的，上面画的是黑色骷髅头和骨架，图案下面还有一句话——“为了上帝和自由。”

海盗旗各种各样，以上我们所说的都是带有各种骷髅的旗帜，但还有许多海盗旗是不带骷髅的。例如，罗马的海盗们习惯用墨丘利神的权杖来点缀自己的船，权杖的身上缠绕着两条蛇，据说可以保佑淘气鬼、骗子和贼。同时，海盗们也用其他图案来当做自己的旗帜，比如战神雅典娜的猫头鹰、宙斯的鹰、狄安娜的鹿。后来，丹麦的海盗则喜欢用刺绣的图案来当做旗帜，有的绣着一只展开翅膀和张着喙的黑乌鸦。再到后来，还有人在旗帜上画上十字架，在桅杆上刻上吹号角的天使形象。诺曼人的旗子上一般都画着龙。

到了现代，海盗们已经不再插海盗旗，非但如此，他们还经常将自己的船进行一番伪装，装扮成渔民或商船，以便于引诱和接近目标船，以实现劫掠的目的。

海盗也会晕船

晕船是一种正常的生理现象，若是人的内耳前庭和半规管过度敏感，在乘船时由于直线变速运动、颠簸、摆动或旋转时，内耳就会受到刺激，出现前庭功能紊乱而导致晕船。晕船的症状一般表现为途中突然发生头晕、恶心、呕吐、面色苍白、出冷汗、精神抑郁、脉搏过缓或过快，更严重的则会血压下降、虚脱。不过，这种眩晕属于周围性眩晕，除此之外，体制虚弱、饮食不当、饮酒过度、精神紧张，也都有可能造成晕船。当然，晕船还是较多发生在第一次乘船的人身上。

那么，经常乘风破浪的海盗们也会晕船吗？事实上，老海员们也是会有晕船现象发生的，虽然他们比起新人来说对海上的风浪更为适应，通常也不会因心理作用而晕船，但常在海上行驶，遇到大风大浪也难免会产生一些不适反应。再加上海盗们总是离不开朗姆烈酒，如果大风浪再加上酒精的作用，晕船会更加严重。

千万不要小看这种晕船，有时还是致命的。所以，经常在大海上驰骋的海盗们总结出了一套预防晕船以及出现晕船状况时的应对方法。

预防晕船首先要避免臭味，船舱里浑浊的空气、鱼腥味、烟味都能引起晕船。人们想象中的海盗一定是抽烟喝酒，像杰克船长一样颠三倒四，但其实海盗在行驶中是禁烟的，因为吸烟不但不能减少焦虑，防止晕船，反而会加重恶心感。再有，保持空气清新非常重要，不要在船舱内待太久，要不时地到甲板透透气。在船上一定不能酗酒，而要适当地饮酒，过量的酒精最容易引发晕船。保持充足的睡眠也对预防晕船能起到有效的作用。不要在颠簸的旅途中阅读，晃动的画面更容易引起晕眩，虽然海盗们很少有读书写字的，但这一条也非常重要。还有，乘船不宜吃太饱、衣服不宜穿太暖，这些都容易引起晕船。

在出现晕船现象时，有的人往往因为采取了不当措施而有丧命的危险。晕船时，人们应该闭目养神，千万不要为了透气或呕吐而将身体伸出船身以外，因为波澜壮阔的海面会更容易引起眩晕。这时，最好的办法就是尽量固定自己的头部，并使身体保持平衡。在古代，有使用橄榄和柠檬来应对晕船的，因为晕船的初期会使人产生过量的唾液，而唾液流入胃里便会产生恶心的感觉，而橄榄所产生的鞣酸能使口腔干燥。所以，一旦发现有恶心的征兆时，便吃一些橄榄或柠檬，有助于抑制晕船的发生。

食物储量，海员的生命线

一旦乘了船，出了海，人类就离开了赖以生存的土地，那么比应对海浪更重要的就是食物和淡水的补给了。一般来说，每艘出海的船上都会储备一些食物和淡水，而这些食物和水的储量则要按照航程时间和船上的人数来计算。不过，这些食物都要小心地保存，不到万不得已时是不能食用的，而且即便到了万不得已的时候，也只能吃上一小点，能维持生命就好。

每个海员其实首先要学会的就是就地取材，以自然食物为生。在海上航行，当然鱼类就是海员们最主要的食物来源了，有些海洋鱼有危险和毒性，但多数情况下，在见不着陆地的公海上的鱼一般没有任何危险，反而是在靠近海岸地方的鱼类可能会有致命的危险，比如红色的新西兰真鲷和梭子鱼，若是取自环礁和暗礁水域就会有毒。其实，有时海员们根本不必费劲去钓鱼，有些飞鱼会自动跳上船。

抓鱼也是有经验可循的。有些鱼和海龟为了避开阳光照射，经常被橡皮筏或救生筏的荫凉所吸引，而游到船底休息。这时，就把网挂在船的龙骨两端就行了，自然会有许多鱼入网。晚上则可以用灯火吸引鱼类，当晚上有月光照射时，可以在水面上放一块布，把镀铂金属片或其他金属放在上面反射月光，这样也会吸引鱼儿跳上来。

另外还要注意，在热带海域要吃新鲜的鱼，因为鱼儿非常容易腐烂，而在寒带海域，可以把打捞上来的鱼在阳光下晒干，然后储藏。

如果鱼儿难以捕捉，那么还可以捕食鸟类。救生筏对于鸟儿来说是难得的栖息地，所以相当有吸引力，趁其不备便可以进行捕捉。或者是遇到天气恶劣的时候，也可以趁着鸟儿气力衰微时进行猎捕。

对于海员们来说，海藻也是种不错的天然食物。海藻不但生长在岸边，远海地带也常有它们的身影。在大西洋南部和太平洋的一些深水区就长有海藻，但天然海藻坚韧难咬且盐分多，难以消化，不过在缺乏淡水时，它们也算是不错的选择，因为海藻往往富含水分。除海藻本身外，它们还常常托带上许多食物，比如一些以海藻为食的小蟹、小虾和小鱼，还有些跟海藻颜色相近的十足目动物。

最后，实在不行还可以打捞一些浮游生物，比如在较冷的南方水域，只要制作一个简易的打捞耙就可以捞上许多的可食用生物。

在古代，远航的海员经常会患上一种坏血病，结果在航行中不治身亡。比如，在葡萄牙人达·伽马开辟欧亚新航线，从印度返回途中，160 名船员竟有 100 人死于该病。麦哲伦进行环球航行时也有 70 人死于坏血病。许多年来，人们都不知道为什么会患上坏血病，但奇怪的是郑和下西洋时率领了 2 万多名海员，却从未发生过因坏血病而大量死亡的事故。

原来，郑和下西洋时，因为远航而带上了豆子，人们在海上发豆芽吃，豆芽里含有多种微量元素和维生素。后来，欧洲人也发现原来坏血病并不神秘，只是海员们长期吃不到新鲜的蔬菜和水果而造成的维生素 C 缺乏症。虽然人体对维生素的需要量非常小，但不可否认的是，它们的确是维持机体新陈代谢，以及某些特殊功能所必不可少的物质。绝大多数维生素不能在人体内合成，因此必须每天从食物中获取，只有这样才能满足营养需求。

在风帆时代的船只上，酒水、干肉、食物等都是储备在底舱的，但当时由于卫生条件恶劣以及行船大部分时间处于热带，洁净的饮水往往在上船一个星期后就变得浑浊而肮脏了。所以海盗船上常常备有大量的朗姆酒，朗姆酒本身就不易变质，而且将烈酒掺入水中还可以起到杀菌的作用，这就避免了在船上起火做饭的风险。淡水储备有限使得海员们必须学会靠天吃水，一旦遇到雨雪天气便进行雨水收集，净化后饮用。船只每次靠岸，所做的第一件事也是补给淡水。

朗姆酒——海盗之酒

1493 年，哥伦布的船队浩浩荡荡来到古巴，伴随着他一起来到的还有加那利群岛的甜甘蔗。古巴有着肥沃的土地，充足的阳光，再加上优良的水质，使得甘蔗很快就适应了那里的环境，成为当地的主要作物。土著印第安人发现甘蔗能挤出许多甜汁，如果在甜汁里掺上些蜜糖一起蒸馏，就成了一种极为美味的饮品，他们预料不到这竟是两百年后的朗姆酒的雏形。

这种饮品后来经常被储存在远航的船只上，以备不时之需。1745年，英国海军上将温侬发现海军士兵得了坏血病，这种病在远离大陆的船上显得非常可怕，可以说是不治之症，得病的人或被抛入大海，或被遗弃在荒岛。但温侬将军没有立刻采取极端措施，而是下令士兵们停止喝啤酒而改喝那种来自西印度群岛的蒸馏饮料。谁曾料到这一举动竟产生了意想不到的效果，士兵们的坏血病竟基本痊愈了。为了感激温侬将军，士兵们亲切地称呼他为“OLD RUMMY”，即老酒鬼，后来这种酒干脆就被叫做“RUM”，也就是朗姆酒。

朗姆酒除了能有效抑制海员们的致命杀手坏血病，还能驱寒取暖，一解乡愁，厮杀拼搏前喝上几口还能壮胆，战后负伤又能为伤口消毒，这些原因都使得朗姆酒成了海盗们最喜欢的饮品。

闲暇时节，海盗们会聚在一起高唱朗姆酒歌，沉浸在醉生梦死之中。“十五个人扛着死人的箱子，啊，一瓶朗姆酒，尝一尝吧！其余者都做了酒与魔鬼的牺牲者，啊，一瓶朗姆酒，尝一尝吧！”唱起这首朗姆酒歌时，海盗们手舞足蹈，忘乎所以，以赶走身上的疲惫和孤独，这时，这烈酒就是他们的一切。不过，总有些海盗会因过度狂饮而丧命的，但这似乎一点也不影响其他人继续饮酒的心情。17 世纪时，世界上众多盛产朗姆酒的地方，恰恰也是海盗盛行之地，诸如波多黎各、牙买加、海地等，于是朗姆酒就成了“海盗之酒”。

起初，朗姆酒只是供下层人士喝的简单的蒸馏酒，而上层人士则喜欢有品位的葡萄酒。不过，随着时间的流逝，这种制作简单、工艺粗糙的低劣的酒慢慢发酵，竟变成浓郁芬芳的高档酒。朗姆酒的原料为甘蔗汁、糖汁或糖蜜。甘蔗汁的原料适合于生产清香型朗姆酒。甘蔗汁经真空浓缩被蒸发掉水分，可得到一种带有黏性的液态糖浆，适宜制作浓香型朗姆酒。糖蜜提炼出来后，还要进行一番处理，首先要通过澄清去除胶体物质，尤其是硫酸钙，在蒸馏时会结成块状物质。最后，将糖蜜用水稀释成总糖量在每 100 毫升 10—12 克的范围内，这种浓度是最适宜的发酵浓度。然后加入酵母，发酵 24 小时后甘蔗汁的酒精含量会达到 5—6 度。之后进行蒸馏，最后冷却处理就能得到香醇的朗姆酒了。

如今，朗姆酒也分许多品种，随着各地制作工艺上的不同而划分种类，这其中以古巴人酿造的朗姆酒最为清澈透明，散发着令人愉悦的幽幽香气。上好的朗姆酒一般要经过多番发酵，并且还要在橡木桶中存放多年，时间越久味道越醇厚。市场上现在流行着各种各样的朗姆酒，有棕色、琥珀色、无色的，其浓度也不尽相同，但不管是哪一种朗姆酒，每当举杯品尝的时候，都不免让人联想到昔日甲板上海盗们醉酒欢歌、酩酊大醉的场景。

航海日记，必不可少的记录

或许大多数人都以为，航海就是在一望无际的大海中乘风破浪，潇洒自由，无拘无束。再加上电影中总给我们呈现出一幅叼着烟斗的船长气定神闲地掌舵的画面，让人们对于航海产生了许多美好而浪漫的想象，但事实真的如此吗？或许能够揭露这一事实的，只有前人留下的一部部航海日记了。

航海日记也叫航海日志，是船舶随行的记录簿，所有与航海有关的事件都会被记录在案。当然，一条船、一次航行的日志不可能只有一份，就现代航海来说，一般来说包括船长日志、轮机长日志、船舶报房日志、日志草本等等，甚至包括油类记录、船员名册等。除此之外，通过航海日志还能一览无余地观看到整个航行过程中海员们的日常生活，以及记录人员的心情。例如下面一段日志摘录：

“出海不久，我们遇到大风浪，船开始左右摇晃，但这并不要紧，最怕的是纵摇和垂荡，因为那很容易导致呕吐。最令人难以忍受的是混摇，完全没有规律可言。”

“如果想要在船上遇见一些风花雪月的事，那就大错特错了。

在船上，除了巨浪撞击船壳的声音，甚至连波涛都听不到，耳朵里全被机器的轰鸣声充满了。”

“有时天气不好也未必没有好事发生，比如今天就出现了一些独特的景观，百条海豚争相跳跃，在船头附近兴奋地与船竞技，那场面真是壮观……原来即便深远的海上也有与人类如此亲近的朋友。”

航海日记由来已久，它伴随着人类对海洋的探索，以及对彼岸的渴望而生。因此，最初的航海日记往往极具科学探索性，十分有价值。最著名的航海日记无外乎记录哥伦布一行首次西航经历的《航海日记》了。这份《航海日记》记录了包括哥伦布船队帆船的构造，航行的风向、里程，遇到的奇人异事等等，还展现了新大陆的旖旎风光，以及当地印第安人的热情淳朴。除此之外，书中还大胆暴露了哥伦布一行对黄金的贪婪，为掠夺黄金，他们不惜对印第安人进行欺凌，而他们自己内部也因分赃不公而发生内乱。

《航海日记》一经出版，立刻受到广大读者的欢迎。它的问世，让人们认清哥伦布的伟大发现或许在一开始并没有伴随着多么伟大的初衷。虽然哥伦布的航行充满了探索精神，但同时也充满了贪欲和掠夺，可以说这本书为还原真实历史提供了可靠依据。当然，需要特别指出的是，《航海日记》并非哥伦布的原稿，而是两次参加哥伦布航行的拉斯·卡萨斯神父对日记所做的摘录。学者经过多方考证，发现摘录是严肃且忠实的。

人类航海事业的发展的确是值得敬佩的，面对彼岸遥不可知的世界，人们竟能鼓起勇气，拼出性命去冒险并开辟海上新天地，例如我国唐代时就开辟了“海上丝绸之路”，明代郑和率船队七下西洋，西方则绕过好望角发现了印度、日本，后哥伦布又发现了美洲新大陆。人类一次次的壮举正是在航海日志的记录下得到还原并成为后继者的宝贵经验的。借着这些经验，人类一次次超越自己，终于有了现在四通八达的海上贸易往来。

第五章　强盗的规矩：全面解密海盗组织

海盗的来源：游民、贫农、失业者……

可以说，海盗是伴随着人类航海活动出现的，有了广袤无垠的海洋，有了威风赫赫的船只，有了想要发财致富的心理，就有了这么一群铤而走险的海盗。他们如同幽灵一般在海洋上飘荡，随时准备掠夺海上航行者的财物。有的海盗只是夺取钱财，不取人性命；而有的海盗则是挥舞着棍棒或者刀剑，无恶不作，罪行罄竹难书。海盗是人类文明发展进程中的必然产物，也是人类不得不面对的一个污点……

起初这些海盗多是单枪匹马，以掠夺财物为主要目标，后来见有利可图，遂结成团伙，开始强占土地、强抢船只，每到岸边，必然会烧杀抢掠，沿海百姓苦不堪言。各国也曾多次围剿海盗，但收效甚微。主要原因在于海盗凭借着对海洋的熟悉，隐匿在海洋中，要将他们寻找出来并非易事，何况即使发现他们，他们也可以凭借着地利快速逃脱，因而长久以来，海盗无法彻底剿灭，甚至某段时期还有壮大的迹象，那么这些海盗都是从哪里来的呢？他们为何要成为海盗？

以皮尔格罗夫·多尼亚为例，他原本是15世纪一名普通的农民，居住在一个叫弗里西亚的小村庄，和妻子靠农耕为生。但不久后，村子遭到洗劫，多尼亚的妻子也惨遭不幸，被人强暴。多尼亚一时怒火中烧，遂开始了他的海盗生涯。他体型比较魁梧，力大气壮，因而被人们称为“大墩头”。多尼亚组织了一支民兵，建立了海上组织，一有机会就和当时的罗马帝国对抗。一时间，他的势力急速膨胀，不止在海洋上，即使在陆地上也有非常庞大的势力。他本人随身携带着一柄巨型长剑，传说中长达2.1米，战斗力非常强，令敌人闻声而逃。同时他谨慎小心，不鲁莽，凡事都要细细考察，做出详细的规划，因而在他的海盗生涯中有百多艘船只落入他的手中。这些船只改装后，不断地武装着他的海盗舰队。

像多尼亚这样成为海盗的人不在少数，其中绝大多数海盗在未加入海盗队伍前，身份为游民、贫民、失业者，这三者间的共同之处是生活贫困无保障，饥一顿饱一顿，为了生存下去，不得已只好加入海盗队伍，混个温饱……

还有很多人是因为被海盗劫走，受不了海盗的威胁而服从海盗，最终成为他们中的一分子……

以著名的维京海盗为例，为何维京人倾向于做海盗呢？我们可以从维京墓葬、生活器皿，以及一些文学诗歌里的描述来推断。

维京人生活的区域斯堪的纳维亚半岛，距离北极圈很近，这里有无边无际的原野，有无限绵延的雪峰，在这里，一年里超过一半的时间都是隆冬，冰雪覆盖，极度寒冷，农作物难以生长，再加上北极圈的极昼和极夜现象，更是增添了维京人生存的难度。没有足够的食物，维京人只能想其他办法来解决食物危机。

从冰岛上的维京人房屋的遗迹来看，这些房屋通常只有一间房，长 12 米，外形很像一艘船，屋内设施很简陋，缝隙间由泥土填塞，很严实，为了抵御严寒，房屋墙壁最厚的地方可达 3 米，主厅里设有火炉，房屋四壁除了排烟口外，都没有窗户，这些举措都最大化提高房屋抵御严寒的功能，因为极夜或者极昼现象，维京人不得不长时间待在家里，因此房屋内有专门的仓库来储藏粮食。大房间里通常会有土台，可当做板凳，土台中间挖有炉洞，取暖照明皆可。从这些都可以看出，维京人生活环境十分严峻。

另外，维京人推崇“一夫多妻”制，妻子数量的多少跟男主人财富的多寡挂钩，财产越多则妻子越多，当然其中只有一位妻子是正房，负责管理家里的财产，其他人则无此权利。多妻导致家庭人口膨胀，不过即使多数维京家庭劳动力很富裕，但身处贫瘠的靠近北极圈的半岛上，劳动力也无处可用。可以赚钱的营生只有倒卖树木和从水里捞鱼。因此在这种条件下，维京人从小就善于捕捞，众多湖泊和河流也成了维京人练习的基地。

半岛到处是峡湾和山峦，陆地上行走很不方便，因此水路成为维京人的选择。海盗就是和水打交道的，因而维京人成为海盗是具有先天优势的。有了船只，再加上贫瘠的生活，为了生存下去，维京人只能选择做海盗。

另外对待犯人，维京人通常采用流放的方式处罚，不管是偷根木柴的小偷，还是杀人放火的大罪犯，都一律采用此种方式处罚。被流放的维京人除了选择成为海盗外，好像别无其他选择。

其实海盗的生活远远没有电影里那么光鲜，他们四处为家，再加上当时尚未有冷藏设备，无法长时间储蓄食物，因此海盗经常面临着几个月都无法配备给养的状况，通常只能吃到发霉的面包和米饭、咸肉和鱼，甚至很多时候不得不依靠海鸟、老鼠来度日。

何况身为海盗，还要面临许多其他恶劣情况，包括疾病和军队围剿，可以说海盗也是将自己置身于危险之中，如果不是迫不得已，很少会有人甘心当海盗，因此海盗身份多为游民、贫民、失业者也就不足为奇了。

海盗的分工：从船员到船长

最初，海盗通常是单打独斗的，一个人挥舞着棍棒或者刀剑，划着小舟在海洋上游弋，通常不敢深入海洋深处，只是在离海岸线不远的敌方打劫过往船只，但只能打劫一些人少的船只，而很多商船都是人数众多，只靠单打独斗无法战胜。

在这种背景下，一些聪明的海盗开始与其他人合作，彼此分工，共分赃物，慢慢地一些海盗聚集起来，成为一个有规模、有组织的团伙。为了更好地发挥团体的作用，海盗间也划分了极为严格的等级，也就是我们经常会从电影中看到的船长、军需官、导航员、工作人员、船员等。

船长：是船上的主宰者，拥有重大决策权，决定航海去向、抢劫目标，拥有处置船员及俘虏生死的权力。但要成为一船之长并非易事，船长要对船员负责，要有视死如归的冒险精神，要有孤注一掷的赌徒心理，在船队面临生死危机关头时，要懂得变通，要有与对手周旋、抗争到底的勇气。

在某些特定情况下，如遇突发的船员哗变或者是其他海盗团伙袭击，船长有权做出决策，并要求船员遵守。可以说在海盗船这一片领域内，没有人的权力能够凌驾于船长之上，船上所有的成员都要遵守服从船长的指挥。

副驾：有时也被称为是副船长，拥有的权力很高，在船长不在的情况下，全权负责船只的驾驶工作、船只去向、人员招募，以及处理船员间的琐事等。在船长工作时，副驾还可以提供帮助，包括确定船只位置、距离港口有多远、前面会有什么危险等。尤其是在夜间，有副驾陪在船长身边，俩人说说话聊聊天，如果船长工作累了，副驾则接手船长的工作。

军需官：海盗船长通常由民主选举产生，为了分权，防止船长的权力过重导致权力滥用，海盗们还设置了军需官一职。

该岗位的职责是负责处理纪律及供给问题，包括对做出特殊贡献的员工进行奖励，对受伤船员的补偿，对出错或者造成严重后果的船员的处罚等。

该职位通常由最受信任的船员来担任，不过通常来说，船上最有权力的机构是共同委员会，由船员组成，拥有罢黜船长和军需官的权力，即使船长也无法否认它的权力和决策。委员会定期召开会议，决定下一步的行动计划、是否要攻击目标、供给分配的问题等。

另外军需官是较易成为下一任船长的人，海盗史上，有不少船长都是由军需官为起点的。如著名的“白棉布杰克”，起初杰克服从于查尔斯·韦恩的管理，但是后者在跟一位法国士兵斗殴时战败，杰克被韦恩的怯懦激怒了，于是带领手下哗变，将韦恩驱赶进一艘小帆船放逐了。“白棉布杰克”则由军需官摇身一变成为新船长。

领航员：在过去，由于船只导航设备不够先进，既没有GPS定位，也没有导航地图，海盗在无边无际的海洋中航行只能靠领航员来引领方向。通常领航员有地图，在地图上标出标志，以免驶向错误的方向，甚至在海洋中迷失方向。在海洋中迷失方向是非常可怕的，因为海盗船缺少冷藏设备，食物存储很少，这也是海盗们每隔一段时间就要上岸购买食物的原因，一旦在渺茫的海洋中迷失方向，船只随风飘荡，等待船员的下场只有饿死、渴死。由此可知导航员的重要性。

机械员：主要岗位职责是负责船只的机动性能，包括船只的日常检查和维护保养，处理船只漏水，安装、调配和更换设备，解决船只的动力问题等。即定时定期做好船只的检查、故障排除以及各项维修项目，做好船只的维护工作，完成船长交代的其他事情，如船只设备升级等。

炮手：指船上专门负责炮弹发射、装火药的人。

起初海盗们将棍棒、刀剑当做武器，后来出现了轻型的火铳、重型的“将军炮”，不过无论火铳还是大炮都有很多缺点：都属于前装式，子弹、炮弹都要从筒口装入，在炮弹和底部间有火药，末端有点火孔，用火柴或者火把点燃火药，即可发射大炮。大炮都是单发设置，一发射出后，要等到炮筒冷却才能装第二发，否则有炸腔的危险。

大炮可以发射圆球弹、铁链弹、葡萄弹。圆球弹很大，主要用来在敌方船板上打洞；铁链弹主要用于打断敌方船只的桅杆；葡萄弹则比较小，一次可以打出多个，对敌方人员杀伤力很大。

另外，炮手通常也要根据自己的经验瞄准目标，一个经验丰富的炮手能达到“百发百中”，而经验不足的炮手，则可能五发只打中一发。

在海战中，炮手的击中率无疑对战争成败有着非常重要的影响。因此，在海盗里，经验丰富的炮手很受人尊重。后来大炮逐渐升级，出现了后装炮，采用母铳衔扣子铳的结构，将火药和子弹放入母铳膛内直接发射。子铳为单个的，因此可以一个接一个地发射，免除了冷却炮筒所需的时间，战斗力瞬间增加数倍。另外有些大炮还配置准星、照门，使大炮的射击更为精准。不过随着大炮的升级，炮手的作用好像小了一些，但在海盗体系中，炮手仍是受尊重的工种。

其他船员：比如负责后勤的人员、负责巡逻的人员、负责劈木柴烧火的人员和负责做饭的人员等。

正是因为这些人员分工合作，彼此配合，海盗们才不会是一群乌合之众，反而有效地聚集在一起，书写了一个又一个传奇故事。

海盗的武器：匕首、刀具、火枪

闭上眼睛，回想一下你脑海中的海盗形象，你会发现：独眼、木腿、长靴，头上戴着一顶达达尼昂式的帽子，衣服褴褛，目露凶光，将长刀或者火枪扛在肩上，或者在腰间配一把弯刀，栩栩如生的海盗形象就这样扑面而来。之所以会有如此印象，主要是影视作品的功劳，事实上，人们对海盗的理解除了少数来自于历史资料外，多数都来自于影视作品或者想象。

海盗们过的是舔刀饮血的生活，除了要掠夺商船外，还要防止军队的围剿、其他海盗的吞并等，是一种将脑袋挂在裤腰带上的生活，随时会处于危险之中，随时处于战斗之中，随时需要以命相搏，在这种生活中生存自然少不了武器的帮助，武器能帮助海盗在艰难的环境中生存下去。

没有武器的海盗就像是送到狼口的绵羊，是任人宰割的，是毫无抵抗力的，也就是没法生存下去的。在黄金时代，最广为流行的武器是火枪和水手弯刀，当然海盗们也用过其他各式各样的武器。在比较落后的地区，有些海盗还将较为原始的棍棒、弓箭等当做武器。

下面我们来介绍一下在尖刀上行走的海盗们都使用过哪些武器，这些武器有什么特色，为什么海盗会使用这种武器，海盗武器的演变史说明了什么?

棍棒：较为原始的武器。很多人在成为海盗后并无称手的武器，也没有钱财去打造武器，只能选择无成本的棍棒作为武器，待积攒些钱财再打造武器，或者是从其他海盗手中掠夺兵器。

匕首：匕首在武器中的名声很大，通常和长剑并列使用，主要用于急用或者防身自卫，以免遭遇不测。匕首以其独特的造型和功能在海盗中广为使用，是作为一种辅助兵器且流传至今的武器之一。

海盗们生活环境复杂，既要适应各种战斗大场面，也要适应暗斗小场面，小小的一柄匕首，功能极为丰富，作为长剑的辅助武器，极大地提升了海盗的战斗力。

登船斧：为斧子的一种，不过多数较为粗糙，铁板加上一块木柄就能打造出登船斧。海盗们不止生活在海盗船上，还经常会掠夺各种商船，总之，经常与船打交道，而登船斧能有效地砍断索具和网，在作战中能发挥极大作用。

水手刀：是海盗经常使用也是最主要的武器之一，尤其在近战中，一柄水手刀能发挥的作用非常大。这种刀相比普通的刀要稍短一些，呈弧状，能大幅增加劈砍的威力。另外，水手刀上手较为简单，不需太复杂的技术，拿到手就可以使用，因为这些特点，水手刀成为后来海盗的标配武器。

短火枪：火枪在海盗武器中可谓比较奢侈的武器，起初只有船长具备，后来其他船员也慢慢拥有这种杀伤力极大的武器，多是用碳、硫、硝酸按照一定比例制作成黑火药，将其用作动力来驱动铅弹。短火枪的用途丰富，虽然在射程上无法与长火枪相比，但能够拥有一把短火枪是海盗们梦寐以求的，毕竟长火枪适用于大规模战斗，而短火枪在多种场合都可以使用。

因此，船长也经常奖励第一个登上敌军船只，或者俘虏敌军重要人物的船员一把短火枪，短火枪成为身份的一种象征。

长火枪：与短火枪相似，但枪身更长些，射程更远一些，不过由于没有膛线，这些火枪多要靠人工点火。在 18 世纪，甚至要借助燧石打火器点燃火药：将燧石放在一个钳子中，扣压扳机时，燧石撞击金属块会产生火花，火花引燃火药，铅弹就从枪口射出来了。当然，这风险很高。

火炮：随着时代发展，海盗们除了装配各类火枪外，还在船只上装配了火炮，这是远程攻击的利器，海盗们不用登上敌方的船只，便能借助火炮的帮助给予敌方致命的打击。尤其是在海上作战时，火炮无疑是远距离攻击的最佳武器。

霰弹枪：指无膛线（滑膛）并且将霰弹作为主要子弹的枪械，后来有些霰弹枪更换了有膛线的枪管，目的是为了提高射击的精准度。其外型和普通的步枪很相似，大小也差不多，不过口径通常较大，一般可达 18.2 毫米，枪管也较粗。

这种枪射击的时候声音很大，因此不适合打伏击，但由于火力大、杀伤面宽，是近战的高效武器，后来海盗们也配备了这种武器。

手枪：是一种单手就可以握住瞄准的射击武器。是经过锻炼后，凭借本能就可以用来射击杀敌的武器，常随身携带，主要用于近战，50 米内自卫，或者是袭击敌方。这种枪支的特点是结构紧凑、小巧精致、便于携带，自动发射方式简单、弹匣更换方便。弹匣容量以 8—15

发为主。

战斗手枪，即冲锋手枪，是全自动的，弹匣容量比普通枪支要多些，以 10—20 发为主，射程范围可达 100—150 米。手枪为海盗后期所佩戴的武器。

从海盗武器的进化史，我们可以推断海盗的进化史，与此同时，海盗武器的进化史也是人类文明的进化史。海盗史也是人类史的组成部分，虽然是不怎么光彩的历史。

海盗的规矩：罗伯茨的海盗守则

在人们的印象中，海盗一向是残忍和凶恶的代名词，狡猾、自私自利、唯利是图、心狠手辣、背信弃义、阴森、城府深、阴险狡诈等负面词语用在海盗身上毫无违和感，而且在影视作品中海盗的样子相差不大，独眼、木腿、佩剑、眼神毒辣、衣衫褴褛，为了一点利益而不惜自相残杀……

其实这是对海盗的误解。确实存在不少唯利是图、罪行罄竹难书的海盗，但更多的海盗都遵守着一条规矩，即罗伯茨的海盗守则。

罗伯茨全名为巴沙洛缪·罗伯茨，是海盗黄金时代最成功的、极具名气的海盗之一。传说中罗伯茨喜欢穿黑色礼服，且全身佩戴各种珠宝，拥有好口才，很爱美，因而人们称之为黑色准男爵。罗伯茨做海盗时已近不惑之年，后来因故加入了戴维斯的海盗船，但戴维斯不久后惨遭杀害，罗伯茨因此成为船长。他作战勇敢，善用计谋，身先士卒，总是第一个登上敌船，但又冷血残酷，劫船从不留活口，不止掠夺商船，就连海军也不放过。

罗伯茨于1720年6月带领海盗们闯入特雷巴西港，将海面上的150余条船全都洗劫一空，罗伯茨还从中挑选了一条最快的船作为新的战舰，并取名“皇家幸福”号。不过短短的数年间，罗伯茨的海盗舰队就拥有四百多艘船只，数量在海盗史上也是数一数二的，同时他控制的范围从非洲延伸到加勒比海。

罗伯茨对海盗的最大贡献，体现在他进一步将亨利·摩根的海盗法典完善，并以此为基础制定了海盗遵守规则，在自己队伍里严格实施，不遵守者必然受到严厉的处罚。

下面就是传闻中的罗伯茨海盗守则：

1. 人人有平等的表决权。船长发出的命令，如果没有违背兄弟情谊的基本原则的话，都应当全力并自觉自愿地去执行。

2. 人人公平，在财产方面不得欺骗。船长应分得整个掳获物的15%，一名军官、一名木匠和一名武装水手合起来分12.5%。

3. 禁止赌博。在船上打架斗殴原则上属禁止之列。谁不听从船长的话，则处以裸背鞭打39下。

4. 船上的每一个成员如果想开小差，应当让其在无人的海岸边上岸，只给他一瓶水、一块鱼以及能够用来为自己获取食物的武器。

5. 如果在船上行窃或愚弄欺骗一个以上的伙伴都是有罪的，都应按现行规定予以惩处，情节严重者处以死刑。

6. 船上的任何一个成员都不得在大家不知道的情况下，与别的海盗团体达成协议或签订合同，违者以叛徒论。

7. 不许佩带不干净的武器，每个人都要时常擦洗自己的枪和刀。凡损坏武器、在无棚遮盖处抽烟，或在无遮掩的情况下点燃明火也都处以与上述同样的惩罚。

从这则海盗守则来看，海盗们似乎与凶残、野蛮、粗鲁、不开化、不文明等负面词语很难关联，守则字面所呈现出来的是公平、公正、讲信义、秩序等词语，而这些词语人们通常用来形容正统社会。

从这点来说，海盗们并非都如人们印象中的那般烧杀奸淫、无恶不作，多数人其实都很遵守守则，做事讲究秩序、讲究等级、讲究兄弟情义。将海盗与凶残、无恶不作等词联系起来，似乎有些不公，但不可否认的，海盗中存在不少不遵守守则的人，那些人无恶不作，极大损害了海盗的名声，当然海盗也从未有过好名声。

在影视剧中，海盗们除了会为了金钱而无恶不作外，通常还会因为女人打斗。不过女性在多数海盗队伍里是禁止存在的，也就是说海盗船上通常很少有女人，影视剧中海盗怀抱美女饮酒的场景，在现实海盗生活里是很难出现的。

海盗中有不少女性海盗，不过这些女性偏于男性化，女性温柔的特征荡然无存，很难让人亲近。这些人和寻常海盗一样，即使是杀人，也不会逊色于男性海盗同伴。不可否认的是，女性海盗已成为海盗史上一道风景线。

海盗们有时会采用长途奔袭的办法，海盗们集合起来，然后悄然出发，聚拢到敌军的附近等待时机而一举歼灭，这种战法对纪律、团队合作的要求很高，因为一群乌合之众是很难有效组织起来，发起一场长途奔袭战的，队伍纪律涣散，必然会导致行动的失败。这表明海盗们是共同遵守某一守则的，否则必然乱套。

在掠夺对象的选择上，海盗也是有原则的，通常有军舰护送的船只他们很少掠夺，这并非全然出于双方武力的考量，要知道很多私人船只的武力更为强悍，很多私人船只装配了更为高级的大炮，聘请了极富经验的炮手，战斗力惊人。海盗们通常会选择那些大型、笨重、缓慢航行的船只。这些船只虽然战斗力很强，装配了很多武力，但船上也摆满了来自世界各地的物品，如珠宝、瓷器、咖啡、可可等，“油水”很大，因此是海盗们掠夺的重点对象。

事实上，没有守则约束的海盗无异于一盘散沙，是没有战斗力可言的，也很难在海盗横行的时代生存下来。不过由于历史原因，海盗们的守则很难保存下来，这也是导致我们后来所得知的海盗守则如此之少的缘故，但不能说明海盗是没有规矩的。

相反，如果观察海盗们的行事方法、战斗策略等，会发现他们行动上有太多的相似之处，因此唯有在统一的规则前提下，海盗们的行动才会有如此多的相似之处。

不过在大冒险大发现时代结束后，海盗们的黄金时代也随之一去不复返，那些曾经帮助海盗创造辉煌历史的守则，也湮没在历史的尘埃里，不为人知了。

海盗的工资：按比例分赃

尽管海盗们的出身不同，来自于世界各地，甚至种族、肤色、信仰等都不同，但他们聚集在一起都是为了一个目的：掠夺更多的财富，积累更多的财富。如果没有利益可图，这些海盗早就散去了。利益是海盗们团结一致的利器，却也是导致海盗间层出不穷问题的根源。

打天下和分天下毕竟是有区别的。打天下时，彼此同心协力，因为目标一致，面临的危机也一致，如果不能同仇敌忾，则可能面临丧身鱼腹的后果。但是等危机过去，打败敌方后，再齐心协力地分赃就困难多了。

每次战胜，都是海盗们最快乐的时刻，他们会在敌人船只上到处寻找战利品，食物、珠宝、盐、罐头、武器等，然后将这些聚拢起来进行分赃。打仗时参与的人是越多越好，分赃时则是人越少越好，甚至恨不得私自独吞。

人们往往会认为，海盗在战斗时是最危险的，其实分赃才是最危险的时刻，因为分赃牵涉到个人利益，一旦分赃起纠纷，就容易出现斗殴，甚至会导致海盗队伍自相残杀。

海盗们平常是没有工资拿的，战斗后的分赃就是他们的报酬。为了体现公平、公正的原则，海盗经常按一定比例分赃，即按岗位分赃款项分配。

不过通常在分配赃物前，先进行论功行赏。即对在这场战斗中表现出色的船员，或者对战局成败起关键作用、功劳较大、出力较多、风险较高的船员进行奖赏，奖赏很丰厚，包括火枪、珠宝等，然后再进行进一步分配。

船长权力最大，分赃时拿的比例也是最大的，但通常不会超过30%。副驾、军需官、炮手等也按照比例获得部分赃款，余下的则由其他海盗进行划分。

海盗通常不会按人数平均分享赃物，普通海盗分配赃物时，也会根据加入队伍的时间、岗位职责等因素来划分，加入时间越久、岗位职责越重，则获得的赃物就越多。如老海盗通常比新海盗获得赃物较多，担任队长职责的海盗比普通岗位的海盗所获得赃物较多。

有时海盗们分赃分歧较大，此时通常会采用抽签方法决定，这种方法只有在无法平衡各方利益、分赃有争议时才会使用。

有些时候船长会动用武力枪支独吞赃物，不过这种船长通常下场也不会太好，因为海盗出力却得不到应有的回报，必然会心生不满，长此以往，在合适时机定会杀害船长取而代之。有时船长为了保住自己的地位，也会杀害一些功劳较大的海盗，这点和史书上开国皇帝杀掉有功之臣很相似，都因利益和分赃而起。

分赃不均的危害是很大的，轻则危及海盗间的团队合作，重则引发自相残杀，甚至是海盗团伙灭亡的原因。如有些海盗因对分赃不满，而故意向军队泄露隐藏的地点，结果海盗团伙遭到军队的围剿，伤亡惨重；有的海盗则干脆直接暗杀船长，不过多数以失败告终；有的海盗在以后的战斗中则变得懒洋洋地不肯出大力，挫伤了积极性。

海盗所处的生存环境很恶劣，又随时身处危机之中，平时又没有工资可拿，唯有战斗胜利后分赃物时才能获得回报，因此分赃也可以视为海盗的“工资”，是海盗们刀尖上行走的回报，所以分赃不均较易让海盗人心涣散。

在海盗史上，有许多曾叱咤风云的海盗就是因为分赃不均，甚至独吞赃物而被其他船员杀害，从而结束了“辉煌的”海盗生涯。

海盗的后事：生于大海，死于大海

前面讲过海盗虽然看起来无拘无束，但其实也要遵守规矩，在海盗船上，活命可不见得是件易事。船长有时就是法律的化身，船长的律令就代表着法律。船员触犯了法律，就要接受相应的处罚。

海盗的惩罚方式很丰富，不同的罪行其处罚方式也不一样，不过这些处罚方式都有个共同点：跟水有关。

抛入海中。在古代，海盗犯了比较严重的错误或者罪行，则可能面临着被抛入海中的处罚，在无边无际的海洋中，即使海盗游泳水平较高，也难逃落于鲨鱼腹中的后果。何况在海洋中，海水冰冷，无给养，人又能坚持多久呢？这是海盗最为古老的一种处罚方式。

还有更惨的，并非是直接抛入海中，而是将受惩罚的海盗用绳子绑起来，然后将其抛入水中，绳子的另一端系到船尾，由海盗船拖拽着向前，受惩罚者要遭受数天的折磨才能死而解脱。

放逐。指将受惩罚者一人丢在荒芜的小岛上，让其在岛上自生自灭。岛上缺少食物和淡水资源，绝大多数时被放逐的海盗都逃不过一死，当然也有侥幸活下来的，但只是少数。如果附近没有小岛的话，海盗们会将受惩罚者绑在舢板上，让其漂流，飘到哪是哪，除了屈指可数的被人救起外，多数受惩罚者都逃不过日射病或者被鲨鱼吞食的下场。

猫之九尾。指的是受惩罚者接受一种用九股涂过柏油的绳子鞭打，这种绳鞭杀伤力很大，受惩罚者往往苦不堪言。有些较为残忍的船长，会在绳鞭的末端装上鱼钩子或者是火枪的弹丸，还在受惩罚者的背上抹盐，从而使被惩罚者感受到更大的痛苦。遭受这种处罚的海盗往往逃不过鞭打致死的结局。还有一种特定为船长的侍从保留的鞭打变化形式，被称为“摩西之法”，通常于星期一执行。因为海盗们相信这种处罚能够平息神明的愤怒，同时也能为下个星期带来好天气。天气对以海为生的海盗来说很重要。

浸水。指的是将受惩罚者浸入水中，然后在刺骨寒风中将其悬挂在主桅上，通常长达数小时，直到受惩罚者受不了折磨气绝身亡。浸水处罚法还有一种是将受惩罚者固定在船底的绳子上，将绳子通过船底从右舷拉到左舷，使受惩罚者感受来自龙骨的摩擦，是一种很残忍的处罚，大多数木制船底都充满了毛刺与碎片，很锋利，对受惩罚者而言无异于万箭穿心，逃不掉满身鲜血、受尽痛苦而亡的下场。

海盗是风里来浪里去的海上霸主，不过海盗看似纵横一生，生命力顽强，实则海盗是世上最危险的一份职业，其危险不仅在于所面临的生存环境恶劣，以及来自军队的围剿等，更多的在于海盗船上缺乏足够的药品给养，一场小病如果得不到有效治疗，很可能被拖延成一场大病。在死亡的海盗中，因患病而死亡的并不少于战死者的人数。

海盗经常会因为各种原因遭遇死亡，而当船只航行在海洋中时，他们无法回到陆地上安葬，只好选择水葬，他们生于大海，死于大海，这种方式成为处理海盗后事的标配。海盗一生在海上纵横，死后回归于大海的怀抱，对海盗来说，也许是个最好的去处。

第六章　海盗的工作：抢劫、绑票、探险、寻宝、战斗……

索要赎金！被绑架的富商

海盗的生存环境很恶劣，为了维持生存，海盗们除了掠夺过往船只外，有时还要绑架人质索要赎金，以此来获得资金，维持生存。既然是索要赎金，那些有钱又没有战斗力的富商就成了最佳选择。海盗们会绑架过往船只上的富商，或者直接冲入陆地，绑架海域附近的富商，然后跟富商的家人索要赎金。

绑架富翁索要赎金，海盗也要冒很高的风险，因为富翁是当地政府的交税大户，是受政府重点照顾的，海盗绑架富翁无异于直接表明跟当地政府的态度，是在打脸，说明当地的治安非常不好。不管是出于私利或者公利，海盗绑架富翁都给当地政府提供了围剿海盗的理由，同时当地政府会寻求军队的帮助，派遣军队或者招募大量的勇士去打击海盗，这些都会给海盗带来灭顶之灾。

所以除非迫不得已，很少有海盗会采用绑架富翁索要赎金这种方式，当然那些不遵守规则的海盗不在此列。

爱德华·蒂奇是海盗史上极具传奇色彩的海盗。在安妮女王时代，他还只是民船上一个普通的水手，不过在西班牙王室发生继承战争期间，他则驾驶民船出海，掠夺过往船只，很快便发现当海盗比当水手自由得多，于是自立门户。

在1715年，蒂奇决定攻击英国皇家海军，当时英国皇家海军声名在外，海盗见到海军的旗帜都远远躲开，更别说打海军船只的主意了。但蒂奇是个较为疯狂的人，他不怕，他有信心。此战后，蒂奇的名字传扬四海，“黑胡子蒂奇”成为一个传奇人物。整个大西洋海岸也因此次战役而陷入“海军都无法阻挡蒂奇”的恐怖中，甚至在海域上只要有人提起蒂奇的名字，商船就会主动投降，不敢做半点抵抗。

蒂奇的控制范围越来越广，野心也逐渐膨胀，他决心攻击海港。海港当时由政府军守护，战斗力很强，通常海盗虽然不怕政府军，但毕竟双方交战起来海盗也会损失惨重，因而很少有海盗打海港的主意。

查尔斯顿是蒂奇选定的攻击目标，为北美第四大港口。计划妥当，蒂奇于1718年5月率领海盗船封锁了查尔斯顿。当时美国尚未介入，英国皇家海军也未在附近驻防，政府军战斗力虽强，但跟身经百战的海盗相比，还是差了不少。蒂奇如入无人之境，将海港内的船只全部洗劫一空，然后放火烧掉，同时还绑架了百万富翁缪尔·莱格和他的儿子。蒂奇向查尔斯顿索要赎金，还扬言要踏平查尔斯顿。

不过在1718年秋蒂奇与海军的交战中，原本处于极为有利局面的蒂奇突然死在了海军手里，他的头颅也被悬挂在海军的旗杆上。随着蒂奇的离去，美洲海盗也逐渐衰亡，威名不在。

蒂奇的死有些离奇，原本稳操胜券怎么会突然间死在海军手中。有人认为，是因为蒂奇绑架了富商缪尔·莱格，因此激起众怒，甚至连海盗中也出现对他不满之人，趁战争期间，悄悄与海军勾结谋害了他。

其中的是是非非，随着蒂奇的死去，已经无法探究了，但蒂奇绑架富翁的事实却是有真实记载的。像蒂奇这样绑架富翁的不在少数，甚至有些更胆大的海盗，敢绑架一些大人物，如恺撒大帝。

公元前75年，在今天土耳其南部地区有个很小的水湾，这里雄霸着一些海盗，他们统治这片海域已长达两个多世纪，海域所处位置重要，所以虽然有海盗出没，但仍经常会有船只路过。这些海盗绑架富商，索要赎金的事没少做，但其中的一场绑架却让他们付出了惨重的代价——有海盗团伙绑架了当时还年轻的罗马贵族盖厄斯·儒略·恺撒。

恺撒当时正前往罗德岛，突遇一伙海盗袭击，恺撒并未被海盗吓倒，反而积极帮助海盗、感染海盗，劝海盗索要双倍的赎金。

海盗拿到赎金后，恺撒被释放。等到后来，恺撒大帝派遣军队抓住了当时参与绑架他的海盗，将他们钉死在十字架上。海盗们因绑架而付出了生命的代价。

富商被绑架后，富商家人为了省事通常会选择交钱赎人，因为即使军队去围剿海盗，全歼他们也是件难事，也较易遭到他们的报复。另外，很多海盗都是开着渔船作案，行踪不定，而且到了陆地上，海盗看起来和普通的渔民也无差别，因此想要完全歼灭他们是困难的。这也是海盗史上经常会出现海盗绑架富翁、索要赎金事例的原因。

硬碰硬，激烈的海战

作为海上霸主，海盗们经常会与商船、海军等展开激烈的海战，有时是为了获取钱财，有时则是为了生存，有时则是为了扩大地盘。另外，海盗间也经常会爆发海战，目的都是为了侵占对方的领域，霸占对方的船只，扩大自己的势力和控制范围。

海战是海盗最擅长的，也是海盗能常年逃脱海军围剿的重要原因，在海盗史上，有不少战胜海军的海盗团伙，也有被海军歼灭的海盗团伙，如著名的女海盗安妮·鲍利。在一次与英军的作战中，他因缺少战斗指挥经验而被围困，奋勇杀敌仍未能逃脱被英军俘虏的结局，后来安妮和她的手下都被判处死刑。

罗马人在占领迦太基以及埃及后，成为地中海领域的霸主，没有其他国家的船队能够与之抗衡，不过罗马境内却危机重重，最大的危机来自于海盗。同时被征服的民族不愿意帮助罗马人，而和希腊人联手在海洋上劫掠，当海盗，肆意破坏罗马帝国的稳定。

当时罗马帝国内部分歧严重，国内自由民和奴隶苦不堪言，为了生存，他们也纷纷出海为盗，这些人数众多的自由民和奴隶成为海盗中下层人员的最重要的来源，海盗势力猛然壮大，且野心见涨，他们成群结队攻击未设防的海边城镇，大肆抢夺，绑架城镇比较富裕的商人，扣押他们并索要赎金。

于是，就这样海盗的控制范围逐步变大，从地中海到直布罗陀海峡都有海盗的影子。他们的力量强大到能在罗马沿海附近领域连续抢劫数百个城镇。更严重的是，当时罗马帝国粮食尚未实现自给自足，需要从埃及运。从埃及运往罗马的粮食，大概只有1/3能够顺利抵达罗马，其他的都被海盗劫持了，罗马境内因此出现粮荒危机，再加上两极分化的国情，军人拥兵自重，许多人也趁此机会制造混乱，罗马帝国岌岌可危。

运不来粮食，罗马人开始饱受饥饿折磨，罗马人纷纷谴责元老院，指责他们不称职，指责他们的无能，不能将海盗围剿歼灭，海盗成为罗马帝国最大的不稳定因素。国情危急，元老院不得不将军权交给少数军人来围剿海盗。

最终一位名叫庞培的人获得了统帅的职位，统领一支有10万人之众、拥有270艘战舰的军队，同时元老院还拨付给军队巨额军费，由庞培全权负责围剿海盗的相关事宜。这次军队发动人数之多、战舰之多、军费之多，彰显出罗马帝国围剿海盗的决心。

海盗最怕遇到这样认真对待围剿任务的军队，于是他们也不敢怠慢，积极奋战，或者闻风逃到更遥远的海域。

大军浩浩荡荡开到地中海，在那里，停留着一支海盗的全数主力，当发现军队来围剿时，海盗积极应战，海盗船摆出了四散接应的防御阵型。庞培采用两路突击的战术，同时采用火攻战略。

一声令下，海洋顿时成了一片火海，着火的船只四处都是，不断有船只沉没海底，炮声不断。海盗船有十几艘被炮弹击中，海水不断涌出，海盗们纷纷跳海求生。这一战役，庞培以绝对优势取得了最终胜利，但与海盗相比，军队的损失更大。被击沉的船只达20艘，死伤数百人。整个海洋都被鲜血染成了红色。

此后，庞培率领舰队一路攻击海盗，双方经常发生海战，但无奈军队实力过于强大，多次交战后，海盗再也无法组织起有效力量来对抗军队了。罗马帝国的海盗危机得以缓解。

在有关海盗的影视作品中，人们经常被电影中的海战激烈程度、惨烈程度所惊讶，然而在实际海战中，海战的激烈、惨烈程度有过之而无不及。尤其是当海盗跟海军对抗时，因为是生死之战，双方都不会保留实力，这种海战往往也最残酷。在海战过后，海面上漂浮着很多尸体，鲜血染红了海洋，很是恐怖。

海战是海盗逃不脱的宿命，不过也正是通过一场场海战，海盗才得以成长、变得强大起来，海盗也得以在人类进程史上留下浓重的一笔。

洗劫港口，交锋不可避免

从海盗史中，可以看出海盗们既有共性，也有个性。共性是抢劫商船、绑架富翁，甚至有时还会洗劫港口，那些重兵把守的港口也在此列。个性则是他们的行事方法各不相同、目的不同、抢劫方式不同等，同时在杀人越货、是否具有反抗精神、是否在当地政府支持下展开海盗活动等问题上有着很明显的区别。

但不管从哪个角度来说，一支敢于攻击港口的海盗队伍，在海盗中是很受尊重的，特别是那些顺利攻下港口的海盗，更是成为海盗中的传奇人物，因此洗劫港口也是海盗快速成名的一种方式。一些不知天高地厚的海盗想通过这种方式成名，反而却葬身在港口。

港口具有水陆联运的设备和条件，能够为船舶提供一个运输枢纽，船舶可以在这里靠岸，补充给养、上下旅客、装卸货物、运输物资等。港口“油水”丰厚，也是政府税收的重要来源部分，通常有重兵把守，主要是为了防止海盗偷袭。

因而从军事角度来说，港口并非海盗抢劫的最佳选择，虽然成功攻下港口，所获必然丰厚，但攻击港口的风险太高了。海盗原本就是一群天生爱冒险的人，如希腊史学家布鲁达克于公元 100 年所描述的那样：非法抢劫船只以及沿海城市（包括港口）的人。由此可知，港口也是海盗抢劫的重点对象。

南美洲的南端和南极洲间有道很宽阔的海峡，水很深，由于风力平均在 8 级以上，风浪很高，很多船只在这里都被浪头打翻，因而此地也被海盗称为“死亡走廊”。此海峡的名字为德雷克海峡，是弗朗西斯 · 德雷克在 16 世纪发现的。

德雷克是个颇具传奇的人物，是英国皇家海盗的先驱者，也是极具名气的海盗船长。他于 1540 年出生，在 26 岁那年加入表兄霍金斯的船队前往新世界淘金。当时霍金斯主要做贩运黑奴的工作，偶尔也会打劫落单的商船。

然而天有不测风云，1568 年霍金斯的船队在经过圣胡安港时，突然遭到了西班牙舰队的攻击，损失惨重，约 3/4 的水手在此次海战中牺牲。霍金斯和德雷克满是怒火，这也成了德雷克日后不断攻击西班牙港口的原因。

1572 年，德雷克率领霍金斯重金购买了两艘商船，招募了 70 多名水手，再次重返加勒比海，开启了他的海盗生涯。德雷克将西班牙的港口作为重点掠夺对象，几十年间，德雷克成为西班牙人最咬牙切齿、却又无可奈何的海盗船长。

德雷克首个目标为巴拿马地峡北侧的迪奥斯港，是西班牙商船运送黄金回国的必经之路。在港口有西班牙的重兵把守，德雷克并没有强力攻取，而是将船隐藏在海湾里，静候时机出现。果然，功夫不负有心人，德雷克成功截获了西班牙的一支运输队，这次在港口中虎口拔牙，让德雷克成为海盗传奇人物。

在几十年的海盗生涯里，德雷克与港口打交道次数很多，有些失败，有些成功，但每次洗劫港口，交锋都不可避免。因为港口通常有重兵把守，所以即使成功攻下港口，也要付出很重的代价。

港口与海盗像是天生冲突的两个词语，两者间所发生的故事也在海盗史上留下了浓重的笔墨。

不断进化，海盗的作战方式

作为大海中的抢掠者，海盗自诞生起就一直是那些海上运输航船的噩梦，一旦被海盗盯上就很可能凶多吉少，不但船上的财物会被海盗抢劫，甚至连生命都得不到保障。不像今天的海盗使用的都是落后轻武器，在大航海时期的海盗，其武器的先进程度丝毫不落后于各政府军，先进的海上作战思维甚至成为各国海军学习的对象。

海盗之所以能在海上飞扬跋扈，攻无不克，其中一个重要原因就是武器先进。在大航海时代，从事海上劫掠的海盗的武器主要是短火枪和水手使用的弯刀，这两种武器可以说实现了冷热兵器的高低搭配。尤其是短火枪，在当时绝对可以算得上先进武器。相比长火枪，短火枪更便于携带和在狭小的环境下进行射击，非常适合海盗的作战环境。水手经常使用的弯刀同样如此，这种刀比一般的刀剑略短，刀身呈弧状，更便于近距离劈砍，是海盗们的主要武器。除此之外，他们还配有利于狭小空间作战的匕首，登船时用来砍断索具和网的登船斧，较短火枪射程更远、威力更大的火枪……海盗船上则装备了大炮，可以发射单颗大铁球，也可以同时发射多颗小炮弹，另外还可以发射专门用来对付敌人桅杆的铁链弹——用长铁链连接的两颗大铁球。

这些武器都可以说是当时的顶尖装备。尤其是海盗船上装的大炮，虽然威力相对较小，但是射程远、射击精度高，在英格兰对阵强大的西班牙舰队时，这种大炮就让西班牙海军吃尽苦头，成为英国海军战胜无敌舰队的重要武器。

除了这些先进的武器之外，海盗的作战方式在当时也堪称先进。为了能在海上纵横驰骋，海盗船一般都快速轻便，以便能够成功追赶和拦截海上的商船。在发现目标之后，如果对方的船只装有武器或者有军舰护航，海盗则利用船上装有的威力较小但射程更远的大炮向对方船只的武装进行打击，通过这种不对称的优势来震慑目标船只，迫使对方屈服。或者在遭到对方的顽强抵抗时能够消灭对方的抵抗力量。或者用铁链弹破坏对方船只的桅杆，让对方船只因没有船帆鼓风而失去主要动力而飘浮在海上，成为海盗船攻击的靶子，迫使对方放弃抵抗。

如果同样有远程大炮压制海盗船的话，海盗则利用船只的轻便进行绕行，一方面能够躲避对方炮火的攻击，快速找到有利的射击方位，同时也能给对方造成强大的心理震慑。或者快速靠近目标船只，以发挥短火枪威力。甚至直接登上对方船只，用短火枪和水手刀控制对方船只。

如果一旦发生正面交战，海盗往往会充分利用船只轻便小巧的特点，在移动中对敌方进行攻击，以实现成功躲避敌方炮火攻击的同时，对对方进行打击。

总之，海盗的作战特点就是在速度极快的快帆船的配合下，用大炮在对方武器的射程之外对目标船只的火力进行压制。

如果对方是一支由军舰护航的大型船队，海盗则会通过过对船队的武装船只进行攻击，同时对对方的补给船进行打击或者控制。船队在失去保护或者失去供给来源的情况下，往往很难逃脱海盗的魔掌。

当然，如果对方的战斗力实在太强，海盗则会选择尽快脱离战场，采用游击战术对目标船只或船队进行跟踪，然后再寻找合适的战机。

可以毫不夸张地说，当时的海盗无论是武器还是战法都是领先于各国政府海军的。正是因为看到了这一点，英国皇家海军才专门请著名海盗约翰·霍金斯按照海盗的战法和战船特点来重建皇家海军。英国之所以能在后来战胜西班牙和荷兰这样的海上霸主，雄霸海洋 300 年，就是得益于这次海军重建。

除了海上抢劫之外，海盗也会登陆世界各地的沿海地区进行陆上抢劫。由于在古代，各国政府的陆军一般比较强大，因此海盗一般都会选择合适的目标，在政府军还没有反应的情况下，洗劫一番之后快速逃离。在众多的洗劫目标中，富有而缺乏军队保护的教堂寺庙往往成为海盗的重点目标。

到了今天，海盗的作战或者袭击方式更是先进而多样。他们已经不再像古时候的海盗那样只是通过追击和强攻等方式去劫持和洗劫商船，而是通过先进的设备和侦测完成相关的资料搜集。海盗能够事先了解船上的设备、运载货品、航行路线、船上的人员数量，以便能够在行动时做到心中有数。

为了降低目标船只工作人员的反抗力度，现代海盗利用更加先进的侦测技术，经常选择在夜晚实施抢劫，因为此时商船的工作人员正在休息，一般只留下少数人员值班。海盗登船之后也更容易得手，从登船快速控制船上值班人员、从船长那里拿到保险柜的钥匙，到洗劫现金后快速离开，整个过程往往只要十几分钟，还没等那些正在休息的船员反应过来，这些海盗已经扬长而去了。海盗甚至假扮成警察和政府军，以检查是否有违禁货物为由登船。在登船之后，海盗才会突然动手，将猝不及防的船员迅速控制，实施抢劫和绑架行动。

悄无声息，埋伏在商船必经的海路上

由于一艘远洋航行的商船往往涉及巨大的经济甚至战略价值，更不用说一支远洋船队，其经济价值更是一个天文数字。为了保护商船尤其远洋船队的安全，在很多时候，各国的远洋船队都会配备一定的火力甚至有军舰进行护航，这也给海盗的海上抢劫带来了难度。在茫茫的汪洋大海上，哪怕是一支船队，都不过沧海一粟。在当时没雷达等先进的侦测工具的情况下，要在茫茫的大海上找到一支船队甚至一艘船可以说比登天还难。

此外，一旦海盗船在较远的距离被对方发现，在船只的速度相差并不大，在跟踪途中很容易跟丢的情况下，被海盗锁定为目标的商船很容易逃脱。因此，海盗船在进行海上抢劫时，一般都会在商船必经的海路上静静潜伏，等待商船的到来，而不是在宽阔的水域进行大海捞针式的搜索。海盗除了在那些航海探险家绘制的航海图中标注的航海线路上进行海上潜伏和拦截之外，那些水域狭窄的海峡也是海盗潜伏和拦截商船的理想场所。

其中比较著名的例子发生在1572年，英国著名海盗德雷克召集了一批人乘坐小船偷偷横渡大西洋，在巴拿马地峡潜伏起来，他们在南美丛林里蹲守了近一个月后，最终等来了一支运送黄金的骡队。德雷克率领的海盗团伙抢劫了这支骡队，又抢下了几艘西班牙大帆船，成功地返回了英国，成为英雄，这次成功抢劫可以说是一次经典的海盗伏击抢劫手段的展示。

在大航海时代，英吉利海峡附近可以说是海盗出没的热点海域。这里也成为海盗活动最猖獗的海域之一。像西班牙和荷兰这些首先进行航海探险以及新航路开辟的国家，通过对海上航路沿岸国家和地区的通商，以及在殖民地榨取来的财富被通过海上运输运回国内。

西班牙在当时已经在美洲建立起了广袤的殖民地，该国从美洲殖民地掠夺来的金银财宝通过远洋运输，横渡大西洋运回西班牙国内。这条海上运输航道需要经过英国附近海域，这使得西班牙的航船成为英国海盗重要的劫掠目标。由于当时的西班牙拥有强大的“无敌舰队”，英国的海军则要弱小得多，因此暗中受到英国皇室支持的海盗，就成为英国打击西班牙海上霸权和商业垄断、削弱该国经济实力的重要手段。

当长期受到英国海盗袭扰的西班牙向英国政府提出抗议，要求该国打击海盗时，英国政府都以海盗的抢劫为自发的个人行为为由撇清关系。两国的最终全面交战与英国海盗对西班牙商船的大肆抢掠有关。正是英国海盗这种悄无声息的潜伏，让有着强大实力的西班牙海军防不胜防，最终把气撒在了英国政府头上。

开辟新海域，冒险者的天性

海盗作为大海中的“弄潮儿”，相比一般的渔民，对大海更为熟悉。有经验的海盗往往对大海的方位有着十分敏锐的判断力。此外，作为亡命海上的强盗，他们比常人在海洋之中更具有冒险精神。正所谓“人为财死，鸟为食亡”。通过海上探险前往那些未知大陆，或者沿海国家进行抢劫，其中的巨大利益吸引着海盗们从事海上探险这项事业，况且还有哥伦布这些航海家的成功经验作为激励。

事实上，很多新航路时期的航海家，其海上探险多是在政府尤其是在皇室的支持下进行的。他们资助这些航海家去进行海航探险的重要目的就是去那些新发现的大陆或者沿海国家进行掠夺。在众多的海盗探险家中，来自英国的著名海盗弗朗西斯·德雷克可谓其中的翘楚。

1567 年，德雷克率领船队开始了自己的第一次探险航行。他的船队从英国出发，横越大西洋，到达加勒比海。在大致了解这一地区的海况之后，1572 年德雷克率领一支小型船队横渡大西洋，进入巴拿马地峡，并在那里实施了一次成功的抢劫。随后，德雷克像当年的探险家一样，横穿了美洲大陆，船队最终成功进入浩瀚的太平洋。

1577 年，德雷克以“金鹿”号为旗舰，率船队再次从英国出发，沿着美洲大陆向南航行，沿途抢劫西班牙人的商船。西班牙人发现之后，立即派出自己的海军舰队进行追击，德雷克立即率船队逃往南方。由于西班牙海军封锁了狭窄的麦哲伦海峡，德雷克的船队只得继续向南航行。在一次剧烈的风暴中，他乘坐的旗舰“金鹿”号被狂风吹向更南的位置。这是一片人们从未涉足的地域，自从麦哲伦海峡被发现以来，人们一直认为传说中的南方大陆就是海峡以南的火地岛及其附近陆地，但此时呈现在德雷克面前的却是一片汪洋大海。

德雷克被这意外的发现惊呆了，他很高兴地向大家宣布“传说中的南方大陆并不存在，即使存在，要找到它也必须继续向南方的严寒地域搜寻”，因为这一发现，德雷克当时所在水域至今依然被称为“德雷克海峡”。不过，德雷克并没有继续向南区寻找那片大陆，他的船一直向西横渡了太平洋。德雷克的发现，为后来的航海家最终找到南极大陆指明了方向。

1579年7月23日，德雷克到达了马里亚纳群岛，8月22日穿过北回归线，9月26日回到了阔别已久的普次茅斯港，再次成为“民众的英雄”。这次航行是继麦哲伦之后的第二次环球航行，由于麦哲伦在菲律宾被当地土著人杀死，因此他实际上并没有完全完成这次环球之旅，德雷克却成为第一个自始至终指挥环球航行的船长。

像德雷克这样在新航路开辟方面做出贡献的海盗实际上还有很多，在整个大航海时代，海盗们为了寻找新的财富掠夺目标，或者为了找到更便捷的海上逃生道，甚至为了躲避一些国家的海军的打击，都或多或少地进行了海上的探险以及航路的探索。一些新的大陆和海上航线因此被发现，如果说那些受到政府支持的航海家开辟的海上新航路是当时的航路主干的话，那么海盗在追求财富的过程中所开辟出来的一条条新的航道就是枝叶，海盗在这方面的贡献，也为日后的全球海上运输和航行奠定了基础。实际上，那些受到各国王室支持的开辟新航路的航海家们，也多有搜刮和抢劫财富这种海盗行为，这从哥伦布的称谓“海盗船长”中就能窥见一斑。

利益均沾，与官方合作

很多人之所以愿意到海上过那种刀锋舔血的生活，其中最重要的原因就在于海上抢劫能够为他们带来巨大的财富。很多海盗往往因一次成功的海上掠夺，就能够成为当时社会的大富翁。海上抢劫所产生的巨额财富也让很多国家的官方垂涎三尺，英国王室就是其中的代表。在英国一代明君伊丽莎白一世任内，连年战争以及平时的奢华生活所带来的巨大开销，让英国王室财政吃紧，在捉襟见肘之际，伊丽莎白女王将目光集中在了英国的海盗身上，决定通过王权的干涉和暗中支持来从海盗抢劫来的巨额财富中分一杯羹。

伊丽莎白一世首先参与的支持海盗的行动就是与英国著名海盗约翰·霍金斯合作进行非洲黑奴贸易。这种勾当当时是由约翰·霍金斯开辟的。虽然这种人口的买卖属于一种商业行为，但实际上与海盗的抢劫并没有什么区别。只不过海盗一般抢的都是金银财宝，而奴隶贸易需要到非洲各地区去抢人。

1562年霍金斯从西非捕捉黑人，然后将他们卖到了印度，获得了惊人的利润。了解到情况的伊丽莎白女王出于对利润的渴求，将霍金斯召进王宫进行商谈，表示要对他的奴隶贸易进行支持。

对于女王的入股要求，霍金斯当然不敢拒绝，而且能得到女王的支持也能让他更顺畅地进行奴隶贸易。当然，女王也不是一毛不拔，她把一艘700吨的大船“卢贝克耶稣”号折合为4000英镑的股份，外加3艘小船作为合伙的股份。

伊丽莎白不顾西班牙大使的抗议，在1567年又提供两艘船只支持霍金斯的航行。第二次的成功使霍金斯成为英国最富的人，英国女王也获得了价值不菲的分红。1567年10月，霍金斯第三次航行时，女王提供两艘皇家海军的战舰，德雷克指挥一艘50吨位的小船。不过由于西班牙海军的袭击，这次的奴隶贸易并没有成功，霍金斯的贩奴生涯也因此终结。

船队遭袭的消息传回英国后，由于当时的英国皇家海军实力远不如西班牙海军，伊丽莎白一世选择了隐忍，并没有立即向西班牙宣战，只是派海军没收了西班牙运送军饷的船只作为报复。不过这次事件之后，英国和西班牙之间的关系开始急转直下，这也让英国政府明白，以后无法通过和平的竞争手段去挑战西班牙的海上运输霸权了，双方之间战争的开启也只是时间问题。

虽然西班牙海军的偷袭让英国政府和海盗失去了通过奴隶贸易获取巨额财富的发财之路，但是英国政府和海盗并没有放弃通过抢劫获得财富的想法，在以后数十年中，英国的很多船只都以缉私的名义或者直接以海盗的面目前往美洲大陆，继续疯狂抢劫西班牙美洲殖民地的财富。原来从事奴隶贩卖营生的著名海盗霍金斯转而奉命重建皇家海军，这也从侧面证明了英国王室和本国海盗之间的紧密关系。

在这段时期内，著名海盗弗朗西斯·德雷克成为为英国政府带来财源的功臣。当然，除了袭击西班牙商船获取财富之外，德雷克还通过夺取和占领战略性港口的方式来扼杀西班牙的商业体系。1572 年，德雷克的海盗船队袭击了巴拿马地峡，并同法国海盗合作，洗劫了尼加拉瓜海岸等地区，这次的行动让他将高达 4 万英镑的财物带回英国。

1577 年，德雷克沿美洲东海岸，绕麦哲伦海峡横渡太平洋做了一次环球抢劫的航行，并于 1580 年 9 月 26 日返回普利茅斯，这次行动获得的财富以及在航海领域的非凡意义，让德雷克得到女王亲临其座舰参观和封其为爵士的崇高犒赏。1585 年，德雷克占领了圣多明各，掠走的赃物价值在 25 万英磅以上。德雷克在 1577—1580 年的远征中带回的巨额财富大大改善了英国的财政状况，英国的财政从来没有像 1580—1581 年冬季那样繁荣过，政府竟然有力量还清债务和改善国外的信贷情况。在海军力量因为这笔财富得到大力加强之后，英国的对外政策开始趋于强硬。据估计，女王时代，海盗带回的赃物竟达 1200 万英镑。这一数字在今天看来，对英国政府来说不过是九牛一毛，但在 400 多年前，这却是一个天文数字。这笔财富极大地提升了英国的国力，为该国成为海上霸主打下了基础，也为之后的资本主义发展提供了资本积累。

除了英国之外，其他的欧洲各国王室都或多或少与海盗有着利益联系。实际上，新航路的开辟，就是那些欧洲王室资助航海家去寻找海外的财富掠夺目标，这些航海家在开辟海上新航路的同时，对新发现陆地的财富的搜刮和劫掠，与海盗并没有本质的区别。

私掠许可证，战争期间的官方海盗

在欧洲历史上，有一段非常特殊的时代，我们称之为地理大发现，又名为“大航海时代”或“探索时代”，主要是指15—17世纪的这一段时间。这个时期，好像各个国家都发现了海洋这块神秘广袤且能带来丰厚财宝的吉祥之地，纷纷让船队染指海洋，找寻贸易与合作伙伴。

在远洋探索的过程中，人们发现了许多当时在欧洲不为人所知的新的国家和地区，这些国家也拥有很多曾经并不知晓的宝物。在巨大的经济利益驱使下，即便远渡重洋风险极高，很多国家还是将很多人力物力投资到了航海这一事业上来，以求称霸海上，树立不可撼动的经济与政治地位。

基于这样的环境，一个非常独特的“许可证”应运而生，为大航海时代混乱的海上格局增添了浓墨重彩的一笔。它的名字叫做“私掠许可证”。

“私掠许可证”，从字面上的意思来看就很明了，简单地说就是使抢掠合法的一个证书，只要持有这个许可证，你就可以去明抢。说得书面一点呢，其就是指由国家颁发的，授权个人可以劫掠他国来往船只的证书。而持有这一“证件”出海的船只则名为“武装民船”。

乍一看，这个许可证真的让人感觉不可思议，简直就是强盗逻辑，但是在那个年代，确实被看做国家海上武装力量的一部分。那么这个许可具体是怎样施行的呢?

比如说，一个德国人的商船在荷兰的地界上被抢了，然而走正常途径，他根本无法找到自己的东西，也没有喊冤追查的地方，这个时候，他便可以向自己的国家申请那份私掠许可证。这份证书允许他通过自己的手段来弥补损失，比如捕获荷兰商船。如此，德国无需花费一分一毫，就能够凭空多出一支能够攻击荷兰商船的海上力量。当然，去实施捕获的这支私人力量，必须将“战利品”带回本国，经过检查确认它们是属于合法的猎物，而不是其他中立国家的财产。

这种由国家开具的私掠许可证其实是有严格规定的，首先它就界定了能够非法掠夺的国家范围，一些友好同盟国与缔约国肯定是不会存在其中，而那些有冲突的、长期无法沟通的、彼此觊觎的，便很容易榜上有名。

这一时期，正是欧洲战火连绵的时期，两个国家很容易在今天签订联姻盟约而在次日就翻脸毁约，所以这所谓的“界定”也并非是固定不变的，一旦出海的“武装民船”越过了规定，抢劫了盟约国的船只，就必须承担严重的后果。

然而，在巨大的利益驱使之下，人们很容易会去铤而走险，因此在一段时间内，这些武装民船就成为打着国家旗号的光明正大抢劫的海盗船。船上的船员来历都很复杂，除了正规的水手之外，一定会有一些海盗，这一点想来并不难理解，想要做海盗的工作，当然需要一些深谙其门道的人来参与。

一旦上了“武装民船”，所要受到的管理也是非常严格的，毕竟这是有着国家许可证的船只，还是要受到国家的管理和操控的。但是，就像中国一句古话所说的那样，“将在外，君命有所不受”，一旦船只驶出港口，接下来的事情多半是由船长说了算，更何况如果船长的背后还有更加强大的支撑力量呢？

有人曾戏称，整个英国就是由一群海盗组成的，而伊丽莎白女王则是最大的海盗头子。没错，这位女王就是曾经给予海上船只最大私掠权利的人。

在16世纪的欧洲，西班牙是当仁不让的霸主，而那时的英国，因亨利八世为婚姻问题脱离了罗马教廷，变成了众矢之的。伊丽莎白继承王位之后，对内巩固英国新教的地位，对外则支持更多的国家取得民族独立，因而被西班牙视为“眼中钉”、“肉中刺”。两国之间的关系非常糟糕。

而在海上，倒霉的英国人花了几十年的时间去北美洲、南美洲寻找宝藏，却没有在美洲大肆掠夺的西班牙人那么幸运，白白花去了金钱和时间，却丝毫没有收获。当真是红了眼、妒火中烧的英国人动起了歪脑子：既然找不到，那就去抢那些找得到财宝的人。于是从1585年开始，英国人做起了海上抢劫的生意，每年都有上百艘武装商船出海，专门在大西洋和加勒比海抢劫那些满载而归的西班牙运输船队，将西班牙人从美洲带回来的金银财宝据为己有。据不完全统计，他们每年从海上掠夺的收入可达到20万英镑。

而最让人感慨的是，这些原本看似是私人行为的举动，实际上都有支持者。伊丽莎白女王出于政治目的，颁发了那份赫赫有名的“私掠许可证”，这便让海盗们更是有了肆无忌惮的理由。

在伊丽莎白时代，最为著名的一个官方海盗名叫弗朗西斯·德雷克。他出生于一个贫穷的新教徒家庭，在德雷克5岁的时候，为了躲避宗教迫害，他们全家迁往肯特郡避难。由于家门口就是英国的皇家造船厂，德雷克13岁便上船当学徒工，开始了自己的海上生活。

20多岁时，德雷克跟随表哥霍金斯的船队前往新世界淘金。这时候霍金斯的船队还没有打西班牙商船的主意，但也开始做一些小小的赚钱勾当了。当时西班牙国王下令禁止其殖民地与英国商人进行任何交易，但霍金斯的船队恰恰就是将从非洲买来的黑奴卖到西班牙殖民地去，并偶尔劫掠落单的葡萄牙商船。这个生意虽然有风险，但几年下来，大家还是都赚到了一些钱财。

然而，一次意外，霍金斯的船队与西班牙护航舰队突然遭遇，双方展开了剧烈的交战，霍金斯方损失惨重，这件事情在这兄弟俩心中都蒙上了厚重的阴影，他们暗暗发誓，只要有机会，一定要狠狠报复西班牙。

几年之后，大好的机会来了，德雷克拿到了英女王伊丽莎白秘密颁发的“私掠许可证”，他率领着由表哥霍金斯出资购买的武装商船和兄弟俩招募的70多名水手，重返加勒比海，开始了自己真正意义上的“皇家海盗”生涯。

德雷克首先看中的是巴拿马地峡北侧的迪奥斯港，这里是西班牙船队运送墨西哥及秘鲁出产黄金的必经之地，西班牙人先将货物通过海路运送到巴拿马城，然后用骡马驮运穿过巴拿马地峡的热带雨林，将货物运到迪奥斯港，然后再通过海路运回国。

德雷克打听到，为了防止被抢，西班牙在港口都派了重兵把守，如果在这种地方下手，通常很难成功，搞不好还损失惨重。于是，他决定将自己的船只藏在僻静的海湾处，全部人上岸，在巴拿马地峡的雨林中埋伏，抢劫骡队。

终于，在1573年的3月，德雷克成功地截获了一支骡马队伍，抢得黄金万两，而他也成为一个家喻户晓的传奇人物。

此后的德雷克越战越勇，令西班牙人闻风丧胆，因而得名“猛龙”。在他为伊丽莎白女王效力的几十年间，有人曾这样算过一笔账，女王在德雷克身上每投资1英镑，就获得47英镑的回报。因此，在1580年，德雷克也受封骑士爵位，成为英国历史上著名的有爵位的“皇家海盗”。

然而，这“私掠许可证”虽然给伊丽莎白女王带来了无限好处，但从世界和平的角度上来看，这毕竟算是一个强盗条约。因此，在1856年，很多国家都在巴黎签订了关于废除此项许可证的声明。

洗白，开始当一个绅士

海盗一生纵横海洋，看似潇洒，但实际上海盗是个危险性很高的职业，如果不是迫不得已，很少有人愿意加入海盗队伍。何况成为海盗后，所处的环境并不会变得更好一些，还要时刻担忧可能会没命，因此一些海盗在积累些钱财后，便思考着退出海盗队伍，“洗白”，成为一名普通的百姓或者成为一个绅士。

由于海盗罪行过重，杀人放火如同儿戏，再加上抢劫商船、攻击港口等罪行，相比其他罪行，民众很明显对海盗的容忍度较低，海盗要想“洗白”并非易事。

但也并非全无办法，如通过以下途径，有些海盗可以实现“洗白”，甚至有些海盗“洗白”后还成为备受当地人喜爱的绅士。

方法一：政府赦免罪行，发布赦免文书。赦免指的是减轻或者免除犯罪者的刑罚或者罪责，政府对一个特定团体的囚犯，或者特定的罪人给予减免处罚的决定。这可分为大赦和特赦。

大赦的适用范围较广，赦免罪行的人数也较多，可以免除刑罚、免除刑事追诉，也就是说刑和罪都免除，既往不咎。特赦则是指被特赦的罪行不能再次当做被特赦者受刑的缘由，特赦范围较少，只是免除特定人的刑，但通常不免除其罪。

但海盗要想获得赦免并不容易，是需要付出代价的。有些海盗会选择与政府合作，里应外合将海盗组织一举歼灭，从而获得赦免；有的海盗则是将钱财捐出以获得赦免；有的海盗则是被军队抓住后，侥幸获得了政府的赦免；有的海盗则是要牺牲自由为代价获得赦免等。

事实上，赦免是海盗“洗白”最正规的一种方式，是一劳永逸、永绝后患的“洗白”方式。

如著名的红发女海盗卡特琳娜被捕后，经审判被判处死刑，但民众认为她是无辜的，因此对判罚不服。这件事连国王菲利普三世都被惊动了，在他的授意下，法院重新审理了此案，卡塔琳娜最终被无罪释放。国王还亲自召见了她，赏赐给她封地和钱财，这“洗白”可谓是非常彻底的。

方法二：转行。结束海盗生活，转入其他行业，如做一位普通的渔民，不过加入海盗组织容易，但想从中退出就没那么简单了。通常要付出惨重的代价，如被砍掉一只手，或者削掉一只脚等。如果时机好的话，可以用一个功劳来换取摆脱海盗身份。但转行后，海盗要小心翼翼处事，隐瞒以往的海盗过往，一旦被人识破就不妙了。

方法三：隐姓埋名。如果得不到政府的赦免，也没办法转行，海盗还可以找个机会，悄悄脱离海盗组织，寻一个偏僻之处，隐姓埋名度过一生。不过这种方法不能称为“洗白”，而且风险很高，既要防止被政府识出，也要防止被海盗组织找到，私自逃脱在海盗中可是大罪，被找到即使逃过一死，也难逃重罚。

“洗白”后，也许海盗成天处于生死危机中，对凡事都看得开，再加上当海盗期间的所见所闻，更是使他们有着无数谈资，放下水手弯刀和火枪的海盗，反而较易成为一个受人尊重的绅士。只是这由海盗转变为绅士的路并不好走。

逍遥法外，那些无可奈何的通缉令

自16世纪之后，只要是沿海商业发达的地方，就一定会有海盗出没。而这些海盗的主要特点在于，他们都是有组织、有纪律、有等级高低的一群人，他们有良好的装备，有分工合作，有一整套完整的打劫和逃亡计划，并能够找到合适的地点躲避和销赃，这就为海盗蒙上了一层神秘的面纱，更给那些为海盗头疼不已想要将他们一网打尽的国家出了个大大的难题。无数的通缉令发出去，无数的赏金在诱惑，却很少有人能够真正地抓到哪个著名的海盗。那些让人闻风丧胆的海盗，似乎成为大海的宠儿，只听得到他们兴风作浪，却很少听到他们认罪伏法。

欧洲各国一面花钱豢养着能为自己效力的皇家海盗，一面对于那些神出鬼没的海盗深恶痛绝，因此不管在哪个国家，只要抓到海盗，一定是处以极刑，毫无情面可讲。正是因为这样，长期干海盗这个职业的人，更是钻研出很多躲避追捕的方法，以保证他们用命挣来的钱能够有命来花。“猫捉耗子”的游戏从未停止过。

历史上，一些著名的海盗都曾令同时代的人闻风丧胆，也令后来人津津乐道。原因在于，很多人只是听说过他们的名字，口口相传他们的相貌，却很少有人真正见过他们的模样，因为他们实在是太难被抓到了。

为什么海盗会如此地神出鬼没难以找到呢？原因很复杂。

首先，一些强大的海盗组织在发展过程中，逐渐摆脱了散兵游勇的状态，他们有着自己的情报网络，负责情报的人不但要为组织提供往来商船的信息，同时还要负责打听哪个国家、哪条线路、在哪个时间段会开展抓捕行动。信息的准确程度来源于情报工作人员的素质，而他们是否会兢兢业业地工作，则来源于是否能得到应得的奖励。一个好的海盗头目，最懂得的不是如何抢劫杀人，而是如何管理好自己的队伍，让合适的人在合适的位置发挥最大的作用。重要的是要做到得人心，才会免去被出卖的可能性。

其次，海盗们拥有精良的武器装备。这些装备让他们即便遭遇海军，也能够对抗并争取到逃亡的机会。而这些装备，当然得益于他们抢劫来的各类财宝。

再次，每一个海盗头目其实都是优秀的航海家，他们除了有野心、够狠毒之外，无一不是在海上经历过大风大浪的人，他们熟悉海洋的变化，也熟悉航线道路，甚至知道很多神秘的避风港，这更是为犯事后的脱逃提供了方便。

因此，通缉令虽存在，很多时候却对海盗们无可奈何。

要说起最著名的海盗通缉令，首数威廉·丹彼尔的通缉令。他是一名英国人，见习水手出身，后来应征入伍成为一名皇家海军。然而，似乎军旅生涯并不能让威廉感到愉快，21 岁时，他加入了西印度群岛的海盗集团，正式成为其中一员。

威廉是一个非常聪明而且有胆量的人，在随队伍四处打劫的过程中，他很快崭露头角并受到大家一致赏识，成为海盗船长。但这位船长却并不醉心于金银珠宝，而是对水文气象尤其感兴趣。根据多年的航海经验，他写成了一本名为《新环球航行》的书，在当时引起了极大的轰动，这真是与其他海盗的行为方式大相径庭。

后来的威廉再度成为皇家海军军官，受命指挥军舰考察南太平洋，并发现了如今的澳大利亚，绘制了完整的南太平洋地图。

如此一位亦正亦邪的海盗头目并没有死于海浪或血雨腥风中，而是平静地病逝于伦敦的公寓里。而关于他的通缉令，也成为废纸一张。

在海盗这个群体中，出现女人并不奇怪，然而能够以此为生并做到头目位置的女人，那真是少之又少。

唐·埃斯坦巴·卡特琳娜便有着西班牙海盗女王的称谓，她原本是巴塞罗那船王的女儿，但却受不了父亲为其安排的修道院之路而离家出走。为了安全起见，卡特琳娜剪掉了自己火红的长发，穿起男人的衣服，开始女扮男装谋生。在错手杀死自己的哥哥之后，卡特琳娜走上了海盗之路，以逃避过去的生活和记忆。

以男儿身份混迹于船上多年，直到船长战死，这时候的卡特琳娜在船员中已经有了很高的威信，于是她恢复了女儿身，并在大家的拥戴下成为新的船长。

作为海盗，卡特琳娜必定要靠抢劫为生，然而因为眷恋故国，所以她严令禁止自己的队伍打西班牙船只的主意。可惜混迹海洋多年之后，她还是在一次西班牙和英国的联合围剿中被捕。

卡特琳娜在马德里受审，不用说一定是判处死罪，然而曾经受过她救助的民众竟然为她求情。事情传到了西班牙国王菲利普三世的耳朵里，而国王也出面为卡特琳娜求情。最终，这位红发女海盗被无罪释放，在故土终老。虽然曾经“荣登”通缉榜，然而最后的结果对于卡特琳娜来说，仍是幸运的。

对于出生于英国朴茨茅斯的亨利·艾福里来说，情况可完全不一样。熬过了见习水手的日子，亨利做了近20年的奴隶贸易，在40岁时登上了西班牙的“武装民船”，成为船上的大副。1695年春天，亨利所在的“武装民船”正在海上漫无目的地搜寻法国商船。他听说托马斯·图在东方发了财，内心激愤不已，随即发起政变，夺了船上的主导权，正式将这一艘“武装民船”改为海盗船。随后，亨利又招募了五艘“志同道合”的海盗船，有了自己规模不小的船队。

1695年8月，亨利率领自己的船队成功袭击了印度最大的船队“冈依沙瓦”，缔造了印度洋上以少胜多的经典。这一战引起了英国和印度之间剧烈的国际冲突，亨利也“光荣”地拿到了海盗通缉令，成为英国的头号通缉犯。

第二年，因为一些特殊的原因，亨利的海盗集团宣布散伙。他的同伙们刚刚登上英国的土地，就被等在那里的人抓捕了，可是唯独亨利不见了踪影。他这一消失，便成了永恒，此后再没有人见过他，更没有人抓到他，而他的行踪也永远成为一个谜。

除了列举出来的这几位，在世界各地的海盗中，还有无数不知下落的海盗，他们背着无数该承担的后果，消失在历史的长河中，给人们留下无数的问号，也给文学创作者们提供了无数的创作原型。然而，真正的他们究竟躲到了哪里，或许唯有拍打岩石的海浪能够知道答案。

第七章　危险而浪漫：艺术作品中的海盗形象

《荷马史诗》中走出来的海盗英雄

《荷马史诗》诞生于公元前 8 世纪，是古希腊文明的集中体现。它由《伊利亚特》和《奥德赛》两部分组成，讲述了一场著名的战争——特洛伊战争。长诗中塑造了许多英雄人物，最受人们爱戴的就是不朽女神之子阿喀琉斯和智者奥德修斯。

故事还要从特洛伊战争讲起。在遥远的古希腊城邦时期，小亚细亚古国的王子帕里斯造访希腊半岛的斯巴达城邦，爱上了一位有夫之妇，这位美人不是别人，正是斯巴达国王墨涅拉俄斯的妻子海伦。海伦美丽绝伦，有着“人间第一美女”之称。帕里斯王子对她一见钟情，还诱拐她逃出斯巴达。墨涅拉俄斯恼羞成怒，与哥哥迈锡尼国王阿伽门农一起联合希腊各城邦，组成希腊联军海上舰队进攻特洛伊，不料这场战争一打就是 10 年。

故事《伊利亚特》就是从这第十年开始的。主人公阿喀琉斯因赫赫战功被立为希腊联军的第一英雄，然而他却因联军统帅阿伽门农夺去了她心爱的女俘而退出战争。没有了阿喀琉斯的相助，联军节节败退，而代替他出战的好友帕特罗克洛斯则被特洛伊主帅赫克托耳杀死。阿喀琉斯悲愤交加，重新回到队伍，最终杀死了赫克托耳，替好友报了血仇。

诗中并没有记载战争的结局，但根据希腊神话传说，阿喀琉斯后来被特洛伊王子帕里斯用箭射中致命弱点脚后跟而死。英雄已死，但智者奥德修斯却想出一条绝妙的攻城妙计——木马计。他命人造了一个空心的大木马，将希腊士兵藏于其中，置于特洛伊城外。特洛伊认为那是天赐神物，便稀里糊涂地将木马拖入城中。夜晚，木马中的士兵与城外埋伏的联军里应外合，攻陷特洛伊，至此结束了长达10年的战争。

《奥德赛》则讲述了"特洛伊战争"之后，伊大卡岛的国王也就是"木马计"的英雄奥德修斯返回故土时的海上历险。原来，奥德修斯因献"木马计"触怒了海神波塞冬，海神让他迷失海上，漂流了10年。10年间，他的王宫被贵族青年们侵占，财产被挥霍，妻子被霸占，奥德修斯则凭借智慧和勇气战胜重重困难，回到故乡，驱逐恶人，与家人团聚。

于是，两个英雄人物的事迹随着《荷马史诗》得以流芳千古。然而，仔细研究史诗不难发现，阿喀琉斯和奥德修斯的英雄事迹，除了出谋划策、英勇退敌以外，更多的是乘船远航，抢掠金银，而这不正是海盗的行径吗？

例如在《伊利亚特》第九卷，阿喀琉斯曾亲口说：“航海途中，我攻陷了12座都城，到达了陆地，我又劫掠了大约1座城市。我掠夺了大量的战利品，全部运回来交给阿特柔斯之子阿伽门农。”

奥德修斯作为一国之君竟也有着相同的经历。他的伊大卡岛王国，实际上就是一次次通过驾驶船舰掠夺财富而建成的。《奥德赛》第九卷至第十二卷描写了奥德修斯在海上的历险过程。当时，他抵达的第一站是地中海沿岸的伊斯马罗斯城，登陆后他干的第一件事就是将这座城洗劫一空。而后，他还引以为荣地夸耀这种卑劣的行径：“离开特洛伊之后，海风把我推到了基科涅斯人的伊斯马罗斯城堡，我捣毁了它，并杀了众多的市民，得到了他们的妻子和数不尽的财富。”他还明目张胆地向费埃斯克岛上的居民索要他们根本无力承担的贡品，而这无异于海盗打劫的行为。

即便是史诗中对“特洛伊战争”的描述，在我们看来也不过是以掠夺为主的海盗行为。导火线看似是美艳绝伦的王后，但战争的真正目的却被涅斯托尔一语道破——为了追求财富。贯穿战争始终的，就是对财富的掠夺和瓜分，一旦战胜，那一方就变成了强盗，开始瓜分财宝和奴隶。阿喀琉斯和阿伽门农之间的矛盾也是因为利益分配不均引起的。

有趣的是，《荷马史诗》对这些卑劣的行径似乎毫不在意，而是一味赞叹和着力突显那些伟大的英雄人物的英武雄姿、赫赫战功，以及行侠仗义。这是我们在艺术品中第一次遇到海盗，虽然当时并没有“海盗”一词。或许，因为当时的社会条件正需要像他们一样攻城略地的“英雄”来促进海上贸易的发展，而当时已经相当发达的造船技术、手工业等也促使着一批批海盗如英雄般聚敛财富，推动希腊城邦的发展。于是，这有史以来的第一批海盗，借着《荷马史诗》的高歌吟咏，不但没有像后世的海盗那样臭名昭著，反而因英勇机智而受到英雄般的礼遇。

《金银岛》，跟着海盗冒险

自19世纪初伟大的海上英雄威尔逊打败战功赫赫的拿破仑后，他就成了维多利亚人心目中最伟大的人物。而与这位英雄并驾齐驱，一起被父母们当成教育典范的还有史蒂文森的《金银岛》。

故事发生在1876年，正是海盗盛行的年代，书中的主人公吉姆刚满16岁。吉姆的父亲在黑山海湾开了一家名为“本葆上将”的小旅馆，据说本葆将军是17世纪末期英国一位著名的海军将军，小旅馆以他的名字命名足见吉姆的父亲对他的尊敬和爱戴。吉姆就是在这样的教育熏陶下长大的。

有一天，旅馆来了一位身材魁梧、脸上带疤的客人，十分引人注目，原来这位就是有名的皇家海盗比尔船长。吉姆立刻迷上了这位神秘的船长，他喜欢听比尔船长讲自己的故事，尤其是那些听起来十分吓人的经历，比如罪犯被处以绞刑、海盗被绑住双手蒙住眼睛走跳板、平静的海面突起大风暴、遍布骸骨的西班牙墓穴，这些故事令吉姆又怕又爱，更给他平凡又枯燥的生活增添了不少新鲜感和刺激。

紧接着，吉姆的生活被一件计划之外的事打乱了。比尔由于饮酒过量和过度惊吓而猝死旅馆，吉姆却在比尔身上发现一张藏宝图，宝藏竟然是大海盗普林特船长的遗物。于是，吉姆和一群人开始了一场寻找金银岛宝藏的故事。

然而，出乎所有人意料的是，在这支寻宝队中竟悄悄混入了一帮乔装成水手的海盗，其中最阴险狡诈的就是水手西尔弗了。为了这次航海探险，吉姆做足了准备，甚至邀请利弗希医生跟他们一起，以防有人染上疾病。可是，灾难还是接踵而至，大家在航海的途中历尽千辛万苦，遇到了千奇百怪的事。最严重的是那帮海盗们的集体叛乱，最要命的是发生了足以令人丧命的疟疾。

吉姆在这次历险中充分发挥了他的智谋和勇气，不但战胜天灾，而且智斗穷凶极恶又狡诈阴险的海盗，最终取得了胜利。《金银岛》是一部不折不扣的青少年励志成长小说，小主人公对人友善、善恶分明、机智勇敢的人格魅力，通过探宝、夺宝和得宝的曲折复杂的过程充分体现出来，在这一过程中人们能够完全感受到他从一名不谙世事的少年成长为一个真正的男子汉的艰难历程。

吉姆从小就有一种对财富的强烈占有欲，这种占有欲显然不是来自他那极具小农意识的父亲，而是来自海盗比尔。机缘巧合下，吉姆结识了这名海盗，海盗委托吉姆留意独腿水手的出没，代价是每月付他一枚4便士的金币。吉姆从小备受噩梦的困扰，但这件事却让他有了想要克服噩梦恐惧的决心，而且他为能通过自己的劳动而获得财富备感自豪。不久，父亲因为贫困郁郁而终，这反而印证了吉姆的选择是正确的。吉姆鼓足勇气返回旅店探察比尔尸体的那个晚上，他就已经彻底告别了懦弱和胆小。后来吉姆租船寻宝再到发家致富就成了顺理成章的事。

这期间，吉姆的身心得到第二次升华，这要得益于他有意无意中偷听到海盗西尔弗的谈话。当他从西尔弗的嘴里得知自己手里握着一张藏着巨大宝藏的藏宝图时，他反而没有表现出独占财富的贪婪，而是异常理性地去找医生和乡绅，他的冷静甚至超越了乡绅。在寻宝船上，吉姆再一次无意听到一个重大秘密，以西尔弗为首的海盗团伙在船上蓄谋哗变，这时吉姆的内心生出一种强烈的责任感，他深深感到“船上所有诚恳之人能否活命就只能靠我自己了”。他果然做到了，他悄悄将消息透露给船长等人，让他们事先做了充分的准备以应对海盗的图谋。

吉姆的第三次成长是在他冒险登岸后再次遇到西尔弗等人时，这次他彻底看清了他们的残暴本质，离揭示成人世界的黑暗面又近了一步，于是心里暗暗发誓要铲除海盗。这让他下定决心同恶势力搏斗到底，最终满载财富而归。

至此，吉姆完成了从一开始向往海盗，到与海盗划清界限，最后与海盗决裂并势不两立的华丽变身。

《金银岛》将海盗的卑劣和他们的航海生活详细描述出来，对后世产生了极大的影响。如果说中国的孩子是看《西游记》长大的，那么美国的孩子就是看着《金银岛》长大的，可以说《金银岛》是有史以来最好看的海盗小说。就像史蒂文森在小说的序言中提到的，这是一个“适合男孩子看的故事”，但更为客观地说，《金银岛》这类海上冒险故事为维多利亚时代的男性追求的帝国霸业提供了意识形态支撑，它们灌输给年轻读者的是充满自信的英国绅士形象，他们清剿海盗，开疆拓土，迎合了大航海时代下殖民奋斗的意识和决心。

辛巴达航海，追求自由的冒险情结

航海家辛巴达的故事最初来源于阿拉伯著名故事集《一千零一夜》，讲述了航海家辛巴达 7 次航海，从一个名不见经传的穷小子，因向往自由的航海生活，在经历种种磨难、渡过重重危险后，成长为大富豪的故事。

这个故事经过电影、电视及游戏的多次改编后，辛巴达已经成为航海冒险家的代名词，而事实上辛巴达的所作所为已经超出了一个单纯的航海冒险家的行为，更为客观地说，他无异于一个以追求和憧憬自由的航海生活为理想、以聚敛财富为目的的海盗。

“辛巴达”这个名字出自波斯语，原意是指印度河，其原型大概来源于当时的印度水手，这些水手以出色的航海技术、丰富的地理知识和语言而出名。

辛巴达的故事是这样开始的：在哈里发哈伦·拉希德统治时期，巴格达的一个穷困的搬运工有一天突然停在一个富人的门口歇脚，看着富人奢侈的生活，小伙子突然心生不平，抱怨为什么这世上有钱人就能过得逍遥自在，而他每日辛苦劳作却依然贫穷。巧的是，富人的名字同他一样也叫辛巴达，富人辛巴达听到了穷人辛巴达的抱怨，于是请他到房间一叙。

富有的辛巴达开始向穷人辛巴达讲述他的发家史，原来他曾经也是个一贫如洗的穷人，经过7次离奇的航海经历后，因缘际会才变得富可敌国。以下便是他7次的航海经历。

第一次决定出海时辛巴达还很年轻，为了生计决定不顾一切背井离乡去经商，谁知刚下海就遇到一个小岛般大的大鱼，结果掉落海中差点淹死，最后被海水冲到一个树林茂密的小岛上才得以生还。当他在探索这荒岛时，遇见国王的马夫。辛巴达于是帮助马夫搭救了正被海水淹没的国王的母马。马夫为了报答辛巴达，就带他去见国王，辛巴达于是成了受重用的大臣。一天，辛巴达在海难中遗失的船突然搁浅在了这个小岛上，并幸运地拿回了自己的货物。辛巴达于是将他的货物献给国王，作为回报，国王回馈给他丰厚的礼物。在向国王辞行后，辛巴达满载而归回到巴格达，将一船的稀罕玩意卖出一个好价钱，从此过上了逍遥自在的生活。

然而，辛巴达很快厌烦了这种无所事事的生活，航海的惊险刺激激励着他再次出海航行。第二次航行中，他又意外地跌落海中，这次海水把他冲到一个有巨鸟蛋的岛上。他把自己绑在巨鸟蛋上，被带到一个山谷。不料山谷中有能吞下大象的巨蛇，而巨蛇又是巨鸟的猎物。

但这个危险的山谷却覆盖着数不尽的钻石。为了得到钻石，商人们向山谷扔大块的肉，钻石于是粘到肉块上，而肉又被鸟带回巢穴。商人们则赶走大鸟，收集肉上的钻石。辛巴达奇思妙想，用皮带把肉绑在背上，大鸟于是把他带回巢穴，这样他十分轻松地就得到满满一大袋的钻石。满载而归的辛巴达这次成了富可敌国的巨贾，有一辈子都花不完的金银，但他很快又厌倦了枯燥的生活。

第三次航行，辛巴达在猿人山遭遇凶残的猿人、巨大的食人怪兽和食人巨蟒，靠着非凡的勇气和智慧，才得以逃脱。

第四次航海中，辛巴达来到一座小岛，被岛上的食人族俘虏，差点沦为午餐，受尽折磨后来到一个国家，并在那里干起了教人制作马鞭的营生，赚了大钱。在这里，他还迎娶了美丽的新娘，可是又差点成了妻子的陪葬。

第五次出海，辛巴达的船被神鹰袭击沉没，他漂流到一个荒岛上，差点丧命，好不容易脱身后来到一座城市，学会了利用猴子来摘椰子的技巧，又赚了不少钱。

第六次航行，辛巴达差点因船触礁沉没而饿死在荒岛上，但最终他凭借坚定的信念逃离绝境，成了某个国家的重臣，并代表这个国家去朝觐哈里发而得以返乡。

第七次的航海，辛巴达的船遇到鲸的袭击，船沉后他漂流到荒岛。于是，他制作小船逃生，来到一座繁华的大都市，在这里生活了 27 年，结了婚并继承了一大笔财产，最终又回到了自己的故乡。

至此，辛巴达已经从一个无意中卷入冒险生涯的商人成长为一个乐于冒险、勇于探索又有些莽撞的冒险家，也是一个向往着自由的海盗式英雄。

从客观意义上来看，海盗无非就是非法聚敛、掠夺他人财富，然而从主观意义上来说，海盗则是对自由与冒险的海上生活的一种向往。辛巴达的故事之所以流传至今而不衰，就是因为他始终激励着人们心中那个不安分的追求自由的理想。社会生活的规范化，社会分工的精细化，都要求人们必须安分守己、安于一隅。要想追求真正的自由，做自己完全喜欢的事，就首先要达到财务自由的状态，没有继承，就只能创造。然而创造财富的过程一定是极其艰险的，正如辛巴达一样奋不顾身地去追求，又像海盗一样去冒险。其中苦乐自知，又有多少人能像辛巴达一样最终达成所愿呢？

芭蕾舞剧《海盗》，正义的使者

芭蕾舞剧《海盗》诞生于19世纪浪漫主义盛行的时期，故事取材于英国诗人拜伦1814年的作品《海盗》。年轻时的拜伦为了追求自由而开始了他的东方之旅，在旅途中创作了一系列被称为“东方叙事诗”的诗歌，而《海盗》便是其中的代表作之一。拜伦一定没有想到，在他创造《海盗》40年后，作曲家阿道夫·亚当为这部诗歌谱了曲，编导马季里耶则将它搬上了芭蕾舞台。从那以后，该剧又经过彼季帕、戈尔斯基等人多次的修改重排。至今，《海盗》已成为欧美国家许多著名剧团的保留剧目。

舞剧《海盗》的故事以土耳其人占领希腊为大背景，讲述了海盗首领康拉德和渔家姑娘米朵拉的爱情故事。这个题材即便在现在看来也是别具一格的，更别说在那个盛行不切实际的“仙凡之恋”的浪漫主义时期了。人人闻风丧胆的大海盗却拜倒在一个渔家姑娘的裙下，没有王子和公主优雅而浪漫的相遇，故事就是这样既新奇又不脱离实际。

背景：风浪无情地拍打着爱琴海岸。一群海盗正同土耳其占领军顽强地搏斗着，宁死不屈。突然，海上掀起了一阵狂涛巨浪，桅倾船覆，海盗船瞬间消失在巨大的海浪中。

第一幕：海盗首领康拉德和他的朋友阿里、比尔邦托挣扎着上了岸，一旦获救，疲惫感突然而至，令他们全部昏倒在海滩上。不久之后，风暴停息，渔村的姑娘米朵拉、勾尔娜拉来到海边，发现了昏倒在那里的康拉德。善良的姑娘们赶在搜捕海盗的士兵们到来之前将其隐藏起来。可是，姑娘们却因此不幸地落入人贩子阿赫麦特之手。

场景转到港口的奴隶市场，人贩子阿赫麦特开始拍卖姑娘们和沉船后被俘的海盗。总督巴夏于是收走了大部分的海盗，他在占有勾尔娜拉后，又相中了美丽的米朵拉。正在这时，族长突然出现，并一把甩下身上的斗篷，原来他不是别人正是海盗首领康拉德。康拉德带着他的伙伴救下被俘虏的海盗，并且抓走了人贩子阿赫麦特，米朵拉也因此获救。

第二幕：场景转到海盗聚集的山洞。海盗们为了庆祝这短暂的胜利而在山洞举行宴会。而此时，康拉德与米朵拉的爱情正悄然而至，二人相爱了。康拉德命令海盗们护送被俘的姑娘们回家，并将一些战利品分赠给她们，但米朵拉决定留在康拉德身边。比尔邦托嫉妒康拉德和米朵拉成双成对，于是起了贪念，不想放姑娘们回去，为此与康拉德大吵一架。心怀恶意的比尔邦托趁机煽动众海盗反对康拉德，然而大多数海盗甘心屈从于康拉德及其忠诚朋友阿里的正义与威严，最终比尔邦托并未得逞。

这时，被海盗俘获的人贩子阿赫麦特看到了生机，为了挑拨海盗们的关系，他向沮丧的比尔邦托献计，让他用药熏倒康拉德，他好趁机杀死康拉德，并掳走米朵拉献给巴夏。比尔邦托的阴谋得逞，苏醒后的康拉德与朋友阿里决定拯救米朵拉。

第三幕：场景转到巴夏的总督府。被人贩子掳来的米朵拉在这里见到了女友勾尔娜拉，巴夏则在后花园里寻欢作乐。康拉德与阿里等众海盗扮作僧侣深入巴夏府中，终于寻到机会袭击成功。康拉德找到叛徒比尔邦托，决斗中康拉德将他刺死，而后与米朵拉幸福重逢。

最后，众海盗与获得自由的奴隶们远远地望着爱琴海，康拉德、米朵拉、勾尔娜拉与阿里正向着自由扬起风帆。

文学作品中的海盗形象总是那么侠肝义胆且深入人心。当正义勇敢的“侠盗”与美丽善良的渔村姑娘终成眷属时，该作品最终还是被披上了一层浪漫主义的薄纱。作为芭蕾舞剧来说，该剧不仅在情感故事上有所突破，更打破了芭蕾舞剧一直以来以女舞者为主角的常规。一开场就冲出来一群英勇无畏的海盗，乘风破浪地与侵略者进行顽强抵抗，激烈的打斗场面，为爱情和正义而奋不顾身，为朋友两肋插刀，惩处叛徒的大快人心，都让这部芭蕾剧因这十足的正气而征服人心。

潘赞斯的海盗，名扬百老汇

《潘赞斯的海盗》是一部描写海盗生活的滑稽音乐剧，最早于 1879 年在百老汇上演。1981 年经过重新制作，这部剧重获新生，在百老汇名噪一时且享誉至今。1981 年 1 月 8 日重新制作的剧目在百老汇的剧院开始公演，一共演出了 772 场，在当年的托尼奖上一举拿下 3 个奖项。1983 年，原班人马再次出演的电影也受到好评，而扮演海盗王的凯文・克莱恩借此登上电影之路，后来更成为电影界赫赫有名的奥斯卡影帝。

这部怪诞的音乐剧讲述的是一个尚未出师的海盗的故事。弗雷德里克刚出生时，父亲将他托付给保姆露丝，让她把他培养成一名领航员，露丝却会错了意，把领航员（pilot）听成了海盗（pirate）。于是，弗雷德里克就阴差阳错地被露丝送进了海盗窝里，等露丝意识到自己的错误时，再也不敢回去面对弗雷德里克的父亲，于是一同留在了海盗窝。

当弗雷德里克年满 21 岁，长大成人就意味着可以出师了，然而弗雷德里克却另有想法，想要脱离海盗窝了。照他的说法，他从前是因为要履行学徒契约才不得不与海盗们厮混在一起，但如今学徒期满，他完全可以把自己的真实想法告诉大家了。于是，在生日宴会上，他宣布他爱他们，且这是一种“无法表述的爱”，但他又极其憎恶这整个集体，因为他们是人人听起来就讨厌的“潘赞斯海盗”。而且，他还宣布，一旦回到文明社会，他就有义务剿灭他们。

当弗雷德里克向一起生活多年的海盗们说出这番狠心的话后，没想到海盗们却完全不在意，甚至海盗王都安慰他说，想做什么就做什么，只要他认为自己的行为是符合良心的。而其他海盗也纷纷表示他们根本没有指望弗雷德里克会留下来，因为这个行当太不赚钱了。海盗为什么会不赚钱呢？弗雷德里克仗义地指出了其中的缘由：首先他们从不劫掠孤儿，因为他们自己本身就是孤儿，孤儿去劫掠孤儿是不道义的事。这件事早已经传开，结果他们想要抢劫的每一艘船都成了装满孤儿的船。

弗雷德里克于是要求海盗们跟他一起回到文明世界去，然而海盗王却说虽然海盗不是什么光荣的职业，但同“那些高贵的人比起来，它还是要诚实得多。”他反而为弗雷德里克担忧，因为他“前往的是一个充满欺骗的世界……那里的海盗都是些生活富裕却狡诈阴险的人……”

露丝这时向弗雷德里克告白，说自己爱上了他，并表示要跟他一起回到文明世界，海盗们也乐得将这唯一的女人送走，于是海盗们起航离开了。海岸上只剩下弗雷德里克和露丝。露丝要弗雷德里克娶了她，但他犹豫不决，因为他除了露丝外从未见过其他的女人，所以无法判断露丝是否是个好女人。露丝于是立即保证，自己绝对是一个“淑女”。可就在此时，一群少女从海滩经过，弗雷德里克立刻被她们妖娆的身姿、漂亮的脸蛋迷住了，于是不住地赞叹“哪怕是其中最平淡的也那么可爱。”弗雷德里克于是对露丝的欺骗行为十分愤怒，当下就撵走了她。而他也藏了起来，生怕自己海盗的装束吓坏了姑娘们。

姑娘们很高兴能在这无人的海滩上自由嬉戏，于是打算脱掉衣服下水玩耍。弗雷德里克出于强烈的责任感立刻站出来，警告她们这种行为有多危险，可能会有人偷窥。姑娘们感谢他的警告，于是他趁机表示自己到晚上就不再是个海盗了，所以恳求她们其中的哪位做他的妻子，这样就不会再被露丝纠缠了。

这时，梅布尔站了出来，指责姐妹们不该对此无动于衷，她表示她的心向着这个可怜的羔羊，决定要帮助弗雷德里克回到正道上来。但梅布尔的行为遭到其他姐妹的质疑，如果弗雷德里克不是那么英俊的话，她们怀疑她是否还会这么热心。

姐妹们觉得她们有义务监督事情的进展，但又不想逼迫得太紧，于是就闭着眼睛谈论她们自己的事，装作看不到弗雷德里克和梅布尔的动作。二人相见恨晚，倾心相诉，结果弗雷德里克忘记了警告姐妹们海盗就在附近。于是，海盗们一上岸不费吹灰之力就把姐妹们都掳走了。

海盗们正高兴得忘乎所以，认为自己终于有了婆娘，但梅布尔却警告他们，他们是斯坦雷少将的女儿。正在此时，少将赶了来，将自己吹嘘了一番后，想出了一条拯救女儿的妙计——他谎称自己是一个“寂寞的孤儿”，全靠女儿们为他养老送终。海盗们被少将的“悲惨故事”打动，海盗王表示虽然他们是一群粗人，但并非没有感情。于是，少将和女儿们都得以释放。这时，人人唱起赞歌，歌颂海盗行业的光荣。弗雷德里克和梅布尔也得到了大家的新婚祝福。

傍晚时分，少将在新买下的特雷摩根城堡的残破祠堂里，向先祖们乞求原谅，因为他令祖先蒙受了耻辱，并向弗雷德里克坦白自己并非孤儿，是为了欺骗“头脑简单”的海盗们并得救才撒了谎。现在他非常害怕，所以只好让弗雷德里克去讨伐他们。弗雷德里克于是信誓旦旦地说要在午夜之前“赎回他无意中犯下的同这群害人精同流合污的罪行”，然后以清白之身迎娶梅布尔。

弗雷德里克向海岸上的警察小分队发出信号要他们赶到现场，但在危险面前他们却非常害怕，以至于大嚷大叫，唱进行曲来给彼此打气。姑娘们于是上前鼓励他们，但这毫无用处。最后，在少将的催促下，警察们才极不情愿地“为了荣耀和坟墓”去了。

这时，弗雷德里克在海上遇见了迎面而来的海盗王和露丝。海盗王说在他离开后，他们的生活无聊至极，连讲笑话都没法开心起来，于是他们要来把他带回海盗窝。海盗王说他突然想起来弗雷德里克是在一个闰年的2月29日出生的，四年才过一次生日，算起来他今年不过只有5岁。既然当初说定他要在海盗群里待到21岁生日，那他就还应该回到他们中间再待上60年！

听到这个惊天霹雳，弗雷德里克绝望极了，但他认为也只好这么办了，因为契约就是契约。责任感还迫使他揭露了少将并不是一个孤儿的事实，于是海盗王发誓一定要当晚杀死少将。

在弗雷德里克的内心深处，现在只剩下一件事，那就是向梅布尔讲明真相。他是这么告诉梅布尔的，他决心要忠实地履行“严格的责任”，这“不会有任何耻辱的阴影遮盖住你的名字”。梅布尔决心同样忠实地等到他最终能合法地离开海盗的那一天。他们一起歌唱他们忠贞不渝的爱情和彼此的献身，发誓要忠心相守，“直至结婚，直至地老天荒”。

直到这时，警察才赶到现场，梅布尔于是向警长说明了情况有变。警察不理解为何弗雷德里克要突然转变立场，更不理解梅布尔为何在这种情况下还执意要等候弗雷德里克。但他们决心要靠他们自己去抓获海盗，并唱道：“人民警卫的职责要严守，警察的日子却不好受。”

警察们远远听到海盗们的脚步声，便藏了起来。海盗们手持武器和工具，想来打开少将的城堡，准备“不做海盗做小偷”。可是他们却不像他们想象的那样静悄悄。少将非常警觉，立刻起来查看祠堂，但他什么也没听见，于是若有所思地咏叹起夜间的清风。女儿们听见动静出来看父亲何以这么晚了不睡觉，却遇见突然出现的海盗。少将和梅布尔请求弗雷德里克救她们，可是他没有办法。正当海盗王要将少将就地正法时，警察从埋伏的地方冲了出来。一番打斗后，警察被轻易制服了。

聪明的警长这时突然以维多利亚女王的名义向他们呼吁，海盗们听了竟然立刻放下武器投了降，原因是出于对君主的忠诚和爱戴。少将于是下令逮捕海盗，露丝却勇敢地站出来，说这些海盗们压根儿就不是普通人，实际上是上院的议员，是“犯了错的贵族”。听了海盗们的身世，少将于是劝说海盗们都回归社会，“恢复他们的地位和立法职责”，并娶他的女儿们为妻。姑娘们对于这桩突如其来的婚事也满心雀跃。故事就这样在大团圆中结束了。

在这出剧中，海盗的形象既不是恶贯满盈的强盗，也不是侠肝义胆的英雄，但他们也同样是可爱的，就像他们自己说的，他们遵守约定，坚持原则，有些傻，有些憨，还很迂腐，但也因此显得十分可爱，且至少比文明社会那些高贵的人诚实得多。海盗形象在这出剧里又被赋予了新的意义。

镜头里的海盗，为自由献身

进入21世纪，海盗的身影早已不见，文学作品中也鲜少提到这个已经消失的行当，然而随着好莱坞电影《加勒比海盗》的热映，全球的海盗风又势不可当地刮了起来。与其说提到海盗无人不会想到这部风靡全球的电影，倒不如说正是借着这部电影人们才再次想起海盗。无论是故事情节还是人物形象，《加勒比海盗》都成了经典中的经典。

17世纪中期，正是海盗遭受打压，开始走向没落的时候。故事的主人公杰克·斯派洛看上去是个混迹在加勒比沿海镇子上不务正业的小痞子，但其实他的真正身份是一名海盗，曾有一艘自己的爱船“黑珍珠”号，率领着众多的手下纵横海上劫富济贫。可惜，他不小心中了船长巴博萨的招儿，不但“黑珍珠”号被抢走，本人也从此一蹶不振，堕落到在小镇子上买醉度日。

某天，当地地方官漂亮动人的女儿伊丽莎白被可恶的巴博萨船长劫持。原来，巴博萨自从杰克手里抢走“黑珍珠”号后，他和手下的人就全部中了一个古老的诅咒，即每当月光照在他们身上，就会变成一帮活动的骷髅。就在这时，巴博萨偶然看到伊丽莎白身上佩戴着一个徽章，根据书上的记载，那个徽章正是解开咒语的关键，这才将她掳上了船。

伊丽莎白青梅竹马的男友威尔是个铁匠，得到消息后前去求助于曾是海盗的杰克。杰克一听是他不共戴天的敌人巴博萨劫走了伊丽莎白，立刻答应了这个请求。一个为了救美，一个为了夺船，两人于是合伙偷了一艘号称英国舰队最快的帆船，同巴博萨在美丽而危险的加勒比海上展开一场惊心动魄的追逐战。

在影片中，杰克船长是一副时常翘着兰花指、说话怪里怪气、走路摇摇晃晃的痞子模样，深深的黑眼圈、破烂不堪的海盗服和从来不会遗忘的那顶破旧的海盗帽都成了他的标志。如此人物为什么会这样深入人心，受全世界观众的喜爱呢？其实他时而幽默时而搞怪的性格、对友谊的忠诚不二、交战时的从容不迫都是很重要的原因。

杰克在同威尔偷船时，与英国舰队展开了一场恶战，你会发现他常常会运用机智化险为夷，总能在关键时刻来一个诙谐的逃脱。在阴谋交错的加勒比海盗的世界里，以“目的”来解释人的行为似乎更简单，有的人为了财富，有的人为了荣誉，有的人为了爱情、亲情，只有杰克仅仅是为了自由。

在影片的开头我们就看到了杰克的那份悠然自得，他驾着一艘独木舟般的小船漂泊在茫茫大海，迷失了方向、没有了食物都没有关系，但船竟然漏水了。我们的杰克船长却仍旧不以为意，只是悠闲地爬到船桅上看了看远方，而后再下来继续用帽子向外舀水，直到夕阳西下时，海平面上出现一根缓缓沉没的船桅，以及挺直腰杆站在上面的杰克船长，仍旧望着远方在沉没中前进。

杰克的心思无人可以猜透，他的行动无人可以预测，而且他压根不具备一个让我们认同的正义目标，他生来仿佛就是为了冒险；他的一切战斗都是为了乐趣，他救人不是出于道义，而只不过为了顺便，他玩起欺骗、背叛、见风使舵和过河拆桥来，比片中任何一个大反派都要娴熟。

然而，杰克看似捉摸不定，但其实都围绕着一个无比清晰的线索，那就是为了自由。在第二次落入荒岛后，杰克和伊丽莎白在海岛上的篝火边饮着他最爱的朗姆酒。而后，杰克醉醺醺地说："But what is a ship，what the Blake Pearl really is，is freedom."（一艘船的真正含义，黑珍珠的真正含义，是自由。）在整部影片中，这好像是他唯一一次正经说话，尽管带着浓浓的酒气，但他的眼神突然变得那么认真，立刻迷倒了所有人。是的，他只是为自由。

所以，他拒绝为戴维·琼斯做船工，因为他不想失去灵魂的自由；所以他千辛万苦在大海上寻找"黑珍珠"号，因为没有"黑珍珠"号他的自由就是不完整的；所以他坚决地留给伊丽莎白一个潇洒的背影，因为爱情只会让他的自由受限；所以他总是在"开火"的命令下达后，补上一句"为了自由"，因为对于每一个海盗来说，唯有自由能激发他们的无限斗志。

其实，整部影片就是一个为追求自由而进行的一次次的华丽冒险。杰克是彻彻底底的自由派，伊丽莎白同样是个自由主义者。在伊丽莎白心中，杰克是自由的象征，她并非为另有新欢而爱上杰克，而是向往那种海盗的自由生活。虽然身体里没有流淌着海盗的血液，但她却比威尔更渴望当一名海盗。最后，虽然二人得到了渴望已久的爱情，却失去了享有爱情的自由，威尔以“十年一见”为代价换取父亲的自由。所以，无论是伊丽莎白还是威尔最终都注定不能成为海盗，失去了自由的海盗还算什么海盗，只有杰克才是真正的海盗。

杰克船长还有一点吸引人的地方，那就是自始至终都没有泯灭良知。善良是人类最重要的美德，虽然上帝将它分配得不均，但每个人身上或多或少都有这一品质，即使是海盗也不例外。杰克是个臭名远扬的海盗，也常常自诩自己是这世上最后一个海盗，但我们却看到他即使在逃亡时也不愿意伤害他人，就算是对敌人也不例外。

海盗有海盗的法则，他们往往比那些自以为正义的人有着更加可贵的品质。所以，杰克船长和铁匠威尔之间的友谊、船长和伊丽莎白之间的友谊、伊丽莎白和铁匠的爱情都在追求自由和保持善良的前提下茁壮成长，更抓住了观众的心。

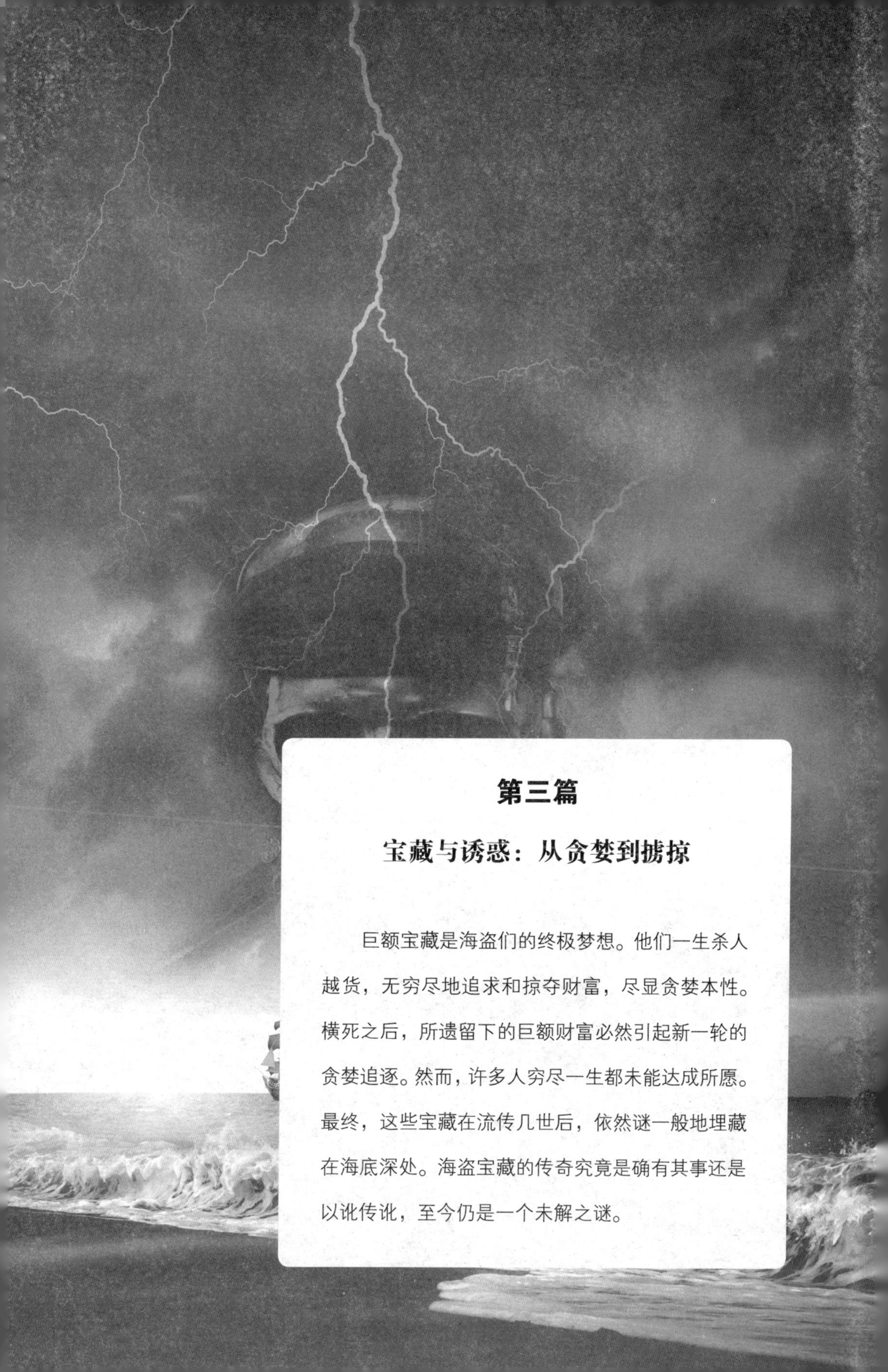

第三篇

宝藏与诱惑：从贪婪到掳掠

巨额宝藏是海盗们的终极梦想。他们一生杀人越货，无穷尽地追求和掠夺财富，尽显贪婪本性。横死之后，所遗留下的巨额财富必然引起新一轮的贪婪追逐。然而，许多人穷尽一生都未能达成所愿。最终，这些宝藏在流传几世后，依然谜一般地埋藏在海底深处。海盗宝藏的传奇究竟是确有其事还是以讹传讹，至今仍是一个未解之谜。

第八章　海盗列传：令人闻风丧胆的海洋霸王

亨利王子：大航海时代的第一位英雄

提起历史上的大航海时代，首先值得铭记的应该是葡萄牙所进行的远航事业，而提起葡萄牙的航海事业，就不得不提到他，一个被后世尊为“航海家”的恩里克王子，即亨利王子。

在15世纪初期，虽然航海技术已经有了很大的提高，但航海事业仍旧有着常人难以想象的艰苦，而且风险极大，很少有贵族阶层的人涉足这个领域。但相貌俊朗的亨利王子却相中了这个行当。亨利王子是葡萄牙国王若奥一世的第三个儿子，自幼就对政治不感兴趣，向往自由的他对海洋探险充满了渴求。从很早开始，他就远离政治，在葡萄牙最南部的一个叫萨格里什的小村子定居下来，这个地方也成了他进行航海探险的大本营。在那里，他创办航海学校，搜罗学者，购买航海仪器，精心挑选了葡萄牙一流的探险家和英勇无畏的水手。

1415 年，亨利王子任统帅突袭休达，事先摩尔人对此一点也不知情，结果仅用了一天时间休达就被攻陷，而亨利王子只阵亡了 8 人。这件事后来被史学家认为是葡萄牙人向外扩张的开端。

1418 年，亨利王子在圣文森特海角建立起航海基地，1419 年，亨利王子派出他仅有的一艘横帆船探险队出海，向南寻找几内亚。然而，船被海上的大风带到了西方，于是他在那里发现了马德拉群岛，亨利王子随后将该群岛归属葡萄牙所有，并于 1420 年派出殖民船队进行了占领。

1427 年，亨利王子的船队向西南探险发现了亚速尔群岛；1432 年，亨利王子派出 16 艘船，船上载着数百人和一名牧师，连同几十头牲畜抵达亚速尔群岛，在那里进行殖民的同时也为后来的远洋航行提供补给。

1434 年，在经过几十次的尝试后，亨利王子的远征队越过了非洲的博哈多尔角，这使得欧洲人的世界地图又往南延伸了一部分。

亨利王子的探险活动就这样伴随着掠夺和殖民展开，无异于海盗行为。1443 年，亨利王子还在克拉格斯，即今天的尼日利亚首开奴隶贸易。这个贸易后来受到葡萄牙国王的批准，拥有垄断奴隶贸易的权利，并豁免其上缴国库。1444—1448 年，葡萄牙海盗捕获的黑人奴隶达 927 名之多。这些殖民者将奴隶运到欧洲市场进行公开拍卖。从这之后，这些被贩卖的奴隶数字呈逐年递增的趋势。奴隶们被拍卖后多数在宫廷贵族、富商地主家做仆役，少数在西班牙银矿当矿工，或在葡萄牙南部地区进行农业劳作。

亨利王子所进行的这些海盗活动，给他带来了足够的收益用以补贴长期远洋航行的经费。也正是金钱上的成功，使得亨利王子的计划从“异想天开”变为得到大范围的支持。此时，无论是经费还是舆论上，亨利王子都得到了保障，于是加快了远洋的步伐。

1458年，亨利王子最后一次参加征服北非的战役，攻占了休达以西的阿尔卡塞。1460年，亨利王子因病在他的航海基地谢世，享年66岁。亨利王子终身未娶，他的性格严谨而坚定，生活朴素。他对人类的贡献远远超过任何一位航海家。同时，他还是一位基督徒，在他看来，到未知的地域进行探索，对那些未得到上帝教化的人进行教化是他身为基督徒的职责。传说，他是一个纯粹而严肃的修道式的人物，从不会把时间浪费在身外之事上。在他的生命中唯一重要的似乎就是他的航海事业。在他死后，为了表示对他的永久敬仰，葡萄牙人民为他建立了纪念碑，并设立“唐·阿方索·恩里克王子勋章”，表彰那些对葡萄牙本土做出卓越贡献的人。直到今天，亨利王子的名号依然同航海事业和人类历史上的大航海时代紧密相连。

走上绝路的贵妇：第一个女海盗

贝利维夫人本是法国贵族，她有两个儿子，过着优越的上流社会生活，然而究竟发生了什么事，使得这样一位贵妇人做了海盗呢？

1335年，贝利维嫁给法国贵族青年贝利维·德·克利松，并为其生下两个儿子。但不幸的是，就在那个年代，英、法拉开了百年战争，法国国内战争也随之而来，这将贝利维的丈夫也卷了进去。

1349年，贝利维的丈夫落入法王菲利普六世之手，并被判死刑。失去丈夫后，贝利维夫人万分绝望，随之而来的是要为枉死的丈夫报仇雪恨的强烈愿望。于是，她将两个儿子叫到跟前，让他们立下毒誓要为父亲报仇。可是当时的环境根本不允许他们有任何作为，每走一步路他们就会受到国王手下人的监视，于是她萌生了逃离法国的想法。在一个恰当的时机，她带着儿子们搭乘一条走私船到了英国，在那里得到贵人的引荐，得以每天造访圣詹姆斯宫，期待得到爱德华三世的召见。

终于，爱德华三世召见了她，并给了她三艘战舰。从此，贝利维夫人开始在英吉利海峡进行海盗活动，仇恨让她将一切怒火转化到对法国船只的疯狂打劫上，就连法国国王的舰队也不放过。她从一个优雅的贵妇，瞬间变成手持利斧的悍妇，她杀害了无数法国人，用他们的血祭奠亡灵。

贝利维夫人的海盗舰队战无不胜，给法国的商业活动带来了无法估算的损失。法国国王和法国商人每次谈论到英吉利海峡中出现的这位女海盗无不战战兢兢的，称她是英吉利海峡的“凶残母狮”。

法国一连多年都对这头母狮无计可施。最终，法国国会在各方面的要求下通过了一项决议，把贝利维永远驱逐出国，同时没收她在法国的全部财产。菲利普六世对贝利维更是恨之入骨，宣布一定要将她带回来受审，更表示活要见人，死要见尸。

被派出来的法国舰队在海上展开撒网式的搜索，贝利维几次被发现并受到追击，但都成功逃脱了。某天，海盗船再次遇到政府的战舰，贝利维被四处包围，只能做奋勇一搏了。当天色渐暗，夜幕悄悄来临时，双方都极度疲劳。贝利维的小儿子也在战斗中不幸身负重伤，母性点燃了贝利维的怒火，她亲自指挥作战，突围了出去。她带领几名水手和负伤的儿子乘上一叶小舟，神不知鬼不觉地逃离了战场。逃跑的过程十分仓促，大家根本没想到带水和食物，因此一连几天都不得不忍受着寒冷和饥渴。死神悄悄靠近他们，第一个死去的就是贝利维的小儿子，不久水手们接二连三地死去。

就在贝利维认为已经走到绝路时，她突然发现眼前出现了一片大陆。这是法国的布列塔尼，正是贝利维死去的丈夫为其效忠的人让·德·蒙福尔的领地。蒙福尔搭救了女海盗和她为数不多的同伙，给了他们栖息之地，并使他们成功躲开了当局的追捕。最后，这位威震英吉利海峡的女海盗头子嫁给了贵族高吉·德·别恩特利，从此这位凶悍的母狮又变回了优雅的贵妇，但发生在英吉利海峡上的故事却长久地流传了下来。

巴巴罗萨王国——"红胡子"兄弟的传奇人生

既然海盗史可以追溯到荷马时代，那么我们就不能再以狭隘的眼光认为海盗只有活动在北欧的维京人、加勒比海上的杰克船长、英国的"御用海盗"德雷克了。事实上，地中海和北非也早已有海盗活动，腓尼基人、希腊人、罗马人都是驾船航海和打家劫舍的高手。

从 16 世纪起到 19 世纪初，北非的海盗更是远近闻名，几乎控制了西地中海所有的商业和交通。不但如此，北非的海盗还建立了世界史上绝无仅有的海盗王国——巴巴罗萨王朝。而它的建立者正是"红胡子"巴巴罗萨。

1466 年，巴巴罗萨诞生于希腊米蒂利尼的一个陶工家庭，他是 4 个儿子中最小的一个。这个陶工家庭虽然并非阿拉伯人，却皈依了伊斯兰教。时至如今，人们也不知道"红胡子"是如何走出这个平凡的陶工家庭，成长为一名江洋大盗的，甚至都不知道他的真实姓名。

我们只知道，当时的奥斯曼土耳其帝国针对神圣罗马帝国默许了海盗活动，或许年幼的巴巴罗萨就是这样跟随父兄上了海盗船的。真正成为一名海盗，是巴巴罗萨在西班牙争夺王位战争期间，上了东印度群岛的一艘英国武装民船而开始的。在其中的一次战争中，巴巴罗萨被俘，且被押送到罗得斯岛。不过，他成功越狱了，当他再次回到海盗船上时，他已经成为首脑人物，并阻止了一次反叛，抢了一艘海盗船，插上了自己的旗帜。

就这样，巴巴罗萨开始驱船四处寻找猎物，但没想到的是，他第一次捕猎就震惊了整个地中海。原来，他截获了世界上最具威望、最有权势、最富有、收藏品最多的人——罗马教皇尤利二世的船。教皇的船被劫，这在笃信上帝的基督教世界闻所未闻。教皇在震怒之余，只能下达通缉令，然而茫茫大海，哪里还有巴巴罗萨的影子。强大的西班牙人借此机会染指北非，他们巧妙地避开海上交锋，而是从陆地上攻占奥兰、阿尔及利亚等多个海盗地点，将巴巴罗萨团团围住了。

尝到甜头后的巴巴罗萨变得更加肆无忌惮，他乘着海盗船四处杀人越货，无所不为。但是，这种日子不知过了多久，突然有一天，他厌倦了常年漂泊的生活，幻想着在陆地上建立起基地，占山为王。

从15世纪中叶起，曾强大一时的哈夫斯王朝已经由盛转衰，到了16世纪初已经深陷危机，处于内忧外患的境地。当时的哈夫斯国王于是同巴巴罗萨达成了一项协议，即将杰尔巴岛等岛屿廉价卖给他。这正是巴巴罗萨想要的，于是立即应下了这桩买卖。

杰尔巴岛是突尼斯最大的岛屿，长27公里、宽26公里，面积为510平方公里。哈夫斯王朝同巴巴罗萨所签订的协议恐怕无论对王朝本身还是对海盗来说都是始料未及的。自从有了根据地，巴巴罗萨的海盗活动更加猖獗了，杰尔巴岛上的海盗兄弟越来越多，在装备上也“鸟枪换炮”，从单打独斗的海盗船发展成为一支庞大的能征善战的舰队。

1516年，西班牙国王去世，巴巴罗萨卷土重来，趁机占领阿尔加尔，并废掉阿尔及尔王，自立为阿尔加尔苏丹，史称“巴巴罗萨一世”。

就这样，世界上绝无仅有的海盗王国诞生了，杰尔巴岛不仅成为海盗进行抢劫远征的基地，还一度成了地中海地区国际政治的活动中心。从此以后长达 3 个世纪，海盗们摇身一变，借此参与政治，操纵时局，驰骋于更广阔的政治舞台。

为了巩固地位，保障国土的安全，巴巴罗萨转而向土耳其寻求援助，为了得到土耳其的庇护和支持，他正式承认土耳其苏丹的最高权力。依附于土耳其这棵大树下，巴巴罗萨的海盗行为更加猖獗，而对土耳其来说，巴巴罗萨这支庞大而能征善战的舰队无疑更能大大增强土耳其的对外扩张力量。随着实力的不断扩张，巴巴罗萨已经不再把攻击和抢劫的目标仅仅局限于公海上的船只，而是积极与阿拉伯人联合，开始对欧洲各国的地中海港口实施大胆的袭击，特别是对西班牙船只的袭击更是毫不留情。

巴巴罗萨的行为惹怒了西班牙帝国，他们绝不容许一个海盗头子沐猴而冠。于是西班牙国王查理五世派出 1 万精兵，要他们联合马耳他骑士团，对海盗展开围剿，把巴巴罗萨和他的部队包围于特累姆森。1512 年，巴巴罗萨怒发冲冠，向不日伊发动了攻击，结果被砍掉了一条胳膊。养伤期间，他的弟弟海尔·丁继续指挥作战。

1518 年 8 月 17 日，西班牙贵族卡马雷斯利指挥军队向巴巴罗萨的队伍步步紧逼。在毫无准备的情况下，巴巴罗萨不得不带着海盗们紧急撤离，但西班牙人并没有因他的一退再退停止追击，反而一追到底，直抵阿尔加尔，双方展开了激战。

据说巴巴罗萨在激战中为了转移追击者的视线，边走边撒出黄金白银。然而，当他成功渡河后，看到身后他的那些海盗兄弟被西班牙人残忍屠杀，竟产生了愧疚之感。于是在明明知道返回河对岸就是死路一条的情况下，巴巴罗萨还是返回去了，同他的“红胡子”兄弟们浴血奋战，最终死在了血流成河的战场。当时，同他一起战死的海盗有1500名之多。

如果我们以此认为巴巴罗萨王国就此覆灭的话，就大错特错了。就连当时的西班牙都没有办法庆贺巴巴罗萨的死，因为他们还要继续面对一个全新的，甚至更危险的人物，他就是巴巴罗萨的弟弟海尔·丁。比起哥哥，新一代的“红胡子”更加聪明，更为狡诈，更有谋略，在组织能力和政治手腕上也更为成熟。

1518年，海尔·丁正式投靠奥斯曼土耳其帝国，承认土耳其苏丹的最高权力，宣布自己为其藩属，同时自封为巴巴罗萨二世。奥斯曼土耳其赠给他精兵2000人，他本人又招兵买马4000名，借着这些兵力，他攻占了阿尔及利亚港口波尼、科洛和舍尔舍勒，并迫使当地人交纳贡赋。有了土耳其苏丹这个强大的靠山，巴巴罗萨二世全力以赴投入到对西班牙的战斗中去，他残酷地对西班牙各港口实施洗劫，掠夺财富、人口，实行“焦土政策”。所到之处，留下的是残垣断壁和“魔鬼海盗”的骂名。

1526年，西班牙人企图夺回阿尔及尔，但当时的海尔·丁的实力已经不可小觑。距阿尔及尔不远处的一个小岛上有西班牙的佩农堡垒，不断向他展开强大的火力，但海尔·丁善于调兵遣将，轻松夺走了几艘西班牙船只。这次大获全胜后，海尔·丁并没有返回阿尔及尔，而是前往突尼斯，在那里展开了海盗式的战斗。1529年，海尔·丁用新买的几百门大炮连轰6昼夜，攻下了阿尔及尔港口的孤岛佩农要塞。

然后，他下令拆除要塞工事，以基督徒奴隶为劳力，用石头修起一道堤，将岛屿与陆地连接起来。

在海尔·丁统治的17年岁月里，他在地中海西部建立了国家规模的海盗统治地位，没有遇到强有力的反抗。1533年，海尔·丁被正式任命为奥斯曼帝国海军元帅，有权指挥全部帝国舰队。第二年，他便将西班牙人全部赶出北非。西班牙在遭受一连串失败后，由查理五世组织起一支冒险队进行反打击。在巴塞罗那，一队队德国士兵、西班牙士兵和意大利士兵走上了多利亚统帅的军舰。查理凭借这些力量，占领了突尼斯。

1535年7月21日，查理五世凯旋入城，放纵士兵们如海盗般进行扫荡掠夺。负责守城的海尔·丁逃之夭夭，继续在海上进行海盗活动。1538年9月25日，在希腊西海岸，西班牙军队同巴巴罗萨展开激战，海尔·丁大获全胜，成为地中海权力无限的霸主，而历史上悠久的丝绸之路被切断，盛极一时的威尼斯从此一蹶不振。

此时，巴巴罗萨二世无论在荣誉、地位、财富上都足以福荫子孙后代，因此他决定不再冒险，而要安享晚年。同时，他明白阿尔及尔和杰尔巴岛并非他颐养天年的好地方，于是选择定居土耳其首都伊斯坦布尔。在那里，他一直保有阿尔及尔统治者的头衔，并始终作为奥斯曼帝国苏丹苏里曼一世的宠臣，受到极大的优待。

1546年7月4日，海盗海尔·丁离开人世，被葬在博斯普鲁斯海峡的金角湾，每一艘经过此处的土耳其船都会降帆鸣号，他得到了空前绝后的殊荣。

海尔·丁去世后，出现了一个又一个的巴巴罗萨王国继承人，这些继承人都力图保住这个海盗国家在地中海的地位。但事实是，他们之中没有一人在能力和手段上能同“红胡子”兄弟相媲美的。所以，随着土耳其势力的衰弱，海盗们逐渐变成真正的官员和士兵，在大海上消失了。

驰骋大西洋：海洋魔王弗朗西斯·德雷克

在所有海盗中，很难用一句话来概述其一生的或许就是弗朗西斯·德雷克了。他既是凶残的海盗，又是伟大的探险家，同时还是杰出的海军将领。他曾击败过无敌舰队，被政府通缉过，摇身一变又成了英国海军的“御用海盗”。德雷克的一生充满着矛盾纠葛。

1540年，德雷克出生于英国德文郡一个贫苦的农民家庭，没有任何背景，他于是先从学徒干起，而后通过自己的努力成为水手。由于家境贫寒，德雷克13岁时就到海上跟随他的表兄弟霍金斯从事贩卖黑人的三角贸易，航行于大西洋与西印度群岛之间。由于得到表哥的器重，他很快就独自指挥一只船，开始了海盗生涯。

当时的英国正向着资本主义全力发展，然而由于原始积累不够，还算不上航海大国，更难与海上霸主西班牙抗衡。而西班牙早在15世纪时期就开始赞助探险家进行航海，伟大的航海家哥伦布就是在那时发现美洲大陆的。后来，麦哲伦又完成了环球航行。这些壮举令西班牙对海洋的认识远远超过了其他国家，也正是西班牙率先进入美洲的。在占领了美洲，毁灭了阿兹特克和印加这两支玛雅后裔后，彻底控制了南美大陆，包括秘鲁的金矿。葡萄牙则开进了印度。为了垄断亚洲和美洲的贸易，他们封锁了航路，严禁其他国家的一切船只的来往。许多国家的船只甚至连太平洋都没有见过，太平洋变成了西班牙的私海。欧洲其他一些国家虽然有怨气，却是敢怒不敢言，只能通过金三角来发一些小财。

英国女王伊丽莎白对此进行了长久的思索，最终认为要想征服这片混乱的海洋，海盗是个不可缺少的力量。于是，在女王的默许下，那个时代成了海盗的黄金时代，而且他们抢劫的主要对象就是西班牙的商船，夺取西班牙在美洲获得的财富。非但如此，女王还多次投资和参与海盗的远征，气得西班牙国王直跳脚。

1567 年霍金斯决定第三次远航，归途中遭遇大风暴，“伊苏斯”号漏水而被抛弃在大海里。霍金斯被迫来到委拉克路斯港，结果与西班牙舰队相遇，对方当场开了火。作战中，霍金斯损失了 3 艘船，只剩下“明翁”号和“尤季菲”号带着霍金斯和德雷克逃了回去。经过这次失败，二人决心要向西班牙人报仇雪恨。不过，这次的历险让他们在英国变得无人不晓，连女王伊丽莎白也记住了他们的名字。

1569 年，德雷克开始第二次探险航行，他从加勒比海到达中美洲，当然，沿路也掠夺了不少西班牙船只。1572 年，伊丽莎白女王正式授予德雷克捕掠西班牙船只的许可证。于是，他带领两艘海盗船出海，向着被称为“世界金银库”的德迪奥斯港出发。沿着当年的探险家们走过的轨迹，德雷克横穿美洲大陆，第一次见到了浩瀚的太平洋，而后在南美丛林停靠。蹲守了一个月后，德雷克抢劫了运送黄金的骡队和几艘西班牙的大帆船，然后英雄般凯旋了。这次偷袭的成功，增加了德雷克和女王的信心，至少证明西班牙人并非牢不可破，他们的利益也绝非不可侵犯。从此，英国以海盗为武器，开始了与西班牙的海上争霸。

1577 年，在女王和枢密院的授意和支持下，德雷克决心要打破西班牙在太平洋的独占地位。然后，他率领着 5 艘船只开始做周游世界的第三次航行。11 月 15 日是出发的那天，从普利茅斯港起航。一开始的航行并不顺利，先是遇到大风暴，因为损失惨重不得不靠港避风。在杰尔莫斯港，他抛弃了两艘无法航行的船。大风过后，剩下的 3 艘船也不得不重返普利茅斯进行整修，直到 12 月 13 日才重新起航。

第二年 8 月中旬，舰船沿着寒冷多雨、迂回曲折的南美海岸南下，抵达通往太平洋的麦哲伦海峡。自从 50 多年前麦哲伦第一次穿过这个海峡以来，西班牙的水手再无人敢穿过它。果然，德雷克的船队在这里遇上飓风，一艘船沉没，一艘船折回了英国，但德雷克率“金鹿”号继续航行，终于发现了合恩角。

11 月 25 日，德雷克停靠在一座小岛补充淡水和食物，却和岛民发生误会，交战中德雷克的右眼受伤。12 月 5 日，德雷克抵达南美的智利海岸。对于驻守在这里的西班牙人来说，德雷克犹如神兵天降，令他们大为惊恐。1579 年 2 月 13 日，“金鹿”号抵达西班牙在南美大陆的统治中心秘鲁首都利马。在这里进行一番抢劫后，德雷克沿南美海岸向北航行，一面寻找机会抢劫遇到的西班牙船只。一路走来，德雷克成了令西班牙人恨之入骨的海上“魔王”。

1579年4月15日，德雷克驶进墨西哥的瓜塔尔科，这是他在美洲西海岸进入的最后一个西班牙港口。据说，当时的“金鹿”号已经装满了珍宝，所以当船员们再劫掠时只拿黄金和珍珠，白银则抛之脑后。

然而很快，他们又遇到了坏天气，不得已在一个小海湾里滞留下来，那个海湾由此得名“德雷克海湾”。然后，他沿着麦哲伦所走的路线航行了3个月，抵达马鲁古群岛，装载了贵重的香料。之后，德雷克绕过好望角，在出航3年后，于1580年9月26日返回普利茅斯港，成为第一个环球航行的英国船长，也是继麦哲伦后第二个环球航行的人。这次航行的成功也意味着：太平洋再也不是西班牙一家的天下。

关于德雷克带回来的财宝，一开始全部保存在女王的珍宝库中。之后，女王很快指派了一名官员来登记和查封这些财宝，于是这批珍宝到底有多少，除了女王和德雷克外无人知晓，两人究竟怎样坐地分赃更是一个谜了。

自从德雷克之后，英国有了直通美洲的航线，这直接增强了英国人的海上力量，当然也进一步恶化了英国和西班牙之间的关系。为了鼓励和公开支持德雷克，女王甚至亲自登上德雷克的旗舰表示慰问，授予他爵士的封号，而这条战功赫赫的船也被纪念性地永久保存下来。

1576年，英国和西班牙因为尼德兰的问题发生重大冲突，面对西班牙的挑衅，女王大为恼怒，立刻派出德雷克，对西班牙进行大规模的海上武装袭击。1578年，英、西海战正式爆发。英国用仅有的34艘战舰，根本无力对抗西葡联盟。正在危急时刻，德雷克率领他的25艘海盗船犹如神兵天降，将西班牙的“无敌舰队”打了个措手不及。最后“无敌舰队”只有一半的船只，不足1万人逃回西班牙，且都是半病半死的状态。在西班牙人眼中，德雷克成了恐怖的代名词，就连小孩子一听到他的名字都会吓得不敢出声。这次作战的成功，严重挫败了西班牙和葡萄牙的海洋霸权。德雷克因他的赫赫战功被封为英格兰勋爵，这个头衔让他获得了海盗史上的最高荣誉。

紧接着，德雷克的仕途顺风顺水，先是当了普利茅斯市长，后又被选为国会议员。此后，他又数次奉命出海，袭击西班牙在美洲的殖民地，抢劫的财物不计其数。据说，英国从海盗活动中劫掠的财富总计达 1200 万英镑之多，而其中单德雷克就抢掠了 150 万英镑之多。更传说，他将其中的 40% 献给了女王伊丽莎白。

1595 年，德雷克在一次出航中，染上可怕的传染病，于 1596 年 1 月 23 日死在自己的船上。细数他的一生，可以说德雷克为英国建立海上霸权、加快原始积累立下了赫赫战功。而对他本人来说，从海盗和奴隶贩子爬到勋爵和将军的高位，也是历史上绝无仅有的。

航行在加勒比海：亨利·摩根

年仅23岁就成了横行加勒比的海盗首领，他率领海盗军团四处劫掠，无恶不作，所到之处皆沦为地狱之城，政府和军队根本不能奈他如何。然而，这个海盗头子突然摇身一变成了牙买加的总督，紧接着他清剿海盗，给牙买加带来了安宁和繁荣。

1635年，威尔士的一个小农场里迎来了第一个小生命，是个男婴，家人为他取名亨利·摩根。摩根长大后受过短暂的教育，但这段教育无非让家人和他自己更清楚他擅长和喜欢的不是识文断字而是舞刀弄棒。随着年龄的增长，这种意识越来越强烈，终于有一天，他怀着壮志雄心参加了加勒比海地区的巴巴多斯岛的殖民战争。在炮火的洗礼中，年纪轻轻的亨利·摩根已经见识到了社会的残酷以及弱肉强食的生存法则。

那个时候的牙买加是英国的殖民地，山高皇帝远，牙买加的海域就成了海盗的天堂，单罗亚尔港一带就有数不尽的骷髅旗帜在迎风招展，而朗姆酒的香气更是混着深沉的海味飘荡四溢。亨利·摩根正是被这两种东西诱惑而来，成了海盗。

在摩根加入海盗集团海岸兄弟不久后，这个集团就开始计划着对加勒比的贸易集散地库拉索岛实施抢劫。虽然海盗们对这个岛屿觊觎已久，但无奈有重兵把守，想要攻破它并不容易。这便给了摩根大显身手的良机，果然在劫掠中，他表现出了非凡的智慧和过人的勇气，让海盗头子对他刮目相看，赐给他一艘海盗船让他独立指挥。这之后，亨利·摩根在海岸兄弟中的地位迅速提升。

不久，亨利·摩根劫掠了一艘满载货物的西班牙商船，众海盗们都为他的赫赫战功引吭高歌，摩根的威望更高了。这次的成功为他成为下一任首领做好了铺垫。不久之后，海岸兄弟的首领在一次抢劫中被西班牙人捕获并被送上断头台。于是，声望最高的摩根首当其冲成为新首领，这年他只有23岁，却统帅着10艘战舰和500名海盗。

海盗们一心想要为惨死的首领报仇雪恨，但摩根却另有主意，他知道牙买加总督托马斯·莫迪福特是个脚踏黑白两道的“墙头草”，谁给他的利益大就倒向谁。所以，他暂且还能成为海盗的支持者，摩根于是打算先不动他。但同时，摩根也深深知道，如果自己就这样空手回去，毫无作为，那么海盗首领的地位恐怕难保了。

于是，亨利·摩根告诉手下这次要大干一场，目标是古巴的普林希普城。当夜幕降临时，海盗们悄悄登陆，很快一场灭顶之灾降临这座城市。城市本来就疏于防范，再加上海盗们出奇制胜，不一会儿功夫，城市就成了一片地狱，惨叫声、呼救声连成一片，大火蔓延，将房屋化为灰烬。海盗们只认珠宝钱财，任何人负隅顽抗或拒绝交出财物，就被格杀勿论。海盗们将财宝堆积在广场上，很快堆起一座小山。最后，海盗们又向市民们索要了1000头牲畜。于是，市民连同这些牲畜一同被赶上了海盗船。

海盗们首战告捷，个个兴奋极了，冷静的却只有摩根，此时他已经在计划下一个目标了，那就是巴拿马海峡富庶的贝略港。这个港口一直就是黄金的聚集地，也是西班牙海外殖民地的贸易据点，每天都有大宗的货物在这里进行交易，但更重要的是，这里有重兵把守，要塞林立。这个计划吓坏了众海盗，他们从未想过这件事，但在摩根的重金诱惑下，海盗们个个热血沸腾，恨不得马上就行动起来。

不出意料，这场战斗异常惨烈，海盗们在金银珠宝的诱惑下失去了理智，西班牙总督命战士们坚守港口，不准退后半步。摩根马上想出一条妙计，他从修道院里抓来许多修士，让他们冲在队伍的前面当活靶。西班牙人笃信天主教，手中的长矛立刻变得犹豫不决。就在这一刹那，海盗们一哄而上，攻下了港口，处决了总督。

海盗们在贝略港逗留了半个月，将这里洗劫一空，当他们走后，只剩下一片狼藉和废墟。

当亨利·摩根回到牙买加时，受到了英雄般的礼遇，牙买加总督敞开热情的怀抱来迎接这位年轻有为的海盗领袖。靠着这笔财富，海盗们享受了好一阵子，但挥金如土是他们的本性，很快败光家产的摩根又开始寻找新的目标，这次他看中了马拉开波。

在出征前，海盗兄弟们总要吃一顿丰富的大餐。正当大家酒醉微醺时，突然传来一声巨响，原来有个海盗不小心引爆了火药，几个海盗被炸死了。这个意外并没有被海盗们当成噩兆，狂欢后他们便径直前往目的地去了。

摩根带给马拉开波的这场浩劫是空前绝后的，他们为了得到财宝，对人们实施酷刑，如撬掉指甲、用马拖拽。海盗们在那里杀人劫掠，灾难持续了一个多月。然而，他们不知道在这场狂欢盛宴正在进行时，西班牙海军已经悄悄地将这里封锁。亨利·摩根发现危险时，西班牙的三艘战舰已经做好了攻击准备。海盗们顿时慌了手脚，只有亨利·摩根头脑冷静地思索着脱逃计划。

很快亨利·摩根趁其不备，偷偷将几艘满载炸药的小船顺风放去，一直到达西班牙的军舰附近。瞬间，两艘军舰被消灭掉了，而剩下的那只对于摩根来说不过是囊中探物。到了夜晚，他佯攻军舰，目的是吸引西班牙人的注意力，而事实上，摩根早已率领着海盗部队悄悄离开了港湾。当西班牙人回过神来时，海盗们早已逃之夭夭。

西班牙人遭受惨烈打击，决定不能再放任这帮凶残的海盗不管不问。他们派出大批舰队直逼牙买加。西班牙人的大举用兵让牙买加岛上人心惶惶，财产、爵位、田园都有可能遭此劫难而化为乌有，但最忐忑不安的还是牙买加总督托马斯·莫迪福特。

摩根抓住时机找到这位总督，托马斯·莫迪福特就像抓住了救命稻草，答应了摩根提出的所有条件，只为了让他迎战西班牙人。亨利·摩根于是招兵买马，很快招募了 2000 名海盗。在战略上，摩根也想出了绝妙的计划，他认为正面迎击西班牙舰队不过是以卵击石，于是他想攻占西班牙的属地巴拿马。1670 年 1 月 9 日，亨利·摩根带领着自己的海盗部队浩浩荡荡地来到巴拿马的达连港，并在这里攻击了西班牙的守军，取得首次胜利。3 天后，摩根顺利逼近巴拿马。

对于海盗来说，巴拿马繁荣的景象就像是人间天堂，迫不及待地想要得到它。当巴拿马的守兵发现浩浩荡荡地开过来的海盗时，他们立刻准备迎战，甚至驱赶着猛兽来迎接不速之客的枪击。猛兽受惊之后，反而调转方向攻击西班牙人了。海盗们趁机大开杀戒，西班牙军队连连败退，最后只能眼睁睁地看着海盗们蹂躏自己的家园。海盗在这里肆虐了20天，巴拿巴从人间天堂变成了人间地狱。

西班牙人再也忍无可忍了，此时西班牙政府刚与英国政府签署暂时停战的协议，西班牙政府于是要求英国政府交出亨利·摩根。亨利·摩根不躲不藏，乖乖来到伦敦接受审判，同行的还有巴拿马的总督托马斯·莫迪福特。但令人吃惊的是，摩根在伦敦得到了英雄般的礼遇，因为他对抗了西班牙人的进攻。

在伦敦，他豪爽地挥洒金钱，打通了所有关系，混得风生水起。法庭对他更是宽宏大量，甚至连英国国王也屈尊来接见这位海盗英雄。于是在接下来的几年，亨利·摩根从一名臭名昭著的海盗摇身一变成了英国名流绅士，甚至还获得了爵士爵位。

几年后，牙买加人惊人地发现，他们的老朋友来了，他不是别人，正是亨利·摩根。但不同的是，上一次他是以海盗的名义来，而这次却成了剿灭海盗的总督。他亲自率领英国士兵向着海盗同伴开枪，保卫着富庶繁荣的牙买加。

这位曾经的海盗在回归正义后过上了富裕安定的生活，死后也得到了应有的体面。他的一生就像加勒比海上的波浪一样，拍打出许多传奇。

海盗也爱科学：威廉·丹彼尔

在丰富的海盗史中，有一位海盗不同于其他人，他对金钱和珠宝并不在意，却对气象、水文以及海洋植物有着浓厚的兴趣。在海上飘摇多年，他对自然界的一切都充满了热爱，并在某些方面成为科学探险的先驱。他还是第一个环航世界两次并继续进行第三次环球航行的人，因此被称为“大海之王”。1693 年当他第一次回到伦敦后就将自己的经历写了下来，这就是后来引起轰动的《新环球航行》。

1652 年，威廉·丹彼尔出生在英国。年轻时他曾在印度洋上当过见习水手，后来应征入伍成了一名皇家海军，并参加了英荷海战。不过，他并不喜欢军旅生涯，他认为自己的性格同军队简直格格不入。于是丹彼尔在 1673 年 21 岁那年告别军队，加入海盗集团。一开始，他跟着海盗船袭击西班牙船只，到 1683 年转移到几内亚湾进行海上打劫。

靠着非凡的胆量和才干，丹彼尔很快就成了船长。然而这位船长却并不热衷于抢夺金银，而是对气象、水文现象和一切海洋植物有着浓厚的兴趣。他在航海途中，搜集了大量的资料，凭着多年的勘测结果，重新绘制出太平洋沿岸岛屿及南美洲海岸线的地图。

另外，丹彼尔还参与了许多不同的航行，除了做海盗，他还为东印度公司服务，足迹遍布太平洋西部海域、新几内亚岛、菲律宾和东南亚沿岸地区。后来，为了躲避西班牙舰队的追捕，他和他的海盗船队于1686年3月31日出发横渡太平洋，到达东印度群岛。

1687年6月25日，丹彼尔航行至中国海岸，在离广东南部不远的圣约翰岛上岸。在对该岛屿的地理、风物等做了总体描述后，他开始详细地描述岛上的人："该岛的居民是中国人，中国皇帝的子民，此时归顺鞑靼人。中国人一般个子不高，不魁梧，甚至有些瘦削嶙峋。他们长脸、高额、小眼睛、中间耸起大鼻子。他们嘴巴很小、嘴唇很薄，皮肤呈灰色，发黑。他们的胡须稀而长，有时还会把胡须连根拔起，只留下几根，但他们却引以为荣，常常进行梳理，有时还打个结，而他们的上唇两边也留下两缕类似毛发的胡须。中国人十分珍惜自己身上的毛发，让它尽量生长，然后用手往后理，梳成辫子卷在发夹上，最后将它抛之脑后，男女都是如此。"接着是描写中国人的服饰，例如男人不戴帽、用阳伞、衣裤宽松、不穿袜子等，再从鞋子，写到女人的小脚，以及中国人的生活风俗，极其详尽。

1688年春，丹彼尔的船来到南半球一块地图上从未有过记载的陆地。当时，他还无法确定这究竟是一个大岛，还是一片大陆，但他可以肯定的是这个地方既不是亚洲也不是菲律宾群岛的一部分，而是人们前所未知的地方。丹彼尔登上了这个地方，对周围的环境进行了详尽的调查，将生长在这块陆地上的植物以及生活在这里的土著人也进行了记载。后来，这个岛被称做丹彼尔半岛。

结束这次漫长的航行后，回到伦敦的丹彼尔简直是一贫如洗，不过他的航海日志却成为无价之宝。1693年，他把自己在远方的经历整理出来，进行加工编辑，出版了《新环球航海记》，这本日记连同他所绘制的地图、收集的植物和矿物标本，使他在英国成了家喻户晓的人物。

更为重要的是，他还引起了英国海军部的注意和重视。1699年，丹彼尔被提拔为“皇家海军军官”，受命指挥“罗巴克”号军舰考察南太平洋。当他再次来到那个什么地方也不是的神秘岛屿时，发现这并非什么“大岛”，而是一块真正的新大陆。然后，他以女王的名义宣布这里为大英帝国的领土，并命名为“新大不列颠”，它就是今天的澳大利亚。丹彼尔第一次登上澳大利亚的地方也被命名为丹彼尔地，以此来纪念这位伟大的“海盗探险家”。除此之外，丹彼尔在许多地方都留下了他的足迹，至今还有很多地方被命名为“丹彼尔群岛”和“丹彼尔海峡”。

1700年，丹彼尔回国后发表了《风论》，书中对大量的气象规律进行了总结，后来这本书成为气象学史上不朽的名著。丹彼尔的航行似乎创造了太多不朽的经典，在1708—1711年间，丹彼尔在智利附近一个荒无人烟的岛屿——胡安·费南德斯岛上发现一个身着羊皮的“野人”。最开始，这个野人只会打手势，嘴里“咿咿呀呀”地喊叫着，过了一个星期后才逐渐恢复了说话能力。原来，他的本名叫亚历山大·塞尔柯克，是苏格兰人，1704年因和船长发生冲突而被遗弃在岛上。在这个荒无人烟的地方，他凭借着顽强的毅力和旺盛的求生本能生活了四年零四个月。这个“野人”就是《鲁滨逊漂流记》主人公的原型塞尔柯克，而丹彼尔的这一发现造就了一代名作家丹尼尔·笛福。

丹彼尔在后续的航行中又发现了一系列的群岛和海峡，终于绘制出一张完整的南太平洋海图。1709年2月2日，丹彼尔来到胡安·费南德斯岛，发现塞尔柯克竟然还活着，便将他重新带回到人类世界。

提起丹彼尔，人们最先想到的是“探险家”而非“海盗”，这正是缘于不论在何种情境下，他始终保持着那颗热爱科学、勇于探求的心。

“黑胡子”——来自地狱的魔鬼

加勒比海盗史就是一部血腥史，谁最残忍、最凶悍、最臭名昭著，那么他就是这部历史中的王者，“黑胡子”爱德华·蒂奇无疑就是加勒比海上的王者。他嗜血如命、无恶不作，他生性好猜忌，连同伴也不放过，他的名字已经成了魔鬼的代名词。

16 世纪至 18 世纪是大航海时代，也是海盗肆虐的时代。当时欧洲各国政府早已知道海盗的存在，但他们像约定好了似的对海盗行为不但默许且暗中支持。而海盗们在政府的支持下，一面干着杀人越货的勾当，一面身不由己地加入到欧洲列强海上争霸权的割据战中。然而，依靠海盗终归不是正道，总有一天它就像一颗无法割掉的毒瘤。政府养虎为患，只能拆了东墙补西墙，利用民间武装来抢劫海盗，但这无异于造就起另一批海盗。政治一旦同这些杀人越货的勾当发生关联，那么一切就变得难以控制了。动乱的时政造就了一个又一个海盗王，“黑胡子”就是其中最为凶悍的一个。

1680年，爱德华·蒂奇出生于英国的布里斯托尔，他狡诈、勇敢、残忍。当时英国动荡不安，常年与西班牙进行水上交战，于是政府默许一些“武装民船”在海上打劫一些外国商船，尤其是西班牙商船。黑胡子于是就成为这种“武装民船”上的一名水手。他所工作的船叫“流浪者”号，船长是霍尼戈尔德。

英国政府的主要贸易是海上“金三角”贸易，即覆盖大西洋的欧洲、非洲和美洲呈三角形的海上贸易路线。英国从本土出发，将各种手工业产品运往非洲，用这些廉价的商品在非洲换取黑人奴隶，再把黑奴运到美洲的大农场和种植园，用所得的钱在当地购买欧洲稀缺的棉花、烟草等原材料，然后带回欧洲，赚取高额利润。许多商人正是靠着这个贸易“金三角”富甲一方，许多海盗也靠着这条贸易通道发家致富，霍尼戈尔德就是这样起家的。“黑胡子”年轻有为、勇敢果断，很快得到霍尼戈尔德的赏识。

1715年，霍尼戈尔德在圣文森特附近抢劫了一艘由非洲开往美洲的商船，船上满载着黑奴、黄金和珠宝。霍尼戈尔德论功行赏，将整艘船交给了“黑胡子”打理。“黑胡子”对这艘荷兰商船进行了改造，安装了40门火炮，然后命名为“安妮女王复仇”号，成为世界上火力最猛、装备最强的海盗船。从此，“黑胡子”驾着它扬帆出海，大西洋上多了一个令人闻风丧胆的魔鬼。

“安妮女王复仇”号在它主人的驱使下，疯狂扫荡着大西洋上的每一条商船，短短18个月，“黑胡子”就打劫了数十艘船，截获金银财宝无数。同时，“黑胡子”将一些坚固的适合作战的商船进行武装改造，打造了一支庞大威武的战舰队，很快一些流窜在海上的小规模海盗群纷纷加入他的船队，“黑胡子”成了拥有300多名海盗的海盗之王。

在所有海盗中，也只有“黑胡子”敢于向英国皇家海军进行挑衅，目空一切的他很快盯上了英国海军驻军港口附近的一艘英国商船“爱伦”号。这是令海军万万没想到的，一般来说没有海盗会公然跟他们作对，而且还是在海军的据点。海军立刻派出一艘战舰截击“安妮女王复仇”号，更神奇的是，当他们开火时，“安妮女王复仇”号居然能巧妙地闪躲，避开火力。“黑胡子”就那么凛然地站在甲板上观看战局，终于他抓住机会命令战船全速行驶，拦腰撞向前来截击的海军战舰。英国海军从未碰到过如此疯狂的作战方法，简直是要同归于尽的架势。当海军们被这场面惊得目瞪口呆时，“黑胡子”趁机命令海盗拿起火枪，集中火力向船上的海军扫射。海军来不及防备，死伤惨重，几乎全军覆没。

“黑胡子”于是一战成名，从此大西洋所经之船，听到“黑胡子”三个字无不闻风丧胆，逃之夭夭。

然而，正当“黑胡子”的名气和事业如日中天时，他却突然消失在人们的视线中了。从1716年到1717年，整整两年时间，大西洋上再没有出现他那恶魔般的身影，历史上更没有这两年关于“黑胡子”的任何记载或记录，只留下一些无从考证的猜测和传言。有人说，“黑胡子”在一次打劫中爱上一个船长的女儿，于是答应这位姑娘洗心革面。他剃掉了自己的标志性大胡子，回归他的本名爱德华·蒂奇，而后同心爱的人在北美沿岸的一个小村庄里度过了甜蜜而温馨的两年。然而，两年后，一场瘟疫夺走了姑娘的生命，黑胡子悲痛欲绝，人生没有了目标，他再次拿起火枪，扬起了风帆。

我们不知道这个凄美的故事是真是假，也难以想象凶悍的“黑胡子”还有铁汉柔情的一面。但可以肯定的是，消失两年回归后的“黑胡子”再次出现时变得更加凶残暴戾了。杀人、抢劫，他无恶不作，大西洋上再次刮起血雨腥风。

回归之后的“黑胡子”，主要在加勒比海活动，结果这片海域上的海盗、商人，政府官员或海军士兵，无不避其锋芒。爱德华·蒂奇就像一只猎豹，只要锁定了猎物，其便绝无逃脱的可能。传说，他还在奥克拉科克建造了一座堡垒。

英雄也有末路时，北非所有人都被“黑胡子”的淫威吓倒了。弗吉尼亚州的州长亚历山大·施普茨伍德联系了很多深受黑胡子迫害的商人和水手，他动员所有人一起铲除这个魔鬼。同时，他还发布了悬赏令，谁抓到“黑胡子”，谁就能得到100英镑的奖金。

不过，州长很快发现单凭一个州的力量是很难对抗“黑胡子”的，于是他向英国海军求援，英国人当然乐意除掉这个人人切齿痛恨的魔鬼。1718年秋，英国海军派出中尉罗伯特·梅纳德及两艘战舰，协同北美洲殖民地政府抓捕海盗“黑胡子”。

1718年11月的一天，“黑胡子”的海盗船停泊在奥克拉库克海湾，施普茨伍德和梅纳德立刻派出军舰“里姆”号和“珍珠”号进行截击。然而，英国水军出师不利，“里姆”号刚刚接近海盗船，就被对方的大炮击中，船上士兵伤亡惨重。紧接着，“黑胡子”下令调转炮头向“珍珠”号开炮。这次，梅纳德中尉吸取了教训，在迅速躲避炮火的同时，不断向海盗船接近。最后，“珍珠”号顺利相接海盗船，而后两船同时搁浅。顿时硝烟弥漫，敌我难分，梅纳德趁机令士兵们隐藏起来，黑胡子果然上当，以为对方船上的人都被炸死了，便毫无防备地上了“珍珠”号。

海盗们刚踏上“珍珠”号的甲板，还未来得及欢呼雀跃，英国士兵便从船舱中冲出来，双方赤膊相见，展开一场最为惨烈的厮杀。最后，双方死伤惨重，只剩下“黑胡子”同梅纳德中尉进行决斗。

或许是上帝也要来收服这个撒旦，二人对决中，向来百发百中的“黑胡子”竟然射偏了子弹，而梅纳德中尉却打中了“黑胡子”。即便如此，“黑胡子”依然做困兽之斗，他挥舞着尖刀劈向中尉，两人在甲板上做最后的殊死搏斗。伤亡惨重的英军士兵看到“黑胡子”受到重创，于是拼了命一起扑上来，将这个不可一世的恶魔活活打死了。

梅纳德中尉令士兵将“黑胡子”的头砍下挂在桅杆上，宣告这个臭名昭著的海盗得到了应有的下场。

大西洋伴随着“黑胡子”的死亡，陷入一片前所未有的宁静，就像在给这个曾经的霸主默哀。“黑胡子”已死，关于他的话题却喋喋不休，人们议论最多的就是他的宝藏。虽然“黑胡子”的海盗生涯并不久远，只有短短数年，但他劫掠的商船无数，金银珠宝更是数不胜数。那么这些财物究竟被“黑胡子”藏在哪里了呢？“黑胡子”处事十分小心，每次陪他藏宝的同伴都会被他毫不留情地杀死，而他本人也狡猾地从不留下一点线索。因此，无数踏上寻宝路的人最后都不得不无功而返。“黑胡子”曾说过，他的宝藏只有魔鬼和他自己才知道。

海洋霸王花，妖娆的女海盗

辉煌的大航海时代，神秘的加勒比海域曾铸就了许许多多声名鹊起的大海盗。然而谁又曾料到，在这个挥洒着铁与血的男人世界中，竟盛开着一朵绮丽的妖冶之花——海盗姊妹花安妮·邦尼和玛丽·瑞德。

17 世纪末 18 世纪初，海盗迎来了他们的黄金时代，他们横行在大西洋、太平洋沿海，杀人越货，劫掠金银。如此血腥、凶残的大航海时代，女海盗的出现无疑为海盗史上涂抹了一层别样的色彩。

1690 年，安妮·邦尼出生在爱尔兰的一座小城科克。安妮的父亲是当地一位颇有名望的律师，母亲则是父亲家的女佣。是的，安妮是个私生女，在父亲的妻子去世前，二人就互通情愫，生下了安妮。也正因为如此，安妮的父亲名誉扫地，只得带着安妮和她的母亲远走他乡，最后来到美洲南卡罗来纳的查尔斯顿定居。

陌生的环境给了一家人全新的生活。安妮的父亲凭借丰富的学识和经验，重新做起了律师，几年后便拥有了自己的庄园。安妮从私生女变成真正的大小姐。

只是我们这位大小姐并不像多数有钱人家的小姐那样温柔贤淑，她天生桀骜不驯、野蛮泼辣，喜欢惩恶扬善，曾痛打过一个向她求婚的花花公子。成年后，安妮嫁给了一个名叫詹姆斯·邦尼的英国水手。

新婚燕尔，詹姆斯就带着安妮来到加勒比海的出海口。当时，加勒比是海盗活动最为猖獗的地区，但凡是遭遇海盗的商船水手，几乎无一例外地会被收纳到海盗队伍中。詹姆斯就这样变成了海盗。但他不甘心成为一名海盗，私通总督府，想要做个潜伏在海盗集团的政府密探。安妮在得知这件事后，大为恼火，认为詹姆斯是个令她蒙羞的小人，因此十分厌恶他。

这时，另一位男子闯入了安妮的世界，他是著名的海盗头子杰克·拉科姆。他风度翩翩，英俊帅气，为了捕获安妮的芳心不惜挥金如土，最后甚至为了得到安妮，想要出重金将安妮买过来。詹姆斯拒绝了拉科姆的无理要求，并求助于总督府进行干预。于是，桀骜的安妮与克拉姆便在巴拿马的拿骚港截获了一艘船，就此私奔，成为加勒比海上一对令人艳羡的神仙眷侣。

无独有偶，玛丽·瑞德也同安妮有着相似的经历。1677年，女海盗玛丽出生在英国伦敦，是一名私生女。玛丽容貌出众，但这正是母亲所担忧的，于是从小把她当男孩子养大，这也是玛丽成长为一个坚强勇敢、向往自由的独立女性的原因。后来，玛丽果然如愿以偿，成为一名战舰上的士兵，由于作战英勇，很快又转为骑兵。

在热血的骑兵团里，玛丽与一位战友相爱，并甘愿恢复女儿身，嫁给这个小伙子。新婚不久，丈夫便染上重疾去世了，玛丽则重披战袍，当了水手，而后又辗转被卡拉姆的海盗集团俘虏。据说，当大家在受到胁迫要求加入海盗集团时，所有人都惊恐不已、犹豫不决，只有女扮男装的玛丽毫无犹豫第一个签上了自己的名字。从此，玛丽成了一个热爱海洋、向往自由、有着无限勇气和力量的女海盗。后来的史书上还有记载，女海盗玛丽得知被捕后在法庭陈述时说出了这样一段话："其实绞刑并没有什么可怕。要不是有绞刑，那些胆小的人也可以成为海盗，那么勇敢的人就毫无用武之地了。"

从此，加勒比海上多了两个英姿飒爽且并肩作战的姊妹花，为本来就充满传奇色彩的海盗史添上了浓重的一笔。

人们很难想象，刀光剑影、朝不保夕的海盗生活，即使身为男子也很难适应，安妮和玛丽却表现出了常人所难以想象的勇敢和坚韧。战斗时，她们一手持弯刀，一手持手枪，形影不离，互相牵制敌人，像狮子一样勇猛，杀得敌人望风而逃。更令人敬佩的是，安妮在此之前从未参加过战斗，第一次杀敌就表现得镇定勇敢，当她第一次使用武器威胁船上的水手时，竟没有一个敢稍加反抗的。而玛丽天生就勇猛好斗，手持大刀常与人决斗，甚至会处决战斗中表现懦弱的同伴。

同样的出身、相似的经历、共同的梦想使这两位叱咤一时的女海盗成为最默契的战友和最亲密的朋友，她们彼此信任，互相依靠，出生入死。

在海盗生涯中，安妮和玛丽都女扮男装，她们手握利刃，勇猛凶狠，因此除了船长拉科姆，几乎很少有人知道她们是女儿身。据说，这支海盗队伍曾在牙买加附近截获过一艘商船，船上的人都被硝烟中挥舞着弯刀的海盗吓得魂飞魄散，只有一位女乘客看出了其中的端倪，识破了安妮和玛丽的女人身份。后来，女乘客劫后余生，才第一次将加勒比海上女海盗的存在流传了出去。

大多数的海盗是声名狼藉，为人所不耻的，但安妮和玛丽这对姊妹花却因为坚定真挚的友谊和无所畏惧的勇气得到人们的同情。因此，她们在海盗史上留下了不可能被人遗忘的篇章。

然而，海盗注定是要与政府势不两立的，英王下令驻守加勒比海沿岸殖民地的舰队全力剿灭海盗。于是，厄运降临在安妮和玛丽的海盗船上。1720年10月下旬的一天，拉科姆的三艘海盗船在牙买加近海处抛锚，很不幸地被当地驻守的英国舰队发现。英军立刻出动炮舰，展开了猛烈的进攻，加勒比海上立刻硝烟弥漫，血色染天。

战斗持续了很久，尽管英军的舰队非常强大，但拉科姆的舰船也毫不逊色。然而，海盗们本身就是为了牟取暴利才聚集在一起的强盗，在炮火面前立即变成了一盘散沙。在最后关头，他们丧失了斗志。危急时刻，安妮和玛丽挺身而出，指挥若定，但其他的海盗并没有被她们的勇敢所感染，甚至海盗头子拉科姆都吓得躲在船舱中不敢出来。安妮和玛丽最后成了孤军奋战，终于寡不敌众被双双擒获。

当时安妮和玛丽都身怀有孕，英国法律于是允许执行缓刑，但不久之后玛丽却因伤重引发了黄热病，死在狱中。

而安妮呢？至今，她的结局也是一个谜。有人说她在死前就已经成功越狱，有人说她被有钱的父亲保释出狱。总之，可以肯定的是，安妮并没有上绞架，而是安全离开了监狱。至于她的去向更是众说纷纭。有传说她出狱后重整旗鼓，继续驰骋在辽阔无垠的海面上，有人说她一直在等待玛丽的回归，然而令人惋惜的是，她最终没能等到这一天。

随着安妮和玛丽的消失，大海盗的黄金时代也宣告结束，加勒比海上留下的只有她们浪漫而神秘的传说。

盗中之儒："黑色准男爵"罗伯茨

他曾经说过："合法的工作是瘦弱的平民做的，工资微薄，劳动强度大；而做海盗会有丰厚的收入，温饱和快乐的生活，以及自由和权势；不必担心欠债，最大的代价就是受到几个煽动者的仇视。不，我的座右铭就是过及时行乐的生活。"所以他抛弃了体面且正常的生活，下海成了一名海盗，他就是一代海盗王"黑色准男爵"罗伯茨。

罗伯茨本是一位事业成功的中年男子，却突然放弃体面且正常的生活，甘愿做一名漂泊海上的海盗。他活在刀光剑影中，却英俊潇洒；海盗的生涯从未降低他生活的品格，他穿着华贵，从不喝酒却喜欢品茶；他向往无限的自由，却亲自制定了规范严格的海盗条例；他一生劫掠无数，作恶多端，却在死亡的一刻得到整个英国海军的最崇高的敬意。罗伯茨的出现无疑给充满鲜血和狡诈的海盗史增添了一抹柔情。

在所有海盗中，罗伯茨绝对是个异类。他的出现让整个海盗世界不再是一抹纯黑，他改变了人们对海盗粗鲁肮脏的成见，他令对手肃然起敬，他为后人增添了许多津津乐道的话题，即使穿越 300 年，人们依然通过他看到了不一样的海盗世界。

1682 年，巴塞罗缪·罗伯茨出生在英国威尔士。年轻时罗伯茨就十分热爱大海，只是没有机会实现梦想。后来他在一家商船公司工作，很快成为商船的副船长，如同所有在“金三角”贸易中追逐利益的商船一样，以贩卖非洲黑奴为主。然而，一次意外改变了罗伯茨的命运。

1719 年的一天，罗伯茨的商船行驶在非洲西海岸时遭到海盗豪厄尔·戴维斯的抢劫。船上所有的财物都被戴维斯抢走，但他并没有胁迫所有海员加入海盗队伍。“谁愿意跟我走？”当戴维斯这么问时，或许连他自己都不敢相信竟真的有人愿意加入海盗，而且还是那样一位英俊潇洒、宛如贵族的绅士。这个自愿加入海盗的人正是副船长罗伯茨，他是这么解释的：“偷一先令就要上绞刑，同样是偷，为什么不去偷更大的财富呢？”

戴维斯十分欢迎这位不一样的新成员，而且二人都是威尔士人。很快，戴维斯发现罗伯茨做事冷静机敏，航海经验丰富，入伙不久，他便视他为“左膀右臂”。一个月后，戴维斯的船行到非洲几内亚湾时，被当地的一伙土著人袭击，戴维斯当场毙命。一时之间，海盗们群龙无首，情况危急。这时罗伯茨站出来，率领海盗们打败土著人，洗劫了他们的聚居地，为戴维斯船长报仇雪恨。从此，罗伯茨成为这群海盗的首领。

不自由，毋宁死！比起健康长寿和安宁平静的生活，罗伯茨更向往自由自在的日子。所以，他自愿成为一名海盗，自由地驰骋在海洋。

罗伯茨的海盗生涯只有短短 4 年，但他却在这 4 年中做了其他海盗几十年都做不到的事情，他抢劫到的财富是人们无法想象的，他驾驶着“皇家流浪者”号，成为那一时代无可争议的海盗王。

罗伯茨的船队主要活动在印度洋及其周围，但他作为船长的第一次打劫却是在巴西。当时巴西的一个港口停泊着一艘大型葡萄牙商船。

罗伯茨的船队当时只有一艘战船，于是他选择其中一艘葡萄牙商船发动偷袭，结果大获全胜。这是罗伯茨首次挂帅，却让海盗们发了横财。

接着，罗伯茨将这只抢来的大型商船改装成战舰，取名为“皇家幸福”号。就是这艘船，帮助罗伯茨在多米尼加一带成功打劫了15条商船。1721年，他还用它在圣·克里斯托弗海港击沉了一艘当时最大型的荷兰战舰。据统计，罗伯茨在4年的海盗生涯中打劫了400余艘船只，创造了海盗史上的奇迹。

如此强悍的海盗王却不是个满脸横肉、断臂独眼的彪形大汉，而是一副温柔谦逊的绅士模样。他有着英俊的外表，身穿华贵的红色马甲和马裤，帽子上插着漂亮的红色羽毛，有时还会佩戴名贵的项链，项链的吊坠是镶嵌着宝石的十字架。他的腰间总别着两把火枪，佩戴宝剑。罗伯茨从不酗酒，他喜欢静静地品茶。他笃信基督教，严格地遵守礼拜，不仅如此，他还动员船上的其他海盗一同信奉基督教，告诫他们身后便可以得到灵魂的安宁。

罗伯茨除了赫赫战功和与他的身份极不协调的行为习惯，更加传奇的是他所创立的著名的“海盗十诫”。后来，“海盗十诫”更被誉为18世纪的民主先锋：

1. 对日常的一切事务每个人都有平等的表决权，但船长的命令，只要不违背兄弟情谊，船员们必须遵守。

2. 偷取同伴财物的人要被遗弃在荒岛，欺骗同伴也应该按照规定予以处罚，严重的也要处以死刑。

3. 严禁在船上赌博。

4. 晚上8点熄灯。

5. 不许佩戴不干净的武器，人人要保持武器的清洁，武器摆放有序，不得损坏武器。

6. 不许携带妇女、儿童上船，否则处以绞刑，要对妇女彬彬有礼。

7. 临阵脱逃者死。

8. 严禁私斗，杀死同伴的人要被处死。

9. 在战斗中残废的人可以不干活，并领到 800 块的西班牙银币。

10. 战利品的分配问题，船长拿全部财物的 15%，一名水手长、一名木匠和一名武装水手合起来分 12.5%。

“海盗十诫”即使放在今天来看也是相当进步的思想。很难想象，那些打家劫舍的海盗会有这样军规般严格的诫命。在戒条的约束下，罗伯茨的船队更加有战斗力，几乎无往不利。而这个条约本身的建立更体现了罗伯茨向往自由的人生观。就像罗伯茨绅士的外表一样，他对船队的严格管理同样充满了贵族气质，因此被称为“黑色准男爵”。

1721 年，罗伯茨的船队转战到北美洲的东海岸，游荡在北部的岛屿间，伺机突袭来往的商船，偶尔也会劫掠沿海的村落。英国海军多次出兵围剿都一无所获。一时间，到处都在通缉罗伯茨，但他对此丝毫不在意，时常开玩笑说：“如果我被捕，就点开火药，大家一起快快活活地下地狱去。”

1722 年 2 月，英国海军派出与海盗有着丰富作战经验的查洛涅尔·奥格尔，让他指挥军舰“燕子”号歼灭罗伯茨。这时，英国皇家海军已经追踪罗伯茨长达 6 个月之久了。或许是罗伯茨轻敌了，在第一次交锋中，海盗们就大败而归，不得不仓皇避难。

经过一段时间的休整和观察后，罗伯茨判断自己的舰队很难对抗

“燕子”号，于是打算带领船队撤回公海再另谋出路。但“燕子”号一直在密切观察着罗伯茨的动向，海盗的船队刚刚出发，就被尾随上了。“燕子”号全速追击，就连向来来无影去无踪的罗伯茨都甘拜下风。很快，“燕子”号便追上了“皇家幸福”号。2 月 27 日，罗伯茨的船队与英国海军在非洲西海岸沿海展开了一场面对面的生死对决。双方火力十足，最后罗伯茨死于枪林弹雨中。

就在罗伯茨中弹的那一幕，整个场面出现了戏剧性的转变。据说当时所有的海盗竟然不顾英国海军的扫射，全都上前抱住罗伯茨的尸体，当场哭泣。奥格尔不禁感慨，一个海盗船队能让英国海军追踪半年之久，多次发起进攻都不能将其挫败，原来并不是他运气好，而是因为他们有如此强悍的战斗力和强大的凝聚力，而这凝聚力正是来自他们对罗伯茨的尊敬和依赖。一个海盗，能让人如此忠心耿耿地追随，能让所有海盗为他伤心落泪，他一定是有着超凡的人格魅力。这不得不让奥格尔对罗伯茨肃然起敬，于是他为罗伯茨举行了隆重的海葬。

“黑色准男爵”一生逍遥自在，向往自由，在大海上创造了无数奇迹，因此他也算得上死得其所吧。

功成身退：大海盗埃弗里的成功法则

在海盗世界中，“踩着刀尖走路”是他们的人生法则，于是自己也明白这一世的结局不会太好。的确，这些混迹刀头的海盗大多数难逃横死的命运。但有一个海盗头子却逃脱了死于非命的厄运，而且他还坐拥大笔财富，安享晚年。他就是亨利·埃弗里。

亨利·埃弗里本名约翰·埃弗里，出生在美洲的普利茅斯。在亨利还是个孩子时他就随船出海，成了一名水手。海上的飘摇生活使得埃弗里成长为一名经验丰富的优秀海员。20年的海上生活养成了他果敢、和气却又坚定不移的性格。

埃弗里受雇于百慕大的英国总督，在非洲几内亚沿海地区购买黑奴，然后乘船经过好望角，取道大西洋，将这些奴隶卖给美洲的种植园。就在这条商路上埃弗里发了大财，更学会了怎样同沿路打劫的海盗们周旋。

1694年，埃弗里登上了一艘受雇于西班牙的“武装民船”，并且成了这条船的航海长。这艘船被取名为“查理二世”，它的任务是打劫法国的船队和海盗，帮助西班牙扩大海上的军事实力。

作为一艘民间武装船，“查理二世”的装备绝对堪称登峰造极，船上竟然配置了46门火炮，每架火炮的装备都不逊于当时任何一艘英国或西班牙海军的重型军舰。自从这艘有着巨大威力的船出现，加勒比海上的海盗便唯恐避之不及。

“查理二世”号的船长叫吉布森，是个经验丰富的老手。靠着打劫海盗为生，绝大多数还要靠运气，他们可以一夜暴富，也会穷困潦倒很久。自1694年秋到1695年春，吉布森和他的“查理二世”号颗粒无收，船员们已经8个月没有拿到过报酬了。长期的穷困加上毫无作为的失落感使得海员们个个情绪激动。埃弗里看准时机，鼓动海员们揭竿而起，“查理二世”号在加勒比海途中补给时，船员们趁船长吉布森熟睡，撇下他将船偷偷驶出海港。埃弗里顺其自然被推举为新的船长。接着，埃弗里将“查理二世”号改名为“幻想”号，然后又对船做了些简单的改装，使之成为一艘真正的海盗船。

虽然像这种水手突然哗变成为海盗的事在加勒比时有发生，但此时的埃弗里已年过不惑，这在海盗史上是鲜有的。

从1695年春开始，埃弗里凭借多年的海上航行经验和“幻想”号精良的武器装备，在海上所向披靡。他们的名气越来越响，又招来大批的海盗加入。转眼间，埃弗里的海盗队伍就已经发展到了150名成员。于是，刚当上海盗的埃弗里做出一件惊天动地的事，他给全英国的船长写了一封公开信，信的内容是：

埃弗里所率领的“幻想”号是由原武装民船“查理二世”号改造而成的，船上的武器装备精良，拥有64门大炮，是一艘不折不扣的海盗船。但这艘船直到现在也从未得罪过英国船只，且从今以后也不会对任何英国船只构成任何威胁，埃弗里永远是英国人的朋友。

接到信后的英国船长们虽然觉得不可思议，但他们了解埃弗里的强大，如此强大的海盗头子居然主动向他们示好，看起来并不是一件坏事。对他们来说，这就像一张海上安全通行证，而对埃弗里来说，他自己或许都不曾想到过，这封信会成为他日后的平安符。

越来越多的海盗慕名投奔他，于是日渐强大的埃弗里同当时加勒比海另外几个著名的海盗联合起来，组成称霸加勒比海的海盗联盟。联盟甚至包括当时百慕大著名的“和睦”号船长，擒获莫卧儿王朝运宝船的托马斯·图，这些名噪一时的海盗船长都听从埃弗里的指挥，可见当时埃弗里的实力与声望已然成了海盗中的翘楚。

1659 年 8 月，埃弗里迎来了他海盗生涯的巅峰。当“幻想”号在穆哈港口附近的红海入海口航行时，他们发现了一支由 25 艘大型船只组成的莫卧儿王朝运宝船队。这支船队太庞大了，海盗们只能远远地跟踪，根本无法靠近，更不知道船上究竟装载了什么样的货物。其中最大的一艘叫“冈依沙瓦”号，是当时莫卧儿王朝排水量最大、武装力量最强的船，船上拥有 600 余名水手，搭乘了 500 余名乘客、500 名枪手，装有 62 门大炮。此等规模的船，即使在英国、荷兰、西班牙这样的海上强国也是十分罕见的。强悍的“幻想”号与之相比，自然也无法匹敌。

然而，埃弗里却并不准备放弃，在进行了一段时间的尾随观察后，他联合托马斯船长、万特船长等几位著名海盗，向这支庞大的莫卧儿王朝运宝船队开进。当时海面风势很强，埃弗里立刻凭借他老道的经验占据上风，借助风向取得了战略上的优势。这样一来，纵然“冈依沙瓦”号再厉害，出于下风口的劣势地位也会让它炮弹、火枪的射程变短，杀伤力降低。就这样，双方在红海展开了激烈的厮杀。托马斯船长不幸中弹身亡，海盗们损失不小，但最终迫使莫卧儿王朝的船长投降，截获了包括“冈依沙瓦”号和另外一艘船。两艘船上装满了来自印度的奇珍异宝和金银珠宝，海盗们痛快地瓜分了巨额财宝。

这件事令莫卧儿王朝大为震怒，这是数百年来这个庞大的帝国因海盗劫掠损失最为惨重的一次，因此将这压力转向英国的东印度公司，要求他们悉数赔偿。英国政府迫于无奈将埃弗里写进了政府通缉的黑名单，并出兵征剿。埃弗里一次又一次地摆脱英军的追击，直到他的海盗生涯结束的那一刻。

为了躲避海军的清剿，埃弗里满载金银珠宝横跨大西洋，在北欧登陆。但不久之后又不得不回到加勒比海，向巴哈马总督求助。海盗曾给巴哈马总督带来大笔的财富，也帮助他维持过巴哈马的海上秩序，因此，他也乐意进行帮助。只是无奈英国政府来自莫卧儿帝国的压力，埃弗里永远无法得到政府的特赦。

成功劫掠“冈依沙瓦”号足以使埃弗里和他手下的海盗们成为富甲一方的财主，但此时他们最缺乏的却是一方安全的土地。或许因为一生漂泊，常常面对死亡的威胁和财富的诱惑，埃弗里早已看透世事。于是，埃弗里将财富分给所有海盗，让他们各奔东西去了。

埃弗里则带着剩下的一部分海盗乘船来到爱尔兰，他刚一上岸，便被军队发现。当时很多海盗被捕，但唯独埃弗里消失得无影无踪。英国当局在爱尔兰全力搜捕，却始终没有找到埃弗里的踪影。此后，英国政府也只得作罢。

一代海盗埃弗里就这样消失在人们的视野中。就像他当年给英国船长们的一封信中所写的那样，他从未打劫过英国船只，也正因此，他最后虽成为英国的通缉犯，但英国人却对他没有丝毫恶意。

由于埃弗里将大笔财富进行了合理分配，所以人们对他的猜测仅仅停留在归宿上而并非宝藏的传闻。所以，我们完全可以想象，埃弗里一定在世界上的某个角落享受着平静而富足的生活，直到寿终正寝。

米松：解放黑奴的梦想者

整部海盗史中出现过许多名震一时的海盗头子，他们都有各自的故事，各自演绎着自己的传奇。米松和他所建立起的自由王国也是这传奇中的一个。米松来自自由国度法兰西，受到过高等教育，文化修养颇高，然而这样一位绅士却在法国革命发生前的一个世纪当了海盗，不过这位海盗却不同于其他海盗以杀人越货、追逐财富为目标，他的理想是自由、平等、博爱。

米松曾就读于普罗旺斯一所中学，之后修完昂热市的一所军事学院的全部课程，然后成为一名法国海军的军官，任职于“胜利”号军舰上。一次，“胜利”号停泊在那波利，年轻的米松获准去了罗马。在那里，他结识了多米尼克派僧侣卡拉奇奥利。这人后来成了一位无神论者，他反对私有制，宣扬人权。正是他的思想完全吸引了米松，而卡拉奇奥利也十分欣赏这个年轻的新教徒，因此二人决定再不分开。

卡拉奇奥利毫不犹豫地履行自己的诺言，马上离开了修道院，跟随米松到法国军舰上服役。之后，他们在西印度水域做了长期的航行，这段时间二人详尽地讨论了各自的自由思想，同时将这思想传递给船上的许多海员。

突然一天，“胜利”号在马提尼克岛的海岸边遇到一艘英国的“武装民船”，然后双方开了火。经过长达数小时的激战，法国人胜利了，但损失惨重，“胜利”号上幸存下来的只有80人，其中没有一个军官。如此，船上最高的指挥者就剩下米松和卡拉奇奥利了，二人十分轻松地掌握了整艘船。他们认为时机成熟，于是决定借着这艘船实现他们孕育良久的计划。

剩下的船员们在听了米松热情洋溢的演讲和鼓动后，立即推选米松为新船长，并且同意在他的领导下在船上成立一个游动的“共和国”。当然，有不同意这一建议的人，会在最近的港口送他们下船。然后，船员们开始选择舰旗，有的船员建议升起黑旗，但米松却说他们并非海盗，只是为了传播上帝和大自然赋予的自由。经过进一步讨论，大家决定选定白旗，并用金线织出漂亮的拉丁字母：为了上帝和自由。

接着，这艘船又对抢劫规矩做出一个非常重要的修正，即只打劫船只上的一半食品和储备品，坚决不拿船上的任何货物。后来，这条规定令每一个被捕的船员感到震惊。在截获第一艘船时，这些古怪的海盗就只拿了些糖、酒，其他物品和船员的私人用品丝毫未动。当时被打劫的船员们包括船长在内见了这幅情景都对他们高呼："万岁！"

之后，这帮自由的海盗又截获了一艘荷兰船，上面装有大批的黑奴和金沙。米松在船上难以抑制情绪，立刻发表演说，谴责非人的奴隶制，并勒令他们释放黑人。于是这些奴隶们穿上了战死者的衣服，被吸收为正式船员。

从此以后，"胜利"号徜徉大海，不放过任何同军舰作战的机会，即便对方的兵力再强，但由于船员们勇敢、不怕死，每次都能取得胜利。很快，这些船员就习惯以劫掠为生了。米松的思想也更加具体了，他提出许多口号，诸如"铲除暴力"、"消灭奴役和贫困"、"给人民以权力和自由"等等。在实际行动中，他们的所作所为也不能被认为是一般海盗的行径，他们反对个人发财，只是索取最基本的生活给养，甚至只是索取最需要的东西。

1690年，这艘船在昂儒昂岛登陆。当时，昂儒昂岛正与邻岛莫埃利岛交战。米松的到来如同神兵天降，立刻站在昂儒昂岛女王这边，率领"胜利"号船员打了几场胜仗后，迫使对方停战。从此，"胜利"号同这个岛屿结下善缘，米松娶了昂儒昂岛女王的妹妹为妻，卡拉奇奥利娶了她的侄女为妻，很多水手也娶了当地的女人。

但米松的抱负并非只停留在昂儒昂岛上，他继续朝马达加斯加驶去，但是这条道路并非坦途，他们遇到了越来越多的阻力。再离目的地不远的莫桑比克海峡中遇到一艘配备有60门火炮的葡萄牙战船。印度洋当时是葡萄牙的世袭领海，双方于是不容分说地展开激战。"胜利"号获胜了，但付出了惨重的代价，30名水手失去生命，而卡拉奇奥利则失去了一条腿。

即便这样，他们还是抵达了目的地。在该岛的北端，也就是今日的港口城市迪耶果—苏瓦雷斯一带，建立了自己的共和国，称为“利别尔塔利亚”。在这里，制定了以追求乌托邦社会为目的的宪法。米松被选为任期3年的总统，卡拉奇奥利被选为国务卿。后来，大海盗季尤也登上该岛，加入共和国，被选举为舰队司令。

3个巨头联盟后所决定的第一件事就是完善宪法，并让它正式生效。他们规定每10个社团成员中选出1名代表，再由这些代表组成利别尔塔利亚国的议会。按照宪法，利别尔塔利亚国的全体居民不分肤色，不论过去的功过是非，人人平等，享有同等的权利。他们废除了私有财产，创建公库，满足共和国的全体公民需求的经费都从公库中提取。他们一起盖民用房、政府大厦，建造船坞，修筑防御工事。这里禁止以家庭为单位将人们隔开，食品以实物分配，所有的钱财都在公库。这一切都完成之后，米松向海洋上的各个海盗团伙发送了公开信，号召他们加入共和国，共同建设新生活。

当国家稳定后，米松开始拓展共和国的边界，并与岛上其他的海盗及土著建立外交关系。他向土著保证，将提供给他们永久的援助，并使他们免遭外族的进攻；他向海盗许诺派出共和国的使者季尤到他们那里去。同时，米松则出海自由狩猎，共和国于是就只剩下卡拉奇奥利一个头领了。

然而厄运袭来，住在马达加斯加岛内地的一个部族趁米松出海时向留下的村庄发动进攻，独腿卡拉奇奥利立即率领居民进行抵御，但无奈兵力相差悬殊，卡拉奇奥利在战斗中阵亡了，利别尔塔利亚的全体居民也几乎全军覆没。

另一面，季尤在同海盗进行协商时，突然刮起了强烈的风暴。“胜利”号的锚被刮断了，船被烈风横扫到沿岸的礁石上，损毁了。结果幸存下来的只有季尤和几个随他在岛上四处奔波的人。

遭受如此挫折的米松突然想念自己的家乡法兰西，于是他带着一队由15人组成的船员，驾着一艘刚刚修建好的三桅战船，向着好望角去了。然而，他们也未能幸免于天灾，这艘船遇到了大风暴，米松连同其他人一起沉入海底。

孤零零的季尤在大西洋漂流了一段时间后，回到印度洋上，并在红海上与莫卧儿帝国的一艘船发生激战时阵亡了。

幸好米松曾把自己这些年的经历包括利别尔塔利亚国的一切事件记载下来，并在临行前交给了季尤，而季尤在启程前又把他交给一个法国籍手下。后人正是从这部手稿认知了这个自由的海盗国的。

东方传奇：郑芝龙的一生

在中国历史上，郑成功的名号似乎比其父亲郑芝龙要响亮，然而在世界航海史上却完全相反，说起中国的大海盗，非郑芝龙莫属。郑芝龙早年背井离乡闯世界；继而当上海盗，又兼营海商，亦商亦盗；最后则是由盗而官。他从事海上活动范围十分广泛，从陆地到海上，从国内到国外，同葡萄牙人、西班牙人、荷兰人都有往来。经商时他在海外商业活动中大展宏图，成为富可敌国的大海商；做海盗时，他坐拥千艘舰船与10万部众。后来入朝为官后控制着各种海船万艘，随手便能号令大海船3000艘，可谓世界史上的第一船王。

郑芝龙出生于1604年，即明万历三十二年，父亲是泉州府的一名库吏。库吏的收入十分卑微，随着郑芝龙兄弟几个相继出生，父亲再无力维持生计。作为长子的郑芝龙不得不离家外出谋生，他先到澳门给一位葡萄牙商人做佣人，后又受雇于台湾的殖民荷兰人。几经闯荡，年幼的郑芝龙大开眼界，极具冒险精神。在20岁时，郑芝龙又搭上一条开往日本的商船，从此往返于台湾和日本平户之间，还娶了一位日本妻子田川氏。

靠着这条门路，郑芝龙很快摆脱了困境，他还善于交际，在日本结交了几位政要人物和华人。这些人中有不少都成为郑芝龙白手起家的“贵人”，例如李旦和颜思齐。李旦靠经营海外贸易发家致富，后来到日本进行贸易，并侨居长崎，拥有很多的商船。郑芝龙就是随李旦的商船到日本去并寄居其门下，李旦死后，郑芝龙便继承了他的海上事业。

颜思齐是17世纪东亚海上的知名海盗。早年因杀人雪恨而逃亡日本。数年后，他积累了不少财富，因仗义疏财、广交豪杰而结识了郑芝龙。后来，他带了包括郑芝龙在内的28个人，驾驶13艘船返回故土，想要干一番惊天动地的大事业。这支船队直接驶入中国台湾，并在那里建立基地，进行海上活动。此后，郑芝龙在众人的帮助与支持下，也从事海上经商和抢劫活动。1625年，颜思齐病逝，众人于是推举郑芝龙为新首领，从此以中国台湾为海上活动基地。

荷兰人曾做过这样一个估计，据说到1628年，郑芝龙已经拥有大约1000艘“戎克船”，也就是中国船。借着这支庞大的船队，郑芝龙扫荡了台湾海峡，先后除掉了李魁奇、杨六、杨七、刘香等海上对手，成为海上之主，称霸于中国台湾海峡，控制了通往南洋、台湾、日本各方面的航路。在这些航路上，任何船只不悬挂郑芝龙的令旗不得往来。来往的船只每只要交银三千两，这样下来一年就可以收入千万，郑芝龙的确是富可敌国。后来，他在泉州城南三十里建立安平镇，郑芝龙在此筑城作为海上贸易的根据地。郑芝龙的这支船队除了来往日本、台湾，还与马尼拉进行频繁的贸易往来，最终压倒了荷兰人的制海权，成为荷兰人海上贸易的劲敌。

1628年，明崇祯元年9月，郑芝龙受朝廷招安，任福建官员，后升为福建副总兵，成为福建水师的主帅，他率领原部驻守海防，为朝廷防御和抗击倭寇和荷兰人的进攻效力。至此，郑芝龙在历经4年的海盗生涯后衣锦还乡。1633年，郑芝龙于福建沿海金门海战击溃荷兰东印度公司舰队，从此成为闽南的领主和海上霸权。东印度公司的船只若想经过郑芝龙的海域，也必须缴纳高额的费用，如果拒交就难逃被劫的厄运。郑芝龙如此强横，使得东印度公司运营不佳，于是荷兰人数次联合其他势力来攻打郑芝龙，但从未成功。至此，郑芝龙的通商范围遍及东洋、南洋各地：大泥、浡尼、占城、吕宋、魍港、北港、大员、平户、长崎、孟买、万丹、旧港、巴达维亚、马六甲、柬埔寨、暹罗。据估计，他的兵力包括汉人、日本人、朝鲜人、南岛语族、非洲黑人等，共计20万军力，拥有的船只超过3000。

随着朝廷内部的没落，以及“流寇”和“北掳”之乱，朝廷再无力过问沿海事务。从此，坐拥福建水师以及海外华商首领的郑芝龙成了海洋上的无冕之王，利用强大的军事力量服务于海上商务。

1644年，即明崇祯十七年，清兵南下，郑芝龙继而归降了清朝。但其长子郑成功以及其部将周鹤芝坚决不从，甚至不惜以死强谏，但没有成功。最后，郑芝龙带着500亲兵到清营投降。清兵占领平安镇后，大肆淫掠，郑成功则率领矢志抗清的将士们汇聚南澳，等待反攻。

郑芝龙投降后不但没有得到事先清廷应允的闽光总督一职，反而被关押到北京软禁起来。朝廷命他派人劝降郑成功，但三番五次均未奏效。清廷已经无计可施，于是使出最后一招，将郑芝龙关进了监狱，用以逼迫郑成功。郑成功得到消息后给郑芝龙去信道："从来父教子以忠，未闻父教子以贰。今大人不听儿言，倘有不测，儿只有缟素而已。"这封信表明了郑成功与清廷抗击到底的决心。于是，包括郑芝龙在内的被押在北京的十一口老小全部被处死。

第九章　无法无天：史上著名海盗事件

绑架恺撒，最高昂的代价

我们所认识的恺撒，不可一世，是打败庞培的杰出的军事统帅，同时也是一位有着卓越才能的政治家，更是罗马帝国的奠基者。这样的人物，却有人敢招惹，他们就是西里西亚的海盗。

公元前75年，年轻的恺撒当时作为独裁者苏拉的政敌马里的支持者而被驱逐。那时的恺撒一腔热血，正热衷于学习演讲，而老师们则认为他的技术还不够高明，因而建议他利用这段时间去著名演说家阿波罗尼在罗德岛开设的学校进行学习。恺撒的船一路沿着罗奔尼萨半岛海岸航行，当行进至小亚细亚米利都附近的法尔马库撒岛时，遇到了海盗。

海盗船紧紧尾随着恺撒的轮船，船长立刻命水手们扬起风帆，全速前进，但当时风力太小，很快他们便被海盗船追上了。恺撒没有做任何抵抗，他镇定地命人放下了风帆，而后静静地坐在甲板上读书，侍从和奴隶们则围在其四周。海盗们走到他跟前，要他报出自己的姓名，恺撒却只缓缓抬起头瞥了他一眼，依旧聚精会神地看他的书。海盗们于是追问他，打算用多少钱赎身，但这位年轻而傲慢的贵族少年依然毫无反应。

海盗们被这种冷漠的态度激怒了，开始私下嘀嘀咕咕地讨论金额的数目。最终，他们决定要10个塔兰，但恺撒依然沉默不语，领头的人怒不可遏，于是决定漫天要价，向这位罗马人大声喊："或者20塔兰，或者……"突然，年轻人打破了沉默，哈哈大笑起来，笑他们不识货，说他的身价难道就值这么几个钱吗？这简直是对他的侮辱。要是在行的海盗，肯定会索要50塔兰。这番话令海盗大吃一惊，他们在海上打劫，遇到过各种各样的人和事，却从未见过主动增加赎金的俘虏。50塔兰，足以让海盗们对眼前这位贵族另眼相看。于是，在恺撒派自己的随从去各个城邦筹集赎金时，海盗们把恺撒关押到了基地。

陪伴在恺撒身边的这时只有一位友人和两名仆人，他们同这群海盗吃住同行。但在被囚禁的这段日子里，恺撒表现得宛如一个领袖而非俘虏，他给自己定下严格的生活作息制度，每天定时在海湾里游泳，而后安静地阅读和写作。更为重要的是，在他被关押的38天时间里，恺撒还密切地观察着海盗们的生活习俗和性格特征，去听他们讲述一些奇闻轶事。他参加海盗们的游戏和训练，也要求海盗去听他演讲，以检验自己的讲演术。当然，海盗们并未被他所作的诗歌或演讲折服，反而称他为"罗马傻瓜"。而恺撒则当面嘲笑他们没有文化，是野蛮人，并发誓说一旦获得自由，就马上下令逮捕他们，将他们都处以绞刑。

海盗们听了不但不生气和恐惧，反而哈哈大笑，更加喜欢这个口不择言、思想单纯的“孩子”了。

就这样，恺撒和这群野蛮人一起生活了一个多月，当赎金送来后，恺撒立即获得释放。获释后，恺撒干的第一件事就是向总督申请了4艘舰船和500名士兵，然后带着它们直捣海盗的巢穴。海盗们万万没想到，那个口出狂言的“孩子”果然杀了回来，而且这么快！所以当大兵压境时，海盗们还抛锚在岛上原地休息呢！不难想象，昨日他们还在这里坐地分赃，狂欢暴饮后烂醉如泥地倒在地上。恺撒于是不费吹灰之力就将其一网打尽，没收了他们所有的财产，将350名海盗关进了帕加马的监狱。

之后，恺撒亲自去见了亚细亚的首领朱尼厄斯，要求他作为该省的行政长官惩处囚犯。但狡猾的朱尼厄斯却盯上了那笔数额不菲的财物，说自己需要时间来清查案子。恺撒拂袖而去，回到帕加马，就像他当初在岛上说的那样，把海盗们全都钉死在了十字架上。死到临头，这些海盗们却还以为这个“孩子”只不过是在跟他们开玩笑。也许到了咽气的那一刻，他们才开始悔恨抓捕这个人实在太亏了，哪怕再把赎金翻个几十倍都一点也不为过。

公元前62年恺撒被选为罗马司法官，第二年任西班牙总督。公元前59年，他同庞培、克拉苏建立同盟，被选为罗马执政官之一。接下来，恺撒排除异己，从公元前46年7月28日到公元前44年3月15日实行军事独裁。公元前44年3月15日，在元老院会议上，恺撒被密谋者刺杀。在他死后，海盗活动越来越猖獗。

西班牙血洗阿兹特克

阿兹特克是一个存在于14世纪至16世纪的墨西哥文明，与印加文明和玛雅文明并称为中南美三大文明。阿兹特克文明于15世纪在墨西哥中部建立了帝国，达到它的鼎盛时期。那时，阿兹特克在农业方面十分发达：灌溉技术非比寻常，历法精确；经济方面也出现了原始的货币；宗教神话特点鲜明；建筑技术非常高超。

15世纪时，特诺奇提特兰和另外两个城邦德斯科科和特拉科潘结成三国同盟，阿兹特克帝国建立。1520年，当西班牙人来到阿兹特克帝国时，德斯科科和特拉科潘已经完全成为阿兹特克的附庸国。

西班牙人很早就开始在墨西哥湾和加勒比海进行殖民活动。1518年左右，一些西班牙殖民者在墨西哥沿岸探听到了一些关于阿兹特克帝国的情报，说那是一个遍地黄金的天堂。于是，西班牙驻古巴总督贝拉斯克斯便派科尔特斯为队长对墨西哥进行征讨。科尔斯特野心极大，接到命令后就马上召集部众，不惜倾家荡产将所有积蓄压到这次远征上。科尔特斯登陆后，作战迅速，很快打败了墨西哥沿岸奋起抵抗的印第安人，并娶了阿兹特克酋长的女儿。

1519年4月，科尔特斯抵达阿兹特克王国境内。国王蒙特苏马二世早已掌握他的行踪，马上派印第安酋长沿途为其安排食宿，并送去黄金和礼物，想要打消他入侵阿兹特克的念头。不过，这些礼物和黄金不但没能消除科尔特斯的计划，反而助长了他的野心和欲望。1519年11月，科尔特斯堂而皇之地进入特诺奇蒂特兰，略施计谋便俘虏了国王蒙特苏马二世，而后洗劫了他的王宫，掠夺了他的财富。

1520年，阿兹特克人在举行盛大的宗教祭祀活动时，遭到科尔特斯的部将阿尔瓦拉多的大肆屠杀，引起民愤，成千上万的阿兹特克人聚集起来将皇宫团团围住。科尔特斯派蒙特苏马二世前来安抚民众，他却因此身负重伤，然后去世。西班牙人声称国王是伤重不治，但阿兹特克人却相信他们的国王是被西班牙人所害，这彻底激怒了阿兹特克人。

西班牙人意识到危险已经逼近，于是决定当晚突围。每个西班牙人都在自己的身上装满了财宝，而后计划沿一条堤坝路悄悄溜走，却被人发现，于是一场激战爆发。西班牙人为了保命不得不将随身携带的黄金和财宝投入水中，但有不少人最终还是同黄金一起葬身水底。那一晚，有超过千名的西班牙人和更多的当地人战死。

蒙特苏马二世死后，奎特拉瓦克继承王位，但一个月后便死于天花。1521年4月18日，科尔特斯再次围攻特诺奇蒂特兰，这时阿兹特克人已经有了新首领库奥特莫克，在他的领导下，阿兹特克人英勇抵抗。战争一直持续到8月，西班牙殖民者终于攻破了特诺奇蒂特兰城，在那里大肆烧杀抢掠，将这座著名的印第安城市几乎毁灭殆尽。

这个事件就是著名的抢劫阿兹特克黄金事件。此后，如今的墨西哥以及美国南部地区并入西班牙帝国的版图。非但如此，西班牙人在给这片孕育着古老文明的土地带来殖民统治的同时，也带来了各种传染病，导致墨西哥原住民大批地死亡，数据显示大概有1500万原住民，也就是总人口的一半人都因天花而亡。

更为重要的是，西班牙人从此打开了侵略美洲的门户，葡萄牙、英格兰、法兰西，从此欧洲国家纷纷加入到了瓜分美洲的行列。

惊天大劫持——亚美尼亚商船的沦陷

威廉姆·基德生于1645年，是英国格林诺克郡一位牧师的儿子。5岁时父亲去世，之后全家移民纽约殖民地。1689年，北美英属殖民地和法国殖民地发生了战争，基德应征入伍，因战功卓著被任命为船长。退役后，基德在新阿姆斯特丹的曼哈顿岛购置了一套别墅，并娶了一位有钱的寡妇。利用妻子的资金，基德开始经营海上贸易，很快便在商界小有名气。

1695年，基德在英国认识了一位名叫贝洛蒙的勋爵。贝洛蒙即将赴北美任马塞诸州总督，正是他怂恿基德去印度洋抢劫荷兰东印度公司的船只，从此基德的命运被改写。

基德委托英国泰晤士河旁的一家船厂打造一艘海船，这艘船重287吨，装有34门火炮，在同一时期的海盗船中绝对算得上佼佼者。基德给这艘船取名“冒险”号，然后载着152名船员，靠着英国贵族和将军们的赞助出海了。

然而，基德仿佛被厄运缠身似的，一出海就遭遇各种悲催的状况。先是桅杆被风吹断了，接着30多名水手患了一种奇怪的病，最后都浑身冒血悲惨地死去。接下来，他们在海上漂泊了9个月，可是竟没有遇到一艘船，哪怕是一艘小渔船都没有遇到。

水手们怨气连天，基德也明白如果再没有什么作为，船员们将会离他而去。就在他下决心不管遇到什么船都要干一票的情况下，他们竟然遇到一艘帆船。激动的船员们二话没说就远远地开炮示警，对方则很快竖起了白旗。然而当他们开近时却遭到了回击，原来这艘船有军舰护航，而这支军舰不是别人，正是母国英国皇家海军。基德掉头就跑，但一切都来不及了，他上了英国政府通缉的黑名单，成了家喻户晓的海盗。

既然如此，基德觉得不干上一票不足以泄愤，便走上了真正的海盗之路。1698年2月，基德盯上一艘亚美尼亚的商船，名叫“奎达商人”号，该船持有法国东印度公司的通行证，载有大量的丝绸、黄金等，价值不菲。成功截获后，基德才发现这艘船的船长是位英国人。出于对同胞的照顾，以及对母国的顾忌，本打算劝说船员放了这条船，但船员们以其具有合法的私掠许可证为由，拒绝放行。

亚美尼亚商船的确让基德大发横财，而且他还将“奎达商人”号占为己有，抛弃了原先的“冒险”号，可是这种行为无异于让他同母国决裂。基德从一开始的英国许可下的私掠船主成了政府出重金悬赏捉拿的要犯。

那么，基德究竟抢劫了一艘多么了不起的船，才会遭到如此对待呢？其实，问题的根源并不在船本身，而在于英国内部的政治危机。

就在“奎达商人”号被劫的时候，英国的一个党派以另外一个党派支持基德在海上抢劫大做文章。于是，当初信誓旦旦地支持基德的那几个贵族和将军不得不为了自己的利益而抛弃基德，他们全部站出来把基德描述成十恶不赦的恶棍，仿佛他们之前从来没有过任何联系。

可怜的是，基德最终还对引导他走上海盗之路的贝洛蒙抱有幻想，立刻给他去了一封信，希望得到这位朋友的帮助，洗清自己的罪名。然而，正是这位他信赖有加的朋友最终诱骗他上岸并将他关进监狱的。

此后，贝洛蒙将私掠许可证和航海日志全部销毁，所有对基德有利的证据都不见了。基德百口莫辩，最终被送上了绞刑架，在其死后尸体还一直悬挂在泰晤士河边的木头桩子上任海水侵蚀、鸟儿啄食，最后变成一具风干的骷髅。

与此同时，英国政府对海盗的态度发生了巨大转变，他们已经忘了，海盗曾经挽救过他们的衰败，曾带给他们与强国抗争的勇气和对外扩张的热情。他们也忘记了伟大的伊丽莎白女王还曾亲自册封大海盗德雷克以爵士的称号。在那个时代，德雷克因其惊天劫掠可以成为英雄，而在这个时代，基德却因同样的原因沦为刀下鬼，真是世事难料。

“黑胡子”燃烧查尔斯顿

“黑胡子”爱德华·蒂奇是活跃于18世纪初最令人闻风丧胆的海盗头子。他的臭名昭著一半源于劫掠的手段，一半则因为他的残忍。据说，“黑胡子”每劫获一艘船就会下令把船上的人捆住双手、蒙上眼睛，用剑逼着他们一个接一个地跳进大海，直到整船的人全部死光。传说曾有个船长表示反抗，他就把这个船长的鼻子和耳朵割下，还当场逼着他把血淋淋的耳朵和鼻子吃下去。他不但对俘虏滥杀无辜，就连自己的手下也不放过。他每次去埋藏财宝时都会带上一个手下一同前往，在掩埋财宝后再将其杀害。

以上便是“黑胡子”残忍的手段，但还不仅仅于此，他干过的最残忍的事，就是洗劫了南卡罗来纳州首府查尔斯顿。1718年5月，“黑胡子”先是率领四艘海盗船封锁了查尔斯顿。登陆后，将港内的船只洗劫一空，然后又放了一把大火。顷刻所有的船只陷入一片火海。袭击太过突然，政府根本来不及做出任何反应，“黑胡子”就已经绑架了不少的人质和市政议会的议员。碍于人质的安全，政府无法采取任何措施，只得听命于“黑胡子”，于是“黑胡子”像市政府索要巨额赎金来换取人质的自由。我们不知道“黑胡子”到底在这座城市获得了多少财富，但当他的船队离开查尔斯港时，每艘船都装满了烟草、棉花等物品，另外还有勒索而来的 150 万英镑的赎金。这笔钱足够他享用终生了，于是他想趁此机会解散海盗组织，将财物独吞。

然而，若是公开提出解散，众人肯定会向他索要遣散费，甚至还会引起内乱。于是，“黑胡子”想出一条毒计，驾驶着“安妮女王复仇”号和另外两艘船来到一个孤岛，并假装船已经搁浅，让手下去登岸检修，他则带着另外 40 名心腹趁机开船离开了这座孤岛。两天后，英格兰少校博耐特偶然驾船来到这个荒无人烟的小岛，才把“黑胡子”丢弃的海盗们全部救了出来。

这次打劫查尔斯顿使得“黑胡子”更加臭名昭著，但威风的同时也招惹到了许许多多的仇敌，诸如弗吉尼亚州州长亚历山大·施普茨伍德。这个人决心要不惜一切代价杀掉“黑胡子”，同时被“黑胡子”背弃的海盗同伙们也对他愤恨至极。这些人又联系到很多被“黑胡子”伤害过的商人、种植园主，一起跟随施普茨伍德，向“黑胡子”复仇。

最后，威风凛凛的“黑胡子”在血战中身中 5 枪，被刺 20 刀，死在了英军梅纳德中尉的手下。梅纳德船长把“黑胡子”的人头割下来挂在军舰的旗杆上宣示胜利。

天狼星，被劫持的巨轮

2008年11月15日上午10点，沙特阿拉伯阿美石油旗下的维拉国际海运公司，一艘载重31.8万吨、船身长330米的超级巨型游轮航行至索马里海域时遭到海盗劫持。这起事件立刻引起全球媒体的聚焦。

这艘超级油轮正是“天狼星”号，是全球最新和最大的游轮之一，大小如同三艘航空母舰。这艘超级油轮于2008年3月刚刚下水，被认为是世界第二大原油运输船。就运输能力而言，最多可载200万桶原油，超过沙特石油日产量的1/4，连同船只本身总价值高达两亿多美元。

除此之外，油轮当时载有25名来自沙特、克罗地亚、英国、菲律宾和波兰的船员，“天狼星”号悬挂着利比里亚国旗。“天狼星”号原定经南非开普敦驶往美国，然而在驶向肯尼亚蒙巴萨港东南面450海里时，遭遇了索马里海盗的劫持，最后不得不驶向索马里海盗的巢穴埃勒。

事件发生后，美军对此表示惊讶，指出海盗不单配备精良，而且策略得当，由于油轮肇事地点远离欧美舰只的巡逻水域，他们对如何解救显得束手无策。美国海军第5舰队发言人克里斯藤森中尉表示，他们正密切监视，但除此之外没有更好的对策。

11月18日，索马里官员说，在印度洋被索马里海盗劫持的沙特阿拉伯油轮已经在索马里东北部地区靠岸。11 月 19 日，劫持沙特超级油轮“天狼星”号的索马里海盗要求船主支付 1 千万美元赎金。

沙特方面立刻派出谈判代表与海盗进行交涉。2009 年 1 月 9 日，“天狼星”号巨型油轮获释，驶离被扣押地点，这则消息由一名叫默罕默德的谈判代表证实。他说，油轮已经获释并驶向安全水域，而最终交纳的赎金为 300 万美元。

各家媒体也纷纷报道称，“天狼星”号船主于 9 日以空投的方式向索马里支付了 300 万美元的赎金。至此，这场世纪浩劫宣告结束。

“天狼星”号油轮目前是索马里海盗成功劫持的最大船只。参与劫船的这些海盗训练有素，美国参谋长联席会议主席马伦说：“一旦海盗靠近船只可以登船时，就很难再摆脱他们，因为他们可以轻易劫持人质。”

索马里附近海域海盗猖獗，劫船事件屡有发生，然而各国政府对此却是束手无策。专家分析，今后为航运承保的保险公司势必会增加保费，船公司也会提高承包货船的费用，而这将导致货运成本的上升。看来，打击海盗迫在眉睫。

第十章　海底的秘密：尚未打捞的宝藏聚集地

基德船长和他的宝藏

1698 年，基德和他的海盗们在沉寂了良久之后所劫获的第一艘商船居然是莫卧儿帝国的宝藏。之后，莫卧儿帝国向英国施加压力，基德由此列入了政府的黑名单。当时为了规避风头，基德将这批宝藏进行了变卖，其中一部分所得用来支付水手们的报酬，而剩下的则被他藏了起来。然后，在接下来的两年时间里，基德和他的海盗们在马达加斯加和马拉巴海岸之间成为“海洋上的恐怖”。

1699 年，离家 3 年后的基德终于在拉丁美洲的伊斯帕尼奥拉岛停了下来，在获得众多财宝之后，基德有了隐退之意，但他已经成了政府的通缉犯，所以无奈之下他便给当年引导他做海盗的朋友贝洛蒙勋爵去了一封信，表示自己愿意支付 40 万英镑来换取自由身。贝洛蒙勋爵口头应承，实际只是为了诱捕基德，于是当基德和他的水手一踏上陆地，就马上被送进了监狱。贝洛蒙又派人搜查了基德的驻地，得到一袋价值约一千英镑的金粉以及一些银币和金制品。

1700 年 2 月 16 日，基德被押回伦敦，英国当局以海盗罪和谋杀罪判处他以绞刑。基德在英格兰监狱中度过他人生中最痛苦也是最后的一年。1701 年 5 月 23 日，基德被带到绞刑架前，行刑时绞索架上的绳子突然断了。暂时获救的基德不断向世人澄清他的清白，同时还不忘向一边的法官许以全部的宝藏来换取性命。但基德还是被无情地用另外一根绳子吊了起来。

基德死后，人们将他的尸体绑在泰晤士河边的柱子上，任海水侵蚀、任鸟儿啄食，不久之后，他就变成了一副阴森恐怖的骷髅。但人们始终没有忘记基德，反而有越来越多的人惦记他，以及他那谜一般的宝藏。

原来，早在基德被处死前，当局同意让他的妻子到监狱来和他做最后的告别。会面中基德悄悄塞给妻子一块羊皮纸，而后又耳语了些什么。这些都被外面的看守看在眼里。看守立即明白那一定是在交代什么秘密，于是当下就没收了那个小纸团。打开一看，上面写着一组奇怪的数字：44—10—66—18，从此这组数字点燃了无数人的寻宝热情。

不久，有人破解了他的这串数字，认为这是在暗示宝藏的地点，即西经 44° 10′，北纬 66° 18′。该坐标指示的地点应该是位于长岛的东部尽头、离纽约不远的地方，在那里人们找到了一个叫做“加地纳”的小岛。于是，加地纳岛一下子热门起来，世界各地的寻宝者纷纷踏足这里。经调查发现，基德被捕前就是从这里出发的，而且他还拜访过小岛的主人加地纳，将一箱重达 52 磅的金子以及丝绸、宝石等珍贵物品送给了他。基德本来的目的，是想让他帮忙把 11 袋金子和银子偷偷送给贝洛蒙勋爵。

加地纳还发现基德被捕的前几天，小岛上每天都有几只救生艇，不停地从圣安东尼奥向这里运送大木桶、箱子和袋子，可见基德很可能将宝藏埋藏到了该岛的某处。可是，所有满怀信心的寻宝人最后都两手空空地失望而归。

1932 年，宝藏的归宿问题又有了新的突破。人们在凡地海湾的一个小岛上发现了一块已经被岁月风化侵蚀的大理石板，上面刻着一行字："基德五英寻东两英寻深处"（英寻为深度单位，1 英寻约为 1.8 米）。这又招致一大批人前来寻宝，但依然没有找到任何蛛丝马迹。

正当这股寻宝潮即将过去时，一个名叫帕尔默的英格兰人再次点燃了大家寻宝的热情。原来，这个人有个癖好就是喜欢搜集任何与海盗有关的东西，这天他在一个旧货店里发现一个破旧的钉着铁箍的水手箱。买来后发现箱子里面有一块木板，木板下面贴着一块羊皮纸，纸上是一个小岛的地图，地图明确标识着湖湾、暗礁还有树木和距离。更重要的是，落款为基德船长。可是，地图上唯独没有标出这是哪个岛，位于什么地方。于是，帕尔默又开始疯狂地搜集基德用过的东西。1933 年，他从一个古董商那里买来一张基德使用过的斜面写字柜，经过仔细地观察和摸索，他发现写字柜有一处用松脂和沥青粘住的地方。他用尖尖的刀子小心翼翼地揭开那层粘着物，发现一个小小的洞，洞里藏着一个小羊皮纸球。当他打开纸团时，惊奇地发现这又是一张藏宝图，而且跟之前那张一模一样，同样没有标注小岛的位置。

当这个执着的人拥有两张基德船长的藏宝图的消息被传出后，出现许许多多的人为他提供线索和帮助。不久，一位热心人给他送来一个基德使用过的木头箱子，箱子是基德夫妇共有的，里面有个夹层，就在那里帕尔默发现了第三张藏宝图，令人惊喜的是这张图上标有经纬度。为了找寻该岛，帕尔默前往伦敦，与不列颠博物馆中上百张海洋图进行对比。这件事很快轰动了海军部，他们在确认了三张藏宝图的真实性后，答应为帕尔默提供一艘寻宝船和其他帮助，但前提是，他必须把全部宝藏的证明材料交给政府。帕尔默严词拒绝了这笔交易。

不久之后，帕尔默遇到一位船长朋友，两人达成一致结伴寻宝，但还没出海，帕尔默就意外死亡了，而他的三张地图也一起消失了。从此，无论是帕尔默的死，还是基德的宝藏都成了被人津津乐道的未解之谜。

“黑胡子”的宝藏之谜

1718年，“黑胡子”爱德华·蒂奇死在了英国海军中尉梅纳德上将的手中。当时，双方血战，黑胡子本人连挨五枪，被刺20刀。最后，梅纳德船长割下蒂奇的人头，将其悬挂在军舰的桅杆上宣示胜利。

“黑胡子”一死，人们除了高兴，马上想到的还有他那埋藏在某处、无人知晓的宝藏。然而，无论是“黑胡子”的身上，还是其随身物品，或是他使用过的任何东西，都没有找到一丁点的蛛丝马迹，就连“黑胡子”的亲信也说不出关于宝藏的一丝信息。最后，人们从船上搜出来的只有145袋可可豆、11桶葡萄酒、1桶蓝靛和1包棉花，一丁点金银珠宝都没有。可是，怎么会一点线索都没有呢？当人们百思不得其解时，突然想到“黑胡子”那颗被割掉的头颅，那里会不会有什么线索呢？

当时，“黑胡子”的头颅被割下后，悬挂在军舰的桅杆上，一路带回到了弗吉尼亚。一个星期后，听说“黑胡子”的头颅被熬煮了，然后包上一层银，做成了骷髅杯。这个骷髅杯后来辗转流传于各种小酒馆中，直到在美国东海岸一带神秘消失。

但是，关于“黑胡子”宝藏的传说一直没有停息，始终有人在不遗余力地探索藏宝地点。因为凡是被“黑胡子”打劫过的商船船长都知道，他一定藏起了大量的宝藏。正是由于坚信这一点，人们才会那么坚定不移地搜集有关“黑胡子”的一切东西，包括生活用品和住所。许多年后，人们不得不承认，“黑胡子”太狡猾了，他甚至连个只言片语都没有留下，更别提宝藏图了。更何况“黑胡子”在世时就宣称，只有魔鬼和他本人才能找到他藏宝的地点。

1997年，当年令“黑胡子”叱诧风云的“安妮女王复仇”号在沉没了270年后，被美国一个潜水员发现了踪迹。这条消息立刻轰动了世界，随着“安妮女王复仇”号的发现，会不会牵扯出有关宝藏的线索呢？最后，经考古学家测定，那个在距北卡罗来纳州海岸两百米处的“飓风走廊”被发现的船体残骸正是“安妮女王复仇”号。这又给所有寻宝人一线希望，大家重新点燃了激情，期待着能在水下找到蛛丝马迹，从而大捞一笔。

天灾人祸，当海难来临

船再巨大，漂泊在无垠的大海上也如沧海一粟，况且一旦离了港，安全问题就只能听天由命了，于是就有了“海难”一词。

所谓海难，即船舶在海上遭遇自然灾害或其他意外事故所造成的危难。1887 年一年间，英国上议院审理了三宗判定损失是否为“海难”的案件，由此法官将“海难”理解为由“海”所引发的意外和事故，诸如船舶搁浅、触礁、碰撞、火灾、爆炸、船舶失踪，以及船舶主机和设备损坏而无法自修以致船舶失控等。但必须指出的是，在海洋运输投保中，海难是指海的危害，而并不包括由风浪所造成的必然后果，如磨损和锈蚀。也就是说，海难必须是意外损害，而不是航程必然会发生的事件。

一般来说，造成海难事故的原因是多方面的，诸如天气条件、船舶技术状态、船员技术水平和工作责任心、港口设施和管理水平等。自然条件或客观原因的确有很多，而这些都属于突然性或非人力所能控制的，但大多数的海难还是人为因素居多，比如驾驶人员的疏忽和过失造成的。

一旦发生海难，船只应当立即采取应急措施，尽力自救；情况严重且确认抢救无效，危及人命安全的应当发出遇险信号进行求救，然后放下救生艇，弃船等待救援。

在世界海难史上，丧生人数最多的是1945年德国籍客轮“威廉·古斯特洛夫”号在波罗的海被苏联潜艇击沉，乘船的难民等9000余人罹难，成为世界上最大的海难事故。

经济损失最大、后果最为严重的是1978年美国油船“阿马柯·卡笛兹”号在法国西北部沿海搁浅遇难，22万多吨石油流散，损失严重不说，还造成海洋大面积污染，被迫赔偿8亿美元。

在我们的印象中，据历史记载，最引人注目的、堪称史上最大浩劫的就非“泰坦尼克”触礁事件莫属了。1912年4月14日，英国籍重46000吨的豪华客轮“泰坦尼克”号在北大西洋的处女航中撞上冰山沉没，1517人罹难。

“泰坦尼克”号是一艘巨型游轮，是当时最大的客运轮船，1912年4月14日，船体撞上冰山而破裂，两个多小时后船体断裂成两截沉入大西洋。泰坦尼克号海难成为和平时期死伤人数最惨重的海难之一。

海难的发生往往伴随着毁灭性的灾难，因为一旦船体得不到救援，就会在事发地点沉没，而船上的一切都会随之沉入海底，包括珍贵的财宝和黄金等等。尽管在灾难事后，人们都要不甘心地进行一些沉船打捞工作，但被营救的财宝却少之又少。比如“泰坦尼克”号于1912年沉没后，直到1985年才第一次被发现沉船遗址。发现者是探险家罗伯特·巴拉德领导的国际探险小组，且由RMS泰坦尼克子公司于1994年获得独家打捞权。自发现以来，该公司8次前去沉船遗址进行打捞，共计获得5500件文物，这些东西都是从3800米处的深海打捞上来的，包括精致的瓷器、银制餐具以及一个17吨位的船身残骸。

即便这些遗骸和文物在海底沉寂了百年，在他们得见天日之时又成了价值不菲的宝贝。另外，除打捞上来的宝贝价值连城外，沉船遗物也变得十分昂贵。2012 年 10 月 16 号，沉船遗物，包括一封家书、一份菜单等，以 1.89 亿美元的价格出售，约合人民币 11 亿元。

加勒比海，海盗沉船的下落

海难、交战、操作失误，这些原因都有可能令即使以海洋为生的海盗们也束手无策，最终只能弃船而逃，任船沉没。基德的“冒险”号，“黑胡子”的“安妮女王复仇”号，这些船都随着他们主人的陨落而沉没在加勒比海上。许多年来，人们不遗余力地进行着寻找和打捞工作，试图借着沉船发现巨大财富，那么究竟这些沉船找到了吗，如果找到了，又是否像人们猜测的那样，是否会伴随巨额的财富一起被发现呢?

2011 年，潜水员在加勒比海海底发现了一艘沉船遗骸，据专家考证，这艘沉船是 1540 年沉没的，从船上发现的 1200 种高品质文物来看，该船是从塞维利亚运送西班牙大使到他们新的殖民领地伊斯帕尼奥拉岛去的，也就是现在的多米尼加共和国和海地。然而，帆船行驶到蓬塔卡纳的最东端时，撞上岩石沉没了。自被发现以来，挖掘打捞工作一直在持续进行着，最后 3/4 的文物将保留在发现地多米尼加共和国，其余会送给寻宝潜水员。据称，这些文物同当年刚制造出来时一样完美无缺。经鉴定，这些宝物被认为出自16世纪英国著名锡匠汤姆斯·柯蒂斯之手。如今，这些文物已经在约克郡威尔金森拍卖行出售，价值高达20万英镑，单其中一个盘子就达1.5万英镑。

在波澜壮阔的大航海时代，欧洲各国纷纷驾着帆船向新大陆出发，唯恐去晚了分不到一杯羹，然而竟不知有多少帆船在这场竞技速度和冒险的远航中丧了生。2015年6月，在迈阿密以北约210公里处的皮尔斯堡海岸附近发现一大片沉船遗骸，遗骸中发现一大批黄金制品，其中仅金币每枚就价值30万美元。经考察，这应该是1715年7月的10艘载满珍宝的西班牙大型帆船由古巴返回西班牙的途中遭遇飓风，从而沉没在美国佛罗里达州东海岸的。

1997年，一名美国潜水员在北卡罗莱纳州海岸两百米处发现“安妮女王复仇”号的残骸。2006年美国考古学家克里斯·索斯利则带领一支13人考古队伍，潜入海底6—7.5米深处发掘沉船残骸。

当年，“黑胡子”共有4艘战船，“安妮女王复仇”号是他的主力战船。该船长27—32米，配备40门大炮，是当时数一数二的战船，但于1718年在今美国北卡罗莱纳州附近的海岸搁浅，随后“黑胡子”也战死在英国海军手下。

然而，这艘船体遗骸并没有像人们所期待的那样，藏有“黑胡子”的宝藏或线索，考古学家从中发现的只有一些可怖的医疗器械，诸如用来治疗梅毒的一种尿道注射器，还有用于放血的小器皿、研磨草药的钵和杵，以及一些用来称量药品的容器。虽然没有发现财宝，但这些东西让人们了解到，16世纪时长期在海上漂泊的水手们是如何治疗创伤、疾病和慢性病的。

基德也曾遗弃过他曾经的爱船“冒险”号，据称他在抢劫了莫卧儿皇帝的巨型商船后，就将自己的“冒险”号遗弃，如今人们发现那艘船的遗骸在距离卡特琳娜岛海岸70英尺处，也就是多米尼加共和国的小型岛屿的浅海域里，该海域仅有10英尺深。或许是因为这艘船是被基德刻意遗弃的，人们并没有从船上发现什么有价值的东西。

牙买加皇家港口，被吞没的海盗之都

17世纪时，牙买加皇家港口曾是加勒比海域最重要的城市之一，它因为海盗和淫乱而臭名昭著，号称“地球上最邪恶的城市”。但也正因如此，这个港口成为最古老也最具历史性的地区之一，它始终保留着浓烈的航海传统。然而，这个黑暗的城市如今却被大海吞没，成了一片汪洋。

牙买加皇家港口位于牙买加金斯顿海湾入口处，曾是人类历史上最邪恶的城市，也是最堕落的城市。虽然人口最多时也只有几万人生活在这里，但城市的奢靡程度要远远超越当时的伦敦和巴黎。整个城市并没有任何工业，却可以享受最繁华的物质生活：中国的丝绸、印尼的香料、英国的工业品，还有流通不尽的金条、银锭和珠宝。而这些繁荣主要来源于海盗业，海盗们常常驾着船劫持从西班牙美洲殖民地返回欧洲的船只。

牙买加皇家港口俨然成了海盗之都，正当欧洲各国纷纷谴责牙买加殖民官对海盗行为姑息养奸时，一件震惊世界的事情突然发生了。

1692年6月7日，皇家港口仍然像往常一样热闹，酒馆里人声嘈杂，销赃市场沸沸扬扬，各种船只进出港口，码头上人们正迅速地卸载着从英国而来的货物。一切都像往常一样，井然有序。

中午时分，突然大地颤动，一阵紧过一阵，接着从地面到建筑物开始剧烈摇晃，地面裂开一条大缝，建筑物轰然倒塌。土地像波浪一样起起伏伏，时而张开大口，时而吞并了什么东西后又闭上。海水则像开了锅一样疯狂跳跃，打碎了港内的大小船只。纸醉金迷的人们仿佛突然醒悟，疯了一般四处奔走，想找一处避身之所。突然，一阵猛烈的震动后，整座城市塌陷于海底，皇家港从此消失在大海中。

据说，有一百多年的时间，只要风平浪静，人们还能清楚地看见海底城市的痕迹。当时测量显示沉没的城市就在海平面之下7—11米之处，这是1835年测量的结果。再之后，泥沙、垃圾层层覆盖，当人们的视线再也看不到水下之城时，离忘记也就不远了。

许多人称牙买加皇家港的覆灭是因为道德上的堕落，是来自上帝的惩罚，但事实上是因为它建立在一片沙洲之上，而且只高出当时的海平面不足一米。数百年来，考古爱好者对这座水下城市一直充满了好奇，希望能从中挖掘一些海盗们的奇闻轶事。

牙买加独立后，政府也一直在努力寻找这个葬身海底的城市。1959年，牙买加政府和考古学家罗伯特·马克思签订挖掘条约，规定马克思只负责挖掘，而挖出的所有财宝归牙买加政府所有。果然，马克思找到了一部分城市遗址，并在该遗址中挖出价值几百万美元的珠宝和大批生活用品。除此之外，马克思还发现了一只怀表。怀表本身并不值钱，但其富含的历史意义十分重大，因为这只怀表的表针指向的时间是 11 点 47 分，正是根据这只怀表，考古学家们才确认了古城沉没的时间。

4 年后，马克思以“再也挖不到财宝”为由离开牙买加。但是，人们都无法相信牙买加港只有这么一丁点的财宝。那么，马克思究竟为何放弃了挖掘工作呢，我们不得而知。

1990 年，美国德克萨斯州 A&M 大学受牙买加政府之邀，再次启动挖掘工作。这次，人们找到了皇家港的主要沉没地点，而且还发现当年马克思挖出来的宝藏只是非常小的一部分，而 99% 的宝藏还沉寂在大海深处。

2004 年，美国阿德默勒尔蒂公司赴牙买加进行沉船打捞工作，原来牙买加政府早已经向这家公司颁发了相关许可证。二者达成协议，在扣除挖掘费用后，牙买加政府将和阿德默勒尔蒂公司平分发现的财宝，但其他所有珍贵历史文物将只归牙买加政府所有。

消息一出，立刻遭到大多数牙买加人的反对，甚至咒骂阿德默勒尔蒂公司为“现代海盗”，但直到如今，皇家港的寻宝工作仍在继续。

波斯湾，波涛中的一千零一夜

如果我们读过《一千零一夜》，那么一定认识大航海家辛巴达。阿拉伯童话《天方夜谭》中记述了著名航海家辛巴达 7 次远航的故事，而他出航的地方就是波斯湾。后来，人们猜测辛巴达的原型很可能就是阿曼著名航海家艾布 · 阿比达。这一时期，繁荣的海上贸易的确给阿拉伯人带来无尽的财富，但同时也在波斯湾留下无数的沉船。

波斯湾有一个十分善于造船的国度，这也正是著名航海家艾布 · 阿比达的国家阿曼。阿曼在古代叫“马干”，在苏美尔语中，“马干”就是“船的骨架”。马干绝对对得起这个名字，他们所造的船十分受欢迎。公元 8 世纪到 15 世纪是阿曼航海业的黄金时代。那时阿曼有不少造船中心，统统使用传统的造船方法：先从印度和非洲进口上好的柚木来制作船身，再用棕榈树干做桅杆，然后用椰子纤维将船的各个部分缝合起来，最后用动物脂肪填塞船板的缝隙。绝的是阿曼人造船从来不用图纸，只凭眼睛和记忆。还有一绝是，当其他国家都开始用铁造船时，阿曼却坚决不用。至于为什么，有人在《一千零一夜》中找到了答案，原来书中记载了一个故事，说的是一艘用铁钉组装并加固的船在驶过一座巨大的海下磁山时，铁钉被磁力吸引出来，导致船体四分五裂。所以，阿曼人从来不用铁制作船。

不过，尽管阿曼人不造铁船，但似乎没有对降低沉船率起到什么贡献，他们造的木船同样会沉没。这依然可以从《一千零一夜》中辛巴达7次航行的遭遇得到佐证。如果你实在信不过童话故事，还有真实的案例——“巴图希塔姆”号沉船。

这件事还得从一个47岁的水泥工说起。德国水泥工蒂尔曼·沃尔特法恩偶然间听到一位印尼雇员讲述了一个8世纪时的沉船故事，说连同船一起沉没的还有大量的珍宝。谁知说者无心，听者有意，沃尔特法恩在得知这一消息后，立刻对那条沉船产生了兴趣。最后，这个水泥工竟找到了沉船地点，打捞出6万件物品，其中包括陶瓷酒壶、茶碗、刻有浮雕的金银餐具等。沃尔特法恩摇身一变，从水泥工成了超级巨富。

据考证，这些珍贵物品都是出自中国8世纪的陶瓷制品，唐朝商人将中国的瓷器装上阿拉伯的三角帆船上，然后出口到马来西亚等地。研究表明这艘船可能是在东南亚海域遭遇暴风雨后，撞到水下暗礁而沉没的。阿拉伯人最擅长的就是转手贸易，将西方的奢侈品卖到东方，再将东方的香料、瓷器等卖到西方，因此沉船上有许多宝贝。

1998年，波斯湾发现一艘沉船残骸，虽然并没有伴随残骸发现宝物，但也绝不是没有收获。原来，残骸内发现一枚极为罕见的硬币，这枚硬币已经有数百年历史，目前全世界只此一枚。由于该硬币十分罕见，科学家经过层层鉴定，认为该船是葡萄牙探险船。该船于1503年5月在阿拉伯海附近遭遇狂风暴雨，最终沉没，船上无一人生还。

当然，波斯湾活跃的船只不只有商船，还有穷凶极恶的海盗船，他们也避免不了沉船的厄运。海盗船与商船一样，和它们一起沉没的不仅只有大笔财富，还有一个个能够揭露真相的珍贵故事。

国王遗失的宝藏

公元 1167 年，英格兰王国诞生了一位小王子，他就是后来被称为“无地王约翰”的约翰国王。不幸的是，约翰王是英国历史上最不得人心的国王之一，他曾试图在查理一世被囚禁于德国期间夺取王位，但最后查理国王还是宽恕了他并指定他为继承人。

不过，约翰王之所以如此著称并非源于这件事，而是源于一宗宝藏遗失案。据说，约翰除了好战而屡战屡败外，最大的特长就是鉴赏珠宝，因此他收集了数之不尽的珠宝。史书记载，1216 年 10 月 12 日，签署英国《大宪章》的约翰国王准备带领部下穿越沃什湾，随身行李中装载着大量的中世纪珠宝。可是，途中突然遇到潮水上涨，整辆行李车上装载的珠宝全部被吞进流沙。待潮退后，宝物已经消失得无影无踪。随着时间的流逝，英国王室渐渐忘却了这批遗失在沼泽地里的宝贝。

1906 年 2 月 15 日，伦敦文物研究者协会秘书约翰·豪普写了一份报告，题为“国王约翰的行李队伍的丢失”，这份报告引起了人们对那批遗失物品的兴趣。很快，英国政府就颁布了两个寻宝许可证，只不过后来便没了音讯。这件事后来一直拖到 1950 年，英国成立了专门的研究委员会，才真正开始对约翰国王的宝藏进行定位和寻找。

1954 年秋，委员会请求发明了土壤测电仪器的塔克博士前来协助寻宝，这时塔克博士第一次带着仪器与队伍一起前往沼泽。在以后 3 年的研究工作中，塔克博士不断地对仪器进行完善。他们共用了约 30 条横线列出了 2 平方公里多的范围，得到一千多个不同的值。而后，在所有的测量结果出来之后得出结论，在约翰王时代的确有一支队伍横穿河口，只是并不见宝藏的踪影。或许，在过去的近 800 年中，泥土日日积累，将珠宝深深地埋于地下，这让任何金属探测器都无法派上用场。

不过，也有人表示质疑，既然连国王的军队走过那里都能探测出来，可为什么就探测不出来有没有宝物呢？于是，有历史学家怀疑，约翰国王的宝藏故事可能根本就是约翰本人编造出来的，目的是防止有人觊觎他的财宝。

是海洋考古学家，还是沉船海盗

在人类数千年的航海史上，绝大部分的时间使用的都是抗风险能力不够强的木质帆船，因此沉船的数量极为可观。据专家推断，载有金银财宝的沉船至少有3000艘，而另外尚有更多的沉船虽然装载的并非金银财宝，但其货物放在今天也变得十分珍贵了，如象牙、瓷器等。因为海洋的水下环境没有空气且恒温，沉船货物总能被保存得十分完好。那么，一旦找到这些沉船，将金银和货物打捞上来，便可以从一无所有变成超级巨富，这激励着一些人锲而不舍地追寻着这些沉船的踪迹，窃取着沉船里的宝藏，从而成了真正的“沉船海盗”。

西班牙就曾抓获过一伙沉船海盗，并从他们的据点搜出价值连城的中世纪古董，甚至更古老的文物，例如公元前2世纪古罗马腓尼基人的手工花瓶，还有17世纪战船上的加农炮和三个古罗马时代的船锚。每件古董都具有非比寻常的收藏价值，单其中一件就价值40.9万英镑。西班牙警方透露，这伙海盗组织专门以打捞海底沉船的宝藏为生，但他们并不认为自己是海盗，而以“海洋考古学家”自居。

这些“海洋考古学家”背着氧气瓶，配着冲锋枪，操控着机器人在海底作业，船上还插着骷髅旗，俨然一副海盗模样。不过，沉船海盗有别于传统海盗的最大特点，在于他们较为“文雅”，不伤人性命，他们打劫的对象只是几百年前的沉船。

沉船海盗拥有先进的装备，而且他们十分专业，在他们的大本营里，存放着许多令人瞠目结舌的宝贝：中世纪的海图；用古西班牙语标注的沉船地点；现代化的潜水探测设备，诸如遥控机器人、金属探测器、笔记本电脑、水下摄像机等等。

这帮沉船海盗靠着这些先进的装备，活跃于加迪斯海岸附近，因为对于他们来说，这里无异于沉船宝地。在16世纪到19世纪期间，将近800只大型帆船和战船在这里沉没。加迪斯曾是西班牙最大的港口和最古老的城市之一。但随着16世纪末期无敌舰队被英国舰队击败，西班牙的海上霸权地位被削弱，加迪斯的地位也有所动摇。但尽管如此，加迪斯还是在此后的两三个世纪中，控制着加勒比海和南美洲的大面积殖民地。

老行当的海盗还杜绝不清，又兴起了一门沉船海盗，如今抓捕了一个沉船海盗团伙，却不能保证不会有另外的海盗继续打劫沉船。

虽然我们不能将所有的沉船罗列下来，但至少可以列出以下几个最具吸引力的。

西班牙著名的“黄金船队”。1702年，西班牙历史上著名的“黄金船队”在大西洋维哥湾被英国人击沉，从而留下探宝史上一大疑案。当时西班牙国内财政困窘，于是一支由17艘大帆船组成的庞大船队满载着从南美洲掠夺的金银珠宝火速返回西班牙。然而在行驶至大西洋维哥湾时，突然出现一支英、荷联军拦住了船队的去路，绝望之下总司令下令烧毁船只。据估计，大约有5000辆马车的黄金珠宝沉入海底。

“中美”号淘金船。1849年，美国加州发现金矿，一时间掀起一股淘金热，西部、东部的冒险者纷纷云集此地，为一寸矿土争得你死我活。8年后，一批批淘金者带着血汗换来的黄金准备回家。结果，他们乘坐的“中美”号汽船在巴拿马海域遇上飓风。妇女和儿童被送上救生艇获救，但400多名淘金汉葬身海底。虽然一直有人苦苦寻找着这艘沉船和黄金，但它们就像消失了一样，毫无线索。

纳粹的宝船。二战期间，希腊北部港口城市达萨罗尼卡是犹太人和希腊人的聚居地。德国入侵后，盖世太保的高级军官威胁犹太人，称只有交出自己的钱财才能免于一死。就这样，犹太人将自己的财富统统拿了出来，落入该军官的腰包。1943年，德军开始节节败退，军官于是想将搜刮的金银珠宝装上一艘船逃之夭夭。谁知船行到达萨罗尼卡海域时出事故沉没了。后来有一位人士透露他曾跟那名军官有交情，知道沉船的地点。自此，人们开始展开打捞工作，可奇怪的是至今一无所获。

日本的“阿波丸”号。那是二战即将结束的时候，1945年3月28日，“阿波丸”号在新加坡装载了一大批从东南亚撤退的日本人向日本返航。4月1日时，“阿波丸”行至福建省牛山岛以东海域，被美军潜水舰“皇后鱼”号发现。结果，“阿波丸”在遭到数枚鱼雷击中后沉没。

之后，据美国媒体报道，“阿波丸”上装有40吨的黄金、12吨的白银，这简直就是一座金山银山。另外还有大捆的纸币、工艺品、宝石40箱。据估计，其最低打捞价值为2.49亿美元，所有财富高达50亿美元。而且，除了金银，日本人还将“北京人”头盖骨化石装上了船，这可是件无价之宝。奇怪的是，1977年中国曾对“阿波丸”号进行过打捞，但并未发现40吨黄金和头盖骨。

海底藏着数以万计的沉船，每艘船都装载着奇货异宝，这些宝贝无一不吸引着成千上万的人为之赴汤蹈火。

全球沉船集散地大统计

不要觉得海盗啊、宝藏啊都只是好莱坞电影里的事，事实上，在那些离我们很遥远的国度，也有我们国家沉没的帆船。1983年，英国人迈克哈切在南中国海发现了一艘300年前沉没的明代帆船。船内装载着2万余件瓷器，虽然经过海水的长期侵蚀和拍打，但其出水时依然光彩照人。最后这些瓷器在阿姆斯特丹拍卖时，以250万美元成交。12年后，此人又在印尼海域打捞出一艘中国沉船“泰兴号”，其上装载的瓷器拍卖所得1500多万美元。

为什么有的船，人们费尽心血去寻找打落都一无所获，而有的船则能接二连三地重见光明呢？其实，这是有科学根据的。就像道路都有事故多发区，海洋也一样，在事故多发区进行寻找和打捞，一定比盲目地大海捞针效率要高得多。下面我们就对全球一些沉船集散地做一个统计。

1. 南中国海

宋元明时期，我国海上贸易盛极一时，将中国的丝绸、茶叶和瓷器顺着海上丝绸之路运送到西方，就能获得高额的利润。因此，中国近海及南中国海海域有2000—3000艘沉船，其中以宋元明船只居多，另外还有一些外国船只。不过，在这里发现的沉船，大多装载的都是中国古代瓷器。

2.波斯湾

阿拉伯帝国向来就是贸易高手，他们的足迹更是遍布亚非欧三大洲，当时的巴格达更成为著名的世界商业和贸易中心。然而，繁荣的海上贸易在为阿拉伯人带来无尽财富时也在波斯湾留下了无数的沉船。

3.地中海

地中海作为航海业发展的摇篮，早在公元前3000年就开始了远航贸易，例如腓尼基人已经能够从地中海航行至爱琴海。接着，他们又抵达了直布罗陀，航行至英国。14世纪，威尼斯繁荣起来，15世纪几乎独占了地中海东部的贸易。威尼斯商船经常穿过地中海西部，抵达西班牙、葡萄牙、法国、英国和尼德兰。威尼斯的工业已经十分繁荣，它将自产的玻璃器皿、珠宝制品等通过船队远销整个欧洲。

4.利比里亚半岛

15世纪以来，葡萄牙和西班牙率先登上世界舞台，成为顶尖的贸易大国，并开辟了大航海时代。两个国家开始瓜分世界，依靠新航线和殖民掠夺建立起势力遍布全球的殖民帝国，并通过航运将各个殖民地的黄金白银源源不断地输送给母国。因此，这里沉船的宝贝多是黄金、白银以及欧洲的奢侈品。

5.英国海域

英国仗着它数个世纪的航海史，很快成为最强大的日不落帝国，因此它拥有从世界各地掠夺来的黄金白银。可是，即便是最强大的国家，也难敌天灾人祸。于是，英国海岸线周围的水域成了世界上沉船最为集中的区域，大约有 25 万艘沉船，记录在岸的就有 4 万艘之多。

6. 波罗的海海域

提到波罗的海，一定指的就是维京人。是的，那个活跃在 8 世纪和 11 世纪的由渔夫和农民组成的海盗队伍为了争夺黄金、扩张领域而横扫了整个欧洲。来自斯堪的纳维亚半岛的维京人四海征战，统治了欧洲大半个地区达 300 年。只可惜，维京人的造船业实在不发达，许多运载财宝的船只都沉没在了波罗的海的冰层之下。

7.加勒比海域

殖民扩张时期，西班牙、葡萄牙从中南美洲掠夺的黄金都要穿过波罗的海运回欧洲，于是这段海域成了最繁忙也是海盗出没最多的地方。相应地，沉船事件也就发生得最频繁。这一海域的沉船事件多是人为因素造成的，而此海域也是集中海盗财宝最多的。据推测，许多财宝要么跟随海军击沉的海盗船遁入海底，要么因海盗间内讧而失落。

图书在版编目（CIP）数据

加勒比海盗：著名海盗与宝藏的故事 /探秘天下编写组编著.—北京：时事出版社，2016.9（2018.1重印）

ISBN 978-7-5195-0013-9

Ⅰ.①加… Ⅱ.①探… Ⅲ.①海盗-历史-世界-通俗读物 Ⅳ.①D59-49

中国版本图书馆CIP数据核字（2016）第164058号

出 版 发 行：时事出版社
地　　址：北京市海淀区万寿寺甲2号
邮　　编：100081
发 行 热 线：（010）88547590　88547591
读者服务部：（010）88547595
传　　真：（010）88547592
电 子 邮 箱：shishichubanshe@sina.com
网　　址：www.shishishe.com
印　　刷：三河市华润印刷有限公司

开本：787×1092　1/16　印张：18　字数：200千字
2016年9月第1版　2018年1月第2次印刷
定价：32.00元